颜子国学文库

论语译注

尹士栋 著

吉林出版集团股份有限公司

图书在版编目（CIP）数据

论语译注 / 尹士栋著．— 长春：吉林出版集团股份有限公司，2022.4

ISBN 978-7-5731-1366-5

Ⅰ．①论… Ⅱ．①尹… Ⅲ．①儒家 ②《论语》— 译文 ③《论语》— 注释 Ⅳ．① B222.2

中国版本图书馆CIP数据核字(2022)第055685号

论语译注

著　　者	尹士栋
责任编辑	王　平
封面设计	吴韦韦
开　　本	787mm × 1092mm　1/16
字　　数	260 千
印　　张	17.5
版　　次	2022年4 月第1版
印　　次	2022年4 月第1次印刷

出版发行	吉林出版集团股份有限公司
电　　话	总编办：010—63109269
	发行部：010—63109269
印　　刷	济南纸老虎彩色印艺有限公司

ISBN 978-7-5731-1366-5　　定价：68.00 元

目录

一 《论语》这本书

（一）《论语》的版本

《汉书·艺文志》说：“《论语》者，孔子应答弟子、时人及弟子相与言而接闻于夫子之语也。当时弟子各有所记。夫子既卒，门人相与辑而论纂，故谓之《论语》。”论，音 lún，阳平。“论”“仑”“伦”三字同源，都有“条理”之义。“论语”的意思就是分门别类地编纂语录，令其本末分明，先后清晰。

孔子刚去世的时候，大家恐怕没有编辑一部孔子语录的想法。三五十年下来，随着孔子的弟子相继去世，这个问题逐渐凸显出来。于是，孔子弟子的弟子们聚在一起，讨论如何整理孔子的言论。要不然，真的就渐渐散佚了，失传了。我们想象当时的情景，子贡的弟子抱来子贡所记录的竹简，子张的弟子抱来子张所记的竹简，曾子的弟子抱来曾子所记的竹简……于是每人面前都有一大堆竹简，不能让它们散乱无序地杂凑在一起，编纂的必要性显而易见。首先，要有整体规划，要有编纂思路。然后，重复的要合并，大同小异的要统一。最后分篇分章，编次成书。定稿之前，他们一定讨论过多次。定稿以后，才允许抄写流传。但他们的意见不可能非常统一，于是有《齐论语》《鲁论语》之分，西汉时从孔宅发现的《古论语》文字也有小异。这种差异也可能是在流传的过程中产生的。

西汉张禹曾授太子《论语》，成帝时为相，封安昌侯，位高权重，时人多从之，故《张侯论》大行于世。《隋书·经籍志》说：“张禹本授《鲁论》，晚讲《齐论》，后遂合而考之，删其烦惑。除去《齐论·问王》《知道》二篇，从《鲁论》二十篇为定，号《张侯论》，当世重之。”汉末熹平石经用《张侯论》，何晏的《论语集解》也用《张侯论》。《论语》之正文最终统一于《张侯论》。今天流传广泛的《论语注疏》（邢昺撰）和《论语集注》（朱熹撰），都是在《张侯论》的基础上进行注释的。

（二）《论语》的注本

从汉代到唐代，《论语》的流传情况大致是这样的：“汉末，郑玄以《张侯论》为本，参考《齐论》、《古论》而为之注。魏司空陈群、太常王肃、博士周生烈，皆为义说，吏部尚书何晏，又为《集解》。是后诸儒多为之注，《齐论》遂亡。《古论》先无师说。梁、陈之时，唯郑玄、何晏立于国学，而郑氏甚微。周、齐，郑学独立。至隋，何、郑并行，郑氏盛于人间。”（《隋书·经籍志》）在这期间，何晏的《论语集解》和皇侃的《论语义疏》都是宝贵的文献。

宋代有两本书值得关注：一是邢昺的《论语注疏》，一是朱熹的《论语集注》（收在《四书章句集注》中）。朱子的《论语集注》影响巨大，直至今日。

清人在《论语》研究上有重大突破，他们的成果分散在三种地方：一是专门的《论语》注释考证之作，如刘宝楠的《论语正义》，黄式三的《论语后案》等，二是“四书”类著作，如翟灏的《四书考异》，阎若璩的《四书释地》等；三是考证类专著，如王引之的《经义述闻》，俞樾的《群经平议》等。

现当代用传统方法研究《论语》并用文言表述研究成果的专著主要有两部：一是程树德的《论语集释》，此书长于广博，网罗繁富；二是杨树达的《论语疏证》，此书长于互证，方法新颖。这两本书都堪称经典，杨著的方法更是新颖，值得细读。用白话译注《论语》的著作有杨伯峻的《论语译注》，金良年的《论语译注》，孙钦善的《论语本解》等等。在这类书中，杨氏的《论语译注》流传最广，成为众矢之的，大家给它找出了很多问题。北京大学哲学系1970级工农兵学员的《论语批注》虽有明显的时代烙印，但其注释和翻译的学术水准较高，值得关注。李泽厚《论语今读》的佳处在文化评议上，为其他著作所不及。

近年出版的《论语》研究著作，重要的也有两部：一是杨逢彬的《论语新注新译》，二是蒋绍愚的《论语研读》。杨氏之书虽名曰“新注新译”，但书中的考证才是著者用力最深的地方，也是著者希望能有所贡献的地方。他所采用的方法就是清代高邮王氏父子（王念孙、王引之）“审句例”的方法，也即以古汉语句法研究为突破口，通过对共时性语料的搜集和分析，得出更为可靠的结论。蒋绍愚先生的《论语研读》没有按照《论语》的顺序逐章译注，而是为解决问题而撰文，旁征博引，高论时见。此二书既重视文献研究，又重视语言学的方法，是近几十年来鲜见的《论语》研究力作。台湾梅广先生的《上古汉语语法纲要》一书，虽非为《论语》一书而撰，但书中的原则和方法，却适用于今日的《论语》研究。也可以这么说，当代的古籍诠释和移译工作所欠缺的，正是这种宏大的视野和规律性的指导。

关于《论语》的任何考古发现，都值得重视。1973年5月，河北定县40号汉墓（西汉中山怀王刘修墓）开始发掘，同年12月发掘结束，相关整理研究工作随即展开。1997年，文物出版社出版了《定州汉墓竹简<论语>》。此本虽不完整，但也极为宝贵，有重要的版本价值。2011年，西汉海昏侯刘贺墓遭盗掘。文物部门接到群众举报，迅速实施了文物保护，展开了考古调查和发掘。墓中出土了《论语·知道》篇，疑为早已失传的《齐论语》。2017年5月29日，海昏侯墓考古发掘传来新消息，《齐论语》竹简已完成扫描，为文字释读做好了准备。2019年，海昏侯《论语·知道》首篇已发布释义。我们期待更多的研究成果能尽快公之于众。

（三）《论语》的分章

《论语》的分章问题涉及义理，即对相关章节的理解，而义理问题众说纷纭，见仁见智，颇难调和。于是我们看到的分章方法各不相同，以致虽有编号，却无法使用。

在读《论语》的时候，篇章编号最有用的地方就是经文称引。例如，《论语》2·4，指的就是“吾十有五而志于学”这一章。我们知道，圣经章节的划分是唯一的（历史上专门为此开过会）。虽然其划分未必合理，但大家都遵守，这样就给引用指称提供了巨大的便利性。按照编号来检索经文，非常快捷。例如，太7：7，指的就是《马太福音》的第7章第7节。如果《论语》，甚至《儒家十三经》都能有这种精准的坐标，那么称引起来必定是非常方便，检索起来也会非常快捷。遗憾的是，自古以来《论语》的分章从来都没有统一的形式。我们也常见学者用编号定位经文，但由于各书编号互不相同，以致编号无法通行，从而令其功能大大降低。举例来说，《公冶长第五》的第一章和第二章是分是合，就已经出现了不同意见：《论语注疏》主张分为两章，《论语集注》主张合并为一章。这样以来，后面的第十章指的到底是哪一章，就无法确定了。

我的意见是，应当把分章问题单纯化，不再把分章与义理分析相联系，而将其功能聚焦于经文定位，并采用史上流传最广的《论语》版本的分章法标注章号。那么问题来了，哪个版本的《论语》才是史上流传最广的呢？这个问题不难回答。自南宋、元、明、清、民国直到今天，《论语集注》一直在大量印行，其流传是最为广泛的。举个例子来说，现在仅中华书局一家出版社就有多个版本的《论语集注》在印行（多数包含在《四书章句集注》中），而且每年都在大量地重印。其他出版社也出了很多《论语集注》。《十三经注疏》中的《论语注疏》主要是学者在用，影响并不大。最近几十年来，杨伯峻的《论语译注》流传较广，但其影响力无法与《论语集注》相比。据此，采用朱熹《论语集注》的分章无疑是最合适的。本书即以《论语集注》的分章为编号标准。

二 先师孔子的家谱

先师孔子的传记非常多，相关资料很容易获得，本书就不再多写什么了。但先师孔子的家谱，也即从始祖到孔子的家族谱系，却未曾见过完整的叙述。本书据太史公《史记》之《殷本纪》《宋微子世家》《孔子世家》等，编写《先师孔子的家谱》。在编写的过程中，先从孔子上溯，寻得其始祖；然后由始祖往下顺数，并为每一代编号；最后，依时代顺序列史论，以深化对孔子先祖的认识。在世系编号中，居然有许多让人惊叹的新发现，这是始料未及的。

（一） 上溯

孔子的父亲是叔梁纥，叔梁纥的父亲是伯夏，伯夏的父亲是孔防叔，孔防叔的父亲是孔铎夷，孔铎夷的父亲是木金父，木金父的父亲是孔父嘉，孔父嘉的父亲是正考父，正考父的父亲是世子胜，世子胜的父亲是宋父周，宋父周的父亲是弗父何，弗父何的父亲是湣公共，湣公共的父亲是丁公申，丁公申的父亲是宋公稽，宋公稽的父亲是微仲，微仲和微子启、商纣王是兄弟，都是商王帝乙的儿子。以上为周代。

帝乙的父亲是太丁，太丁的父亲是武乙，武乙的父亲是庚丁，庚丁的父亲是祖甲，祖甲的父亲是高宗武丁，武丁的父亲是小乙，小乙的父亲是祖丁，祖丁的父亲是祖辛，祖辛的父亲是祖乙，祖乙的父亲是河亶甲，河亶甲的父亲是中宗太戊，太戊的父亲是太康，太康的父亲是太宗太甲，太甲的父亲是太丁，太丁的父亲是天乙成汤。以上为商代，皆殷商天子。

成汤的父亲是主癸，主癸的父亲是主壬，主壬的父亲是报丙，报丙的父亲是报乙，报乙的父亲是报丁，报丁的父亲是微，微的父亲是振，振的父亲是冥，冥的父亲是曹圉，曹圉的父亲是昌若，昌若的父亲是相土，相土的父亲是昭明，昭明的父亲是契。契是帝舜的司徒，掌教化。以上从虞舜至夏代。

（二） 顺数

《史记·殷本纪》云："殷契，母曰简狄，有娀氏之女，为帝喾次妃。三人行浴，见玄鸟堕其卵，简狄取吞之，因孕，生契。"

契①生昭明②，昭明生相土③，相土生昌若④，昌若生曹圉⑤，曹圉生冥⑥，冥生振⑦，振生微⑧，微生报丁⑨，报丁生报乙⑩，报乙生报丙⑪，报丙生主壬⑫，主壬生主癸⑬，主癸生成汤⑭，成汤生太丁⑮，太丁生太甲⑯，太甲生太庚⑰，太庚生太戊⑱，太戊生河亶甲⑲，河亶甲生祖乙⑳，祖乙生祖辛㉑，祖辛生祖丁㉒，祖丁生小乙㉓，小乙生武丁㉔，武丁生祖甲㉕，祖甲生庚丁，庚丁生武乙㉗，武乙生太丁㉘，太丁生帝乙㉙，帝乙生微仲㉚，微仲生宋公稽㉛，宋公稽生丁公申㉜，丁公申生湣公共㉝，湣公共生弗父何㉞，弗父何生宋父周㉟，宋父周生世子胜㊱，世子胜生正考父㊲，正考父生孔父嘉㊳，孔父嘉生木金父㊴，木金父生孔铎夷㊵，孔铎夷生孔防叔㊶，孔防叔生伯夏㊷，伯夏生叔梁纥㊸，叔梁纥生孔子㊹。

故自契至成汤，共14世。汤伐夏救民，平定海内，践天子位。自契至武丁，共24世。武丁修政行德，举圣人傅说以为相，殷复兴。自契至弗父何，共34世。弗父何让国于宋厉公，有德。自契至孔子，共44世。自成汤以下，每十世降生一大圣人，直至孔子。孔子“德侔天地，道贯古今，删述六经，垂宪万世”，万世师表也，人伦之至也。

（三） 史论

孔子之始祖为契（Xiè）。太史公曰：“契长而佐禹治水，有功。帝舜乃命契曰：‘百姓不亲，五品不训，汝为司徒而敬敷五教，五教在宽。’封于商，赐姓子氏。”（《史记·殷本纪》）孟子曰：“圣人有忧之，使契为司徒，教以人伦：父子有亲，君臣有义，夫妇有别，长幼有序，朋友有信。”（《孟子·滕文公上》）栋曰：“孟子所言圣人，帝舜是也。故契为禹之佐，而舜之臣也。”

自契至成汤14世，至帝乙29世，至微仲30世，至孔子44世。自成汤至帝乙皆商王，故孔子曰：“丘也，殷人也。”

至弗父何34世，至正考父37世，至孔父嘉38世。孔父嘉为宋大司马，位高权重，卒遇害于华督而灭于宋，后人迁于鲁。故太史公曰：“孔子名丘，字仲尼，其先宋人。”

宋湣公共卒，弟炀公熙立。湣公之子鲋祀弑炀公而自立，曰：“我当立。”是为厉公。弗父何，湣公共之长子也，本当立，知弟鲋祀欲立而让之。故厉公封兄长弗父何为宋上卿，食采于栗（今河南省商丘市夏邑县）。栋曰：“后人谓孔子先祖有德，盖谓此也。”

鲁大夫孟釐子曰：“孔丘，圣人之后，灭于宋。其祖弗父何始有宋，而嗣让厉公。及正考父佐戴、武、宣公，三命兹益恭，故《鼎铭》云：‘一命而偻（lǚ），再命而伛（yǔ），三命而俯，循墙而走，亦莫敢余侮。饘（zhān）于是，粥于是，以餬（hú）余口。’其恭如是。吾闻圣人之后，虽不当世，必有达者。”

宋襄公时，修行仁义，欲为盟主。其大夫正考父美之，故追道契、汤、高宗，殷所以兴，校《商颂》于周太师，作《商颂》，以《那》为首。栋曰：“正考父者，弗父何之曾孙也。《商颂》，《诗经》之末篇也，现存诗五首。正考父可谓文献校雠学之始祖矣，亦有谦德。”

太史公曰：“《诗》有之：‘高山仰止，景行行止。’虽不能至，然心乡往之。余读孔氏书，想见其为人。适鲁，观仲尼庙堂车服礼器，诸生以时习礼其家，余祗（zhī，恭敬）回留之不能去云。天下君王至于贤人众矣，当时则荣，没则已焉。孔子布衣，传十余世，学者宗之。自天子王侯，中国言六艺者折中于夫子，可谓至圣矣！”（《史记·孔子世家》）

栋曰：“余少时好奇怪之说，爱玄虚之辞。及长，乃知仁义诚信不可缺，人伦之道不可无，遂即孔子之言而发愤焉。孔子述而不作，故欲求孔子之道，当读《论语》、《孟子》、五经。《论语》者，后学所纂先师之言也。《孟子》者，孔子学说之阐释与光大者也。五经者，孔子所定经典之总汇也。五经之中，又以《周易》《诗经》为尤不可忽者。《礼记》多载孔子之言，亦当熟读。经典之中，凡直书‘子曰’者，大率孔子之言；而《论语》以记孔子之言为本务，故必先读之。”

三　导言：如何阅读本书

本书兼顾了四类读者，即启蒙者、入门者、进阶者和高阶读者。启蒙者只关注正文即可；入门者继续阅读译文，以了解经文的大意；进阶者阅读正文、译文和注释，了解更多细节，掌握更多知识；高阶读者应阅读所有内容，尤其是“拓展”部分。通过阅读“拓展”部分，可以熟悉经文的历史背景，了解其他经典的论述，既知道经文说了什么，又能晓得经文为什么这么说。

（一）　正文

熟读《论语》的正文，可以说是第一层次的学习，也是后续深入学习的基础。

朗读《论语》需要方便的诵读本，古人也叫白文本，就是只有正文、没有注释的本子。这种本子只有正文，所以往往把字印得比较大，看起来颇省目力。我们不做白文本，但也应当让正文便于诵读。为此，本书使用大号楷体排正文，并进行了关键字注音。

今天，市面上有很多全文注音的《论语》，但我们很遗憾地发现，全文注音和全文都不注音，其结果往往是一样的。原来，人们在读书的时候，对于那些自以为认识的字，是不会看拼音的。实际上，那些字往往正是容易读错的字。在语文教育中，全文注音也是只有小学低年级才做的事，小学高年级的读文课本也不再进行全文注音，而是只进行关键字注音。这种做法是合理的。今天我们注《论语》，也这么做。

所谓的关键字指哪些字呢？我想首先是生僻字，然后是通假字，最后是多音字。只要注好了这三类字，读者在读音上的问题就解决了。

句读问题，也即古书的断句问题，使用现代标点符号系统，可以清晰地标识出来。需要说明的是，对于那种非常短但又必须有的句中停顿，本书仿照英文，引入了“/”（斜线），用来表达这种停顿。例如：

子谓子产：“有君子之道/四焉：其行己也/恭，其事上也/敬，其养民也/惠，其使民也/义。”（《论语·公冶长第五》）

通过提供大号楷体的正文，充分的注音和通假字标注，使用现代标点符号，并用“/”标出句中停顿，我们终于得到了一份方便使用的诵读用《论语》正文。

（二）　译文

紧随正文之后的是译文，目的是方便读者迅速了解本章大意。这是第二层次的学习。

2 论语译注

翻译这件事，求真已属不易，取妙诚为极难。当年，翻译家严复提出的“信”“达”“雅”三字标准，今天仍然可以说是翻译的最高标准。

所以，在翻译古代经典的时候，首先应当求信求真，也就是通过文本分析，得出经典的原义。但在翻译、解说经典的时候，却常有另一种做法，也就是从自己的理解出发，然后论证古人就是这样想的。从文本分析出发和从自己的理解出发，这是完全不同的两条路子，而后者有牵强附会的危险。古人已经离我们而去，留下来的是他们的文章。虽然古人使用竹简、木椟、布帛等材料作为书籍的主要载体，非常的不容易，但是为了把意思说明白，而且避免歧义，古人往往不惜笔墨，不厌其烦。我们有理由相信，理解古人的正确途径应是分析古人留下的文字，而不是后人灵光乍现的妙解。古人的心意应当是唯一的。古人在表述的时候，会竭力避免一句话有两种以上的理解。也就是说，古人在表述的时候一定会尽力避免产生歧义，而绝不会有意地一语多解，为后人制造麻烦。但后人的灵光乍现则不同，正所谓“一千个人就有一千个哈姆雷特”，同样地，一千个人就有一千种灵光乍现，而古人的一句话绝对不会有这么多种理解。常见的情况应当是，有一种理解是与古人相合的，当然也可能一种与古人相合的理解也没有。

怎样从众多的理解中找出那种与古人相合的理解呢？我们既不能从这种理解出发，也不能从那种理解出发。不能先有了观点再去找证据，而应从文本出发得出观点。如果那位古人留下的文字足够多，更容易从中发现规律。例如，司马迁的《史记》，其文本足够丰富，文本内部提供了众多的线索，他在语言运用上的规律性就可以比较容易地归纳出来。孔子的话语也流传下来很多，除《论语》外，《礼记》《周易》当中还有大量的记载。另外，还有大量的先秦古籍，可以帮助我们寻找当时语言应用的规律，即上古汉语的语法规范。所以，表面上最最通俗的“译文”部分，实际上是大量基础研究之后的成果。它以“注释”为基础，又是在语法规律的指导下方才最终完成的。

先贤用白话翻译《论语》，大都止于追求学术上的“信”，但在“达”上就颇有不足之处。本书在译文上的主要努力，在于向“达”上再进一步。至于“雅”，即令译文合乎《论语》文风，令千人千言，各不相同，惟妙惟肖，则仍在追求之中。

（三） 注释

注释是翻译的基础。对读者来说，阅读注释则是更深入的学习，这是第三层次的学习。

注释的第一步是参考资料的选择。皇侃的《论语义疏》，邢昺的《论语注疏》，朱熹的《论语集注》，刘宝楠的《论语正义》，是最重要的四部古注。在注释的过程中，这四本书是最常用的参考资料。东汉许慎的《说文解字》和当代李学勤主编的《字源》，王力主编的《王力古汉语字典》，以及新出版的《辞源》第三版，都是重要的参考书。注释的第二步是精心选择词条，并作出可靠而又简洁的说明。在注释的过程中，对汉代经师的故训要重视，对后人的发挥要慎重。本书还吸收了大量清代的考据成果，限于篇幅，采用其结论，但省略了论证过程。

本书注释的路数与清代考据学是一致的。也就是说，我们更重视事实，更重视文本系统的内在证据；在文本的基础上进行分析，展开论证，以求得出更加可靠的结论。那种一厢情愿的理解或个人的偏见，则是尽力祛除的。

（四） 拓展

在注释、翻译中不便容纳的内容，例如相关言语的历史背景，圣人话语的言外之意，译注者的意见或主张等，都放在“拓展”中，长话长说，短话短说，无则阙之。

《论语》的有些篇章，义蕴丰富，译注不足以尽之，这就需要进一步展开说明，这样的文字便放在了“拓展”中。例如，在《子罕第九》“子畏于匡”章，孔子的自信从何而来？本章所体现的孔子的天命观是什么样的？注释和翻译只能解决“是什么”的问题，不能解决“为什么”的问题。如欲探赜索隐，深入挖掘，品读圣人言语的味道，则只能另行撰文加以论述。对这类问题的阐释，其文均在“拓展”中。

在《论语》中，有些篇章记载的是孔子在特定历史事件中的言辞。对于这样的章节，如果不陈述相关的历史事实，就不晓得那一章讲的到底是什么。然而事件往往比较复杂，如果放在注释中，篇幅就太大了，还是单独陈述更便于阅读。例如，在《述而第七》“夫子为卫君章”（第 15 章），如果不把卫国的那段历史讲明白，这一章是搞不懂的。在《泰伯第八》首章，如果不把泰伯远避荆蛮的历史讲清楚，我们也不知道孔子为什么对泰伯评价这么高。在《宪问第十四》第十七、十八章，孔子对管仲一反《八佾第三》中器小、不知礼的差评，说管仲堪为仁者，且有大功于天下。只有掌握了相关的历史事实，就会知道孔子的评价都是有根据的。这些历史故事也在“拓展”部分讲述。读者如有深入了解的愿望，可以继续阅读；反之则可跳过，把这些复杂问题留待以后解决。

论 语

学而第一

01 子曰[①]："学而时习之[②]，不亦说[悦]乎[③]？有朋自远方来[④]，不亦乐乎[⑤]？人不知而不愠[⑥]yùn，不亦君子乎？"

[译文]孔子说："求学又按时温习学业，不是很开心吗？有朋友从远方来到，不是很快乐吗？别人不赏识自己，自己却没有怨意，难道不是君子应有的涵养吗？"

[注释]①子：本是公、侯、伯、子、男五爵之一，后演变为对男子的尊称，在《论语》中多指孔子。②学：获取新的知识或能力等。"学"本作"學"，其上部的"爻"形为四个筹策，即古时用来计算的竹码子。"冖"是房舍、学宫，是教育场所。"子"指儿童，为受教育者。"學"字的本义是儿童在学宫内使用筹策学数数，用算术的基本技能代指"学"的内容。时：在特定的时间，在适当的时候，用作状语。《论语集解》："时者，学者以时诵习之。"《孟子·梁惠王上》："斧斤以时入山林。"《学而第一》第五章："使民以时。"习：温习，操练。朱子用"习"的本义——小鸟学习飞翔的过程——解释"习"的内涵，抓住了"习"的要领。"习"就是反复的操练，在一次又一次的重复中逐渐完善。在体育运动中，比较容易见到"习"的存在。时习：在特定的时间或按照适当的节律反复练习。③说：通"悦"，喜悦。在学和习的过程中，人在知识、技能、见识等方面逐渐变得完善，这种进步会让人感到喜悦的。④朋：指同学。包咸："同门曰朋。"（《论语集解》）友：指志同道合的人。《说文解字》："同志曰友。"⑤乐：快乐。程子说："悦在心，乐主发散在外。"（《论语集注》）⑥知：了解，知道，赏识。今有成语"知人善任"。愠：恼怒，怨恨。君子的志向在于增强自己的才干（"求为可知也"（《里仁第四》）），在于知人（"患不知人也"（《学而第一》）），至于别人不了解自己，君子并无怨意。

[拓展]"学"字含义最丰富的字形是"斆"。《说文解字》："學，篆文'斆'省。"《广韵》："斆，學也。""斆"的右边是以手执杖的形象，意思是用棍棒惩罚违纪的学生，强调了教育过程中的管理内容。《礼记·学记第十八》："夏[榎]楚二物，收其威也。""榎"同"槚"，即楸（qiū）树，代指棍棒。楚指荆条，是一种刑具。古代学校有教刑，用棍棒、荆条惩戒学生，后世则常用戒尺。

"学"以算术代指教育的内容。那么，上古教育内容的全貌是什么样的呢？《周礼·地官司徒第二》："以乡三物教万民而宾兴之：一曰六德，知[智]、仁、圣、义、忠、和；二曰六行，孝、友、睦、姻、任、恤；三曰六艺，礼、乐、射、御、书、数。"其中的"数"，与"学"的本义相合。其余的五艺，即演习礼仪、演奏音乐、射箭、驾车、写字，其技能色彩都很鲜明。由此可见，“学”字的本义和上古教育的实际情况是一致的。

今天，“学习”是一个词，人们没有区分“学”与“习”的不同，实际上它们根本不是一回事。“学”是从无到有的过程，“习”是从生到熟的过程。孟子的“曾[增]益其所不能”是对“学”字最好的解释。“习”既能巩固所学知识，熟练掌握技能；还能深化学习，获得新的认识。所以，学和习是不同的，但都很重要，二者缺一不可。

02 有子曰①：“其为人也/孝弟②[悌]，而好 hào 犯上者，鲜 xiǎn 矣③。不好 hào 犯上，而好 hào 作乱者，未之有也。君子务本，本立而道生。孝弟也者，其/为仁④/之本与⑤yú！”

[译文]有若说：“一个人的为人，既孝敬父母，又尊敬兄长，却喜欢冒犯长上，这是很少见的。不喜欢冒犯长上，却喜欢造反闹事，这种人从来都没有过。君子关注事物的根本，根基一旦建立，‘道’就能生长壮大。孝道和悌道，或许就是做人之道的根本吧！”

[注释]①有子：孔子弟子，姓有，名若，门人尊称他为“有子”，比孔子小 33 岁。②孝：会意字。善事父母为孝。《说文解字》：“善事父母者。从老省，从子，子承老也。”《孝经》：“生事爱敬，死事哀戚，生民之本尽矣，死生之义备矣，孝子之事亲终矣。”这就是全面的“善事父母”，其中父母在世时的爱与敬尤为重要。弟：同“悌”，弟待兄之道，弟弟要尊敬哥哥，这是悌道的本义。从家庭拓展到社会，悌道又有了尊敬年长者、长辈和上级的含义。③鲜：稀少，罕见。“鲜”字在《论语》中凡六见，音义皆同。④仁：通“人”。本章开头提出论点“其为人也孝弟”，论证之后得出结论：“孝弟也者，其为仁之本与？”所以说，“为仁”即“为人”，做人的意思。⑤与：同“欤”（yú），句末语气词，表疑问。《论语》中这种用法很多，音义皆同。

03 子曰：“巧言令色①，鲜 xiǎn 矣仁②。”

[译文]孔子说：“在巧舌如簧、满脸伪善的人里面，有仁德的人很少。”

[注释]①令：好看的，惹人喜爱的。色：脸色，面容。②仁：仁人，有仁德的人。《说文解字》：“亲也。从人，从二。臣铉等曰：仁者兼爱，故从二。”《论语·颜渊第十二》：“樊迟问仁，子曰：‘爱人。’”所以说，“仁”就是人与人相亲相爱的意思。这一说法最容易领会。

04 曾子①曰：“吾日三省 xǐng 吾身②：为 wèi 人谋而不忠乎③？与朋友交而不信乎④？传 chuán 不习乎？”

[译文]曾参说："我每天都多次自我反省：为人做事有没有尽心竭力呢？与朋友交往是不是诚实守信的呢？老师传授给我的课业有没有练习巩固呢？"

[注释]①曾子：孔子弟子，名参（shēn），字子舆，鲁国南武城（在今山东省平邑县郑城镇）人。他继承了孔子道统，被门人尊称为"曾子"。曾子是孔庙大成殿四配之一，称"宗圣"。②省：反思，省察。③忠：竭尽心力，实心实意。④信：《说文解字》："诚也。从人，从言，会意。"言语是真实的，言语与事实一致，不随口乱说；言语与行为是相符的，言行一致，说到做到。

[拓展]当代教育主要是一种职业教育，高等教育也是如此，即教育要为各行各业培养人才，为国家培养合格的建设者。孔子的教育则不同，它有一项重要的使命，即"为往圣继绝学"。孔子说他自己是"述而不作"的，他要把道业传承下去。孔子希望弟子能够学有所成，然后开馆授徒，教导学生读经习礼，传承文化。所以"传不习乎"还有今人不熟悉的一种含义：要传授给学生的学业，我有没有准备妥当呢？这是站在老师的角度说的。在《论语·为政第二》里，孔子说："温故而知新，可以为师矣。"这是直言如何培训师资。作为孔子门徒的曾子，应当肩负同样的使命，所以这种理解，或许才是曾子的本意。

05子曰："道[导]千乘shèng之国①，敬事而信，节用而爱人，使民以时②。"

[译文]孔子说："治理拥有一千辆兵车的国家，推行政事要恭敬，发号施令要守信；要厉行节俭，要关爱他人；征发百姓干工程，要趁农闲时间。"

[注释]①道：管理，治理，同"导"，即"導"。"道"是古字，"導"是今字，"导"是当代简化字。乘：四匹马驾一辆车称一乘。②节用：节约财物，各种支出都要俭省。时：这里指农闲之时。

[拓展]据清儒考证，千乘之国在当时只是一个像鲁国、卫国、宋国这样的中等国家，而不是像秦国、晋国、楚国那样的大国。子路说："千乘之国，摄乎大国之间。"（《论语·先进第十一》）从这句话也能看出，千乘之国在孔子的时代已经不是大国了。

06子曰："弟子入则孝①，出则弟②[悌]，谨而信③，泛爱众，而亲仁④。行有余力，则以学文⑤。"

[译文]孔子说："年轻人在家中要孝顺父母，出门要尊敬长上，要谨慎言语，要诚实守信，要用宽广的胸怀关爱众人，要亲近有仁德的贤人。做好这些还有精力，才可以学习《诗》《书》等文献。"

[注释]①弟子：这里指年纪小的人。孝：善事父母为孝，真正对父母好就是孝。《孝经》说：

“生事爱敬。”因此，孝有“爱父母”和“敬父母”两个方面的意思。②弟：同“悌”，善事兄长为悌，善于和兄长相处、真正对兄长好就是悌。《弟子规》：“兄道友，弟道恭。”《孟子》：“长幼有序。”做弟弟的知道谁大谁小，从而有大有小，恭敬兄长，这就是悌道。③谨：在言语上小心，不随便说话，言语寡少而严密。④仁：指仁人，有仁德的人。⑤学文：认字读书，学习经典。

[拓展]本章是孔子的教学大纲，蒙学经典《弟子规》就是以本章为大纲编写的。

07 子夏曰[①]：“贤贤易色[②]；事父母，能竭其力；事君，能致其身[③]；与朋友交，言而有信。虽曰未学，吾必谓之学矣。”

[译文]子夏说：“择妻要更加重视品德，不要过分看重相貌；侍奉父母，能尽心竭力；服事国君，能全身心投入；与朋友交往要守信，要实话实说，说到做到。这样的人，即便大家都说他没有学问，我也一定要说他已经很有学问了。”

[注释]①子夏：孔子弟子，姓卜，名商。②贤贤易色：前一个“贤”是意动用法，形容词用作动词，以……为贤；后一个“贤”是名词，指贤人。“贤贤”是以贤人为贤的意思，在本章中就是以贤德之女为妻，而不以美艳之女为妻。易：改变，转换。色：美貌，这里指貌美的女子。③事君：其本义是侍奉君主。今天可以理解为参加工作，在工作中帮助他人，服务社会。致其身：投身其中，献身。

[拓展]一说“贤贤易色”所说的对象泛指所有人，意思是看人要更看重品德，而不是外貌，这是从广义上说的。但我们认为“色”之所指（即“妻”）应当是具体的，并与下文之“父母”“君”“朋友”为并列关系。如《中庸》：“君臣也，父子也，夫妇也，昆弟也，朋友之交也。五者，天下之达道也。”又如《孟子·滕文公上》：“圣人有忧之，使契为司徒，教以人伦：父子有亲，君臣有义，夫妇有别，长幼有序，朋友有信。”二者皆以夫妇关系与其他人伦关系并列。这样考察时我们发现，子夏在本章先后说了夫妇之道、父子之道、君臣之道、朋友之道，五伦之中只是没说“兄弟之道”。子夏先说夫妇之道，更符合中国文化的传统。《周易·序卦》说：“有夫妇然后有父子，有父子然后有君臣，有君臣然后有上下，有上下然后礼义有所错。”《诗经》把爱情主题的《关雎》作为首篇，《周南》《召南》中的诗篇大多关注女性，重视夫妻关系，也体现了这一文化传统。子夏的思想和《易传》《诗经》是一致的。

08 子曰：“君子不重则不威[①]，学则不固[②]，主忠信[③]，无友不如己者[④]，过则勿惮 dàn 改[⑤]。”

[译文]孔子说：“君子仪态不庄重就不威严；学识广博以后就不再抱残守缺，自以为是；要坚守忠厚、诚信的道德底线；不要和不如自己的人交朋友；犯了错，就不要害怕改正。”

[注释]①重：稳重，持重，不轻浮。威：威严，让人尊敬而不敢亵慢。②固：顽固鄙陋，固执己见，抱残守缺，自以为是。③忠：专心而不背叛，实心实意而不弄虚作假。信：真实而不虚假，诚实而不欺诈。子曰："人而无信，不知其可也。"（《论语·为政第二》）忠、信是做人的底线，是不可逾越的红线。④无：通"毋"，不要。如：本义是顺从，引申为似，像，又引申为及，比得上。不如：不及，比不上。《管子·小匡》："臣之所不如管夷吾者五。"《史记·项羽本纪》："夫被（披）坚执锐，义不如公；坐而运策，公不如义。"⑤惮：害怕，有顾忌，有畏难情绪。

[拓展]"无友不如己者"谈的是交友原则，直译就是"不要和不如自己的人交朋友"，但这不是很势利吗？我们来分析一下这个问题。在《论语·季氏第十六》中，孔子曾经讲过益友和损友。正直的朋友、诚信的朋友和知识丰富的朋友（"友直、友谅、友多闻"）都是好朋友，反之则是坏朋友。孔子把朋友分出好坏来，当然就是希望我们结交好朋友，别交坏朋友。子夏也是这个意思。在《论语·子张第十九》中，子夏说："可者与之，其不可者拒之。"如果一个人有明显的缺点，或者说他的缺点占主导地位，他就是那个应当被拒绝的人，是"损友"，是不可交的。如果一定要和这样的人交往，恐怕未必能让他变好，自己反倒变坏了。那种不受坏人影响的人是非常罕见的，"和圣"柳下惠就是那样的人。他是一个特立独行的人，他能坚守自我，不受他人的不良影响，但像他那样的人很少。比较稳妥的做法当然就是和那些有明显优点的人交朋友，和那些比自己优秀的人交朋友。当然，如果有一双求善的眼睛，就很容易从别人身上看到优点。这样以来，交友的范围就扩大了。再前进一步，那就是"盗亦有道"，从坏人那里也能找到值得学习的地方。孔子说："见贤思齐焉，见不贤而内自省也。"（《论语·里仁第四》）如果达到了这种境界，就没有不可以交往的人了，或许这就是柳下惠的境界吧。

09 曾子曰："慎终追远[①]，民德归厚矣[②]。"

[译文]曾子说："谨慎地办理父母的丧事，恭敬地祭祀列祖列宗，这样，百姓的品德就会渐渐敦厚了。"

[注释]①终：死亡。《周礼》郑玄注："老死曰终。"慎终：办理丧事，竭尽哀戚之情。远：远祖。追远：祭祀历代祖先，始终恭恭敬敬。《论语集解》："慎终者，丧尽其哀。追远者，祭尽其诚。"②厚：敦厚，忠厚。

[拓展]本章实是上行下效之意，因古文多省略而义不显。《论语集解》："君能行此二者，民化其德，皆归于厚也。"孔子说："君子之德，风；小人之德，草。草上之风，必偃。"（《论语·颜渊第十二》）本章的意思是说，君主能"慎终追远"，那么百姓为君主所感化，品德就会渐趋敦厚。

10 子禽问于子贡曰[①]："夫子至于/是邦也，必闻其政。求之与yú？抑/与yǔ之与[②]yú？"子贡曰："夫子温、良、恭、俭、让/以得之。夫子之/求之也，其诸[③]/异乎/人之求之与yú？"

[译文]子禽问子贡说："夫子每到一个国家，一定会知晓那个国家的政事，是他求问来的呢？还是人家主动告诉他的呢？"子贡说："夫子脸色温和、内心善良、仪态恭敬、生活节俭、为人谦逊，就知道了。如果说夫子也是求来的，那么夫子和别人的求法也不同吧？"

[注释]①子禽：陈亢（gāng），字子禽。子贡：孔子弟子，姓端木，名赐。②抑：连词，表选择，相当于"或"。与之：这个"与"读三声 yǔ，给的意思。本章其他三个"与"都在句末，表疑问语气，读二声 yú。③其诸：或者，恐怕，大概，表示揣度的语气。

[拓展]夫子一生好学，他追求的是道德学问，是完全人格。因为他德行好，学问大，所以各国国君都乐意向他讲述本国政事，然后咨询求教。在这个过程中，夫子就自然而然地了解了那些国家的政事。

11 子曰："父在，观其志①。父没②mò，观其行。三年无改于父之道③，可谓孝矣。"

[译文]孔子说："当他的父亲健在的时候，要观察他的志向。当他的父亲去世以后，要考察他的作为。如果能够长期持守父亲的善道，就可以说是个孝子了。"

[注释]①其：代词，指儿子。②没：去世。③三年：守孝的三年丧期。一说长期、长久。

[拓展]本章难解。关于"三年无改"，更是众说纷纭。何晏《论语集解》："父在，子不得自专，故观其志而已。父没，乃观其行也。"当父亲在世的时候，儿子不可擅作主张，只要观察儿子的心意就可以了。父亲去世以后，再来考察儿子的行为。"三年无改"是反对年轻人随便地另起炉灶，轻易地改弦更张。但是，有人墨守先父成规，三年无所作为，甚至久久为之束缚，不能大展宏图。试问，这难道是圣人的心意吗？对于父亲合乎道义的作为，可以终生不改，甚至应当传之于后世，而不限于三年；对于父亲不合道义的作为，在父亲活着的时候就要劝谏，哪能在父亲死后依然沿袭？孔子说："父有争[诤]子，则身不陷于不义。故当不义，则子不可以不争[诤]于父，臣不可以不争[诤]于君。故当不义则争[诤]之。从父之令，又焉得为孝乎？"（《孝经·谏诤章第十五》）父亲的善行要传承，不善之行要谏诤。对父亲始终如一的关注和对父亲善行的坚定持守，就是孝道。

12 有子曰："礼之用，和为贵①。先王之道，斯为美，小大由之②。有所不行。知和而和，不以礼/节之，亦不可行也。"

[译文]有子说："在礼教的施行中，让社会和睦才是可贵的。古代圣王的政治好就好在这里，所以大小政事都遵循这一原则。单用礼教是不可行的。虽然晓得推行乐教能让社会和睦，但不用礼教加以节制，也是不可行的。"

[注释]①礼之用：全面地说，礼之体为敬，其用为分。乐之体为爱，其用为合。礼乐教化的体、用及其相互关系，《礼记·乐记第十九》讲得很详细，很深刻，值得研读。贵：可贵，难得。②由：依从。

[拓展]本章是从礼教、乐教互补的角度谈问题的。礼教之偏可用乐教来纠正，乐教之偏也可用礼教来纠正。“礼之用，和为贵”现在被误解了，人们认为推行礼教就会得到“和”的结果。其实，推行礼教往往会让人们的关系变得疏远，感情变得冷漠，这样不好。因此，礼教需要借助乐教来纠偏，以便既能推行礼教又能得到“和”的结果。乐教之偏在于如果“和”得过分，就会让人与人之间的距离过近，感情过于亲密，于是需要借助礼教来纠偏，以建立人类文明应有的基本秩序。

13 有子曰：“信近于义[①]，言可复也[②]。恭近于礼[③]，远耻辱也。因不失其亲[④]，亦可宗也[⑤]。”

[译文]有子说：“信与义是相近的，信是说到做到的意思。恭顺的体貌与恭敬的礼容是相近的，能够让人远离耻辱。在用人的时候，不要离弃亲朋故旧，这也是一条值得推崇的原则。”

[注释]①信：言语真实。义：合宜，恰当。②言可复：即复言、践言，按照说的去做，说到的能够确实做到。复：重复，这里有以行践言、说到做到的意思。③恭：体貌端庄恭敬。④因：凭借，依靠。⑤宗：推崇，尊重。

[拓展]信和义是相近的，但又不同。信是言出必行，义是行事合宜。为了行义，可以变通。孟子说：“大人者，言不必信，行不必果，惟义所在。”（《孟子·离娄下》）恭顺的外貌是礼的外在表现。所以，君子的礼容和小人的恭顺，从外表看相差不多，其区别在于内心的正直与恭敬。然而，恭顺的外貌是不讨人厌的，能够让人远离耻辱，倒也算是有益的。在用人的时候，不要轻率地离弃亲朋故旧，这也是一条应当坚持的原则。孔子说：“故旧不遗，则民不偷。”（《论语·泰伯第八》）周公告诫他的儿子鲁公伯禽说：“君子不施其亲，不使大臣怨乎不以；故旧无大故，则不弃也；无求备于一人。”（《论语·微子第十八》）敦厚的民风就是通过包容故旧这类的事情逐渐形成的。

14 子曰：“君子食无求/饱；居无求/安[①]；敏于事而慎于言[②]；就有道而正焉[③]：可谓好学/也已。”

[译文]孔子说：“君子在饮食上没有过分的追求，能吃饱饭就可以了；在住房上也没有过分的追求，有安身之处就可以了；勤奋地做事，谨慎地说话；就着有道之人匡正自己：做到这些，就可以称得上好学了。”

[注释]①食无求：在饮食上不过分追求。用今天的话说，就是不求山珍海味，不求八大菜系、

满汉全席。居无求：在住房上不过分追求，不求高房大院、别墅庄园。②敏：敏捷，勤奋。慎于言：说话谨慎，说话以前心里多考虑，而且话要少。③正：匡正，取正。

[拓展]儒家讲中道，无过无不及。无求饱，无求安，则近于墨者。求美味，爱美食，则近于杨朱。墨者自苦，杨朱自爱，儒家中和。所以，“食无求饱，居无求安”这两句话，我们主张这样读：“食无求/饱,居无求/安。”儒家在物质生活上有讲究，但不过分讲究。比如，《论语·乡党第十》大段地讲吃饭、穿衣等事，还提出“食不厌精”“必有寝衣”“割不正，不食”“席不正，不坐”等要求，不可谓不讲究，也不能说过分，应当说都是合情合理的。儒家认为，简朴，可以；但太过简朴，不可以。生活中的基本要求，像吃饱饭、有房子住，这些都是正当的，这样的追求是无可厚非的。

15 子贡曰：“贫而无谄[①]chǎn，富而无骄[②]，何如？”子曰：“可也。未若/贫而乐，富而好礼者也。”子贡曰：“《诗》云，‘如切如磋 cuō，如琢 zhuó如磨[③]’，其斯之谓与 yú？”子曰：“赐也，始可与/言《诗》已矣，告诸往而知来者。”

[译文]子贡说：“贫穷时不巴结富人，富足时不狂傲自大，怎么样？”孔子说：“可以了。但还不如贫穷时快乐地追求道义，富足后谦逊地学习礼法更好。”子贡说：“《诗经》写道：‘如切如磋，如琢如磨。’说的是这个意思吗？”孔子说：“赐啊，可以开始和你谈《诗经》了，因为你已经能够推广发挥了。”

[注释]①谄：谄媚，巴结。②骄：傲慢狂妄，傲气凌人。③如切如磋，如琢如磨：出自《诗经•卫风•淇奥》。切、磋、琢、磨指的都是加工器物的方法。从开料，到粗锉，到细雕，到最后的抛光，器物逐渐成形，逐渐变得精致起来。

16 子曰：“不患人之不己知[①]，患不知人也[②]。”

[译文]孔子说：“不为别人不了解自己而担忧，而应忧心自己不了解别人。”

[注释]①患：担忧，忧心。不己知：不知道自己的才能。“己”是代词，在先秦汉语否定句中，代词往往要置于动词前。这是当时的语言习惯。②知人：了解别人，尤其是别人的优点和长处。

为政第二

01 子曰："为政以德，譬如北辰居其所，而众星共[拱]之[①]。"

[译文]孔子说："以道德为基础治理政事，就像北天安然自处，但所有的星星都围绕着它旋转。"

[注释]①北辰：北天极所在的星空。②共：通"拱"，环抱，围绕。

[拓展]何谓"北辰"？古人说，星非辰，辰非星。星是天体，有实物；辰是星空，只是空间。星与辰是不同的。北辰那里是星空，虚有其位，以人眼所见的北极星为参照标志。也就是说，虽然北辰大致是北极星周围的星空，但北辰不是北极星。（详见程树德《论语集释·卷三》）正因为北辰是星空，是一处所在，所以在本章用来比喻君主之位。有德的帝王只要安居君位，做好表率就可以了。这就是儒家的无为而治。孔子说："无为而治者，其舜也与？夫何为哉？恭己正南面而已矣。"（《论语·卫灵公第十五》）大舜只是安居君位而已，他并没有插手大臣职责范围内的事；如果插手臣属的事，一定会让他忙碌不堪。

02 子曰："《诗》三百[①]，一言以蔽之[②]，曰：'思无邪[③]xié。'"

[译文]孔子说："《诗经》三百多篇，如果用一句诗来概括，那就是'意念不要偏邪'。"

[注释]①《诗》三百：代指《诗》，后世尊称它为《诗经》。今本《诗经》现存 305 首。②蔽：概括。③思：心思，意念。无：同"毋"，不要，不可，禁止之辞。邪：偏邪，邪枉不正。思无邪：意念不要偏邪，出自《诗经·鲁颂·駉》。《论语集解》："包曰：'归于正。'"朱子："凡《诗》之言，善者可以感发人之善心，恶者可以惩创人之逸志，其用归于使人得其情性之正而已。"（《论语集注》）

[拓展]孔子在本章所赞叹的是《诗经》的广博与精彩。《駉》诗共四节，四节之末分别以"思无疆"、"思无期"、"思无斁"、"思无邪"赞叹马的强壮、花色的漂亮以及数量的众多。"思"是语气词，"无邪"同"无疆""无期""无斁"，有广大丰富之义。《诗经》所反映的社会现实与风土人情的丰富多彩，只要通读一遍就能强烈地感受到。它就像一幅长轴画卷，东西南北各个诸侯国，上至王侯下至百姓的社会各阶层，人的喜怒哀乐爱恨恶欲各种情感，花鸟虫鱼山川河流各种事物，无不网罗其中，确实是广博丰富、极其精彩的。在《论语·阳货第十七》中，孔子说："《诗》，可以兴，可以观，可以群，可以怨。迩之事父，远之事君，多识于鸟兽草木之名。"在这一章里，孔子从《诗经》用途的广泛性这一角度，再次论述了这一问题。

03 子曰："道[导]之以政[①]，齐之以刑[②]，民免而无耻。道[导]之以德，

齐之以礼[③]，有耻且格[④]。”

[译文]孔子说：“政府公布法令，用它来管理百姓；如有违反，就施以刑罚：这样，那些违法犯罪又侥幸逃脱的人就会沾沾自喜，而无羞耻之心。先用仁德引领百姓，再用礼法统一言行，那么人人都会存有羞耻之心，都会努力地自我约束。”

[注释]①道：通“导”，引导，管理。政：法制禁令。②齐：整齐划一。③礼：制度品节。④格：自律，自我约束。

[拓展]以政、刑治民用的是“智力”，百姓也会用智力对抗政府，还会钻政策和执法的漏洞。这样以来，民风就会走向奸滑虚浮。以德、礼治民是用道德引领人民群众，以礼制协调社会关系，在个人生活中，人们倾向于以道德自律，并以此为荣。这样以来，民风就会渐渐变得淳朴敦厚。

04 子曰：“吾十有[yòu]五而志于学[①]，三十而立，四十而不惑，五十而知天命，六十而耳顺，七十而从心所欲[②]，不逾yú矩[③]。

[译文]孔子说：“我十五岁左右的时候，开始立志求学；三十来岁时，打好了学业、事业和生活的基础；四十来岁时，明白了基本的道理，不再迷惑了；五十来岁时，知晓了上天赋予我的使命；六十来岁时，无论谎话、巧言都能分辨得清，无论忠言、恶语都能听得进去；七十来岁时，思想通达无碍，言行也不违背礼法的要求。”

[注释]①有：通“又”，用于整数与零数之间（参见《辞源》第三版合订本1071页）。十有五：十再加上五，也就是十五岁，这是古代入大学的年龄。②不惑：知其所知，知所当知，知人有所不知，知人不能无所不知，如此则能渐趋真知，近于不惑。从心所欲：安然地行仁道，不必刻意约束自己，就可以自然地合乎仁道。③逾：逾越，打破。矩：画直角的工具，这里代指礼义、法度。

05 孟懿yì子问孝[①]。子曰：“无违。”樊Fán迟御[②]。子告之曰：“孟孙问孝于我[③]，我对曰：‘无违。’”樊迟曰：“何谓也？”子曰：“生，事之以礼。死，葬之以礼，祭之以礼。”

[译文]孟懿子请教孝道。孔子说：“不要违背礼制。”樊迟为孔子驾车。孔子对他说：“孟孙问我什么是孝道，我对他说：‘不要违背礼制。’”樊迟说：“这是什么意思呢？”孔子说：“父母在世的时候，要按照礼制侍奉父母；父母去世以后，要按照礼制殡葬，按照礼制祭祀。”

[注释]①孟懿子：鲁大夫仲孙氏，名何忌。无违：不违背礼制。②樊迟：孔子弟子，名须。御：为孔子驾车。③孟孙：就是仲孙氏。

[拓展]孟孙、叔孙、季孙三家皆僭礼违制，故孔子答孟懿子以不违背礼制。

06 孟武伯问孝[①]。子曰："父母唯其疾之忧[②]。"

[译文]孟武伯请教孝道。孔子说："不让父母担心别的，只担心自己的健康。"

[注释]①武伯：懿子之子，名彘。②其：代词。一说代指父母，忧父母之疾。一说代指子女，子女自律，守身谨严，德行无瑕，唯偶有疾病，令父母忧。前说义直义浅，后说义曲义深。前说为养口体之孝，后说为养志之孝。今从后说。

[拓展]孝子应当让父母安心，不劳父母挂虑。父母担忧子女的地方很多，从品德、学业到工作、生活，几乎无所不忧。在品德、言行等方面都不要出问题，在这些方面都让父母放心。如果说实在还有什么忧虑是打消不掉的话，那就是只让父母担忧孩子的身体吧。人吃五谷杂粮，触风霜雨露，哪能不生病？让父母的担心到此为止吧。

07 子游问孝[①]。子曰："今之孝者，是谓能养。至于犬马，皆能有养。不敬，何以别乎[②]？"

[译文]子游请教孝道。孔子说："如今所说的孝道，就是能够养活父母。就连家里的狗和马，它们都有饮食、窝棚。如果对父母没有敬意，奉养父母和饲养犬马有什么区别呢？"

[注释]①子游：孔子弟子，姓言，名偃，吴国人。②养：指饮食、衣物、房舍等。《孟子·尽心上》："食而弗爱，豕畜之；爱而不敬，兽畜之。"人养犬马，养之而已，爱之而已，不需要尊敬它；养父母怎么可以不敬呢？

[拓展]可能自古就有不养父母的人。人们批评这种人的时候，就说他们不孝。于是，有人就以"能养"为孝。这种人心想，吃的喝的我都给父母了，你们不能再说我不孝了。孔子对子游问孝的回答，针对的就是这种情况。你只养父母是不够的。你家的狗和马，你也给它们吃的喝的，你对它们也是"能养"的。如果你不尊敬你的父母，那你养父母就和养狗养马没有区别。孔子在这里明确指出，行孝的关键在于"敬"父母，孝道的核心要义是"敬"。《孝经·丧亲章第十八》："生事爱敬，死事哀慼，生民之本尽矣！死生之义备矣！孝子之事亲终矣。"父母在世的时候，对父母的孝体现在"爱"和"敬"两个字上。让父母有吃有喝，体现的是对父母身体的"爱"，但未必有对父母心意的"敬"。如果扔下饭盆子就让父母吃，心里还恨恨的，烦烦的，那样的饭菜岂不成了嗟来之食了吗？这就连仅存的一点爱心也没了。而且我知道，这种事真是有的。我们今天的人养宠物的时候，那满心的爱意，恐怕会让他的父母心生忌妒。所以，应当记住孔子的教训："不敬，何以别乎？"

08 子夏问孝。子曰："色难[①]。有事，弟子服其劳；有酒食，先生[②]馔zhuàn，曾zēng是以为孝乎[③]？"

[译文]子夏请教孝道。孔子说："侍奉父母的时候，脸上总是温和喜悦的，这很难做到。在师生之间，老师的杂事由学生来做，学生有了好酒好菜就请老师来享用。你只为父母做这么点事，难道就能说是孝敬父母了吗？"

[注释]①色难：事亲以和颜悦色为难。《礼记·祭义第二十四》："孝子之有深爱者必有和气，有和气者必有愉色，有愉色者必有婉容。"②弟子、先生：清刘台拱《论语骈枝》："《论语》言'弟子'者七，其二皆年幼者，其五谓门人。言'先生'者二，皆谓年长者。"先生的本义是年长者，后用来特指老师。在译文中，本书把"弟子"译为学生，把"先生"译为老师，把"有事，弟子服其劳；有酒食，先生馔"理解为学生事奉老师的事。③曾：竟，岂，难道。

[拓展]"色难"指的是在与父母相处的过程中，特别是在父母长期身体不好、心情不好的时候，子女总能和颜悦色，这是非常不容易的，是极其可贵的。"有事，弟子服其劳；有酒食，先生馔"，这是日常的敬师之道。孝亲之道与敬师之道不同。孔子回答子夏的问题，其中有一个比较，即什么是孝亲，什么是尊师。对父母始终如一地不急不躁、不火不怒，总是发自内心地和颜悦色，态度温顺，言语可亲，这是很难做到的。而敬师之道，像做体力活，奉献酒食，并不难做到。孝敬父母的时间更长，要求更高，需要做的事情也更多，所以孝亲更难。特别是当老人长年卧病在床的时候，饮食需要人照顾，卫生和大小便都不能自理，甚至身体溃烂生疮，这时如能和颜悦色、柔声细语地照料，实在是不容易。能做到的人，堪称孝子。

09 子曰："吾与回[①]言终日，不违 wéi，如愚 yú。退而省 xǐng 其私[②]，亦足以发[③]。回也/不愚。"

[译文]孔子说："我和颜回谈话的时候，一整天他都不提问，好像是愚钝的。但是回去以后，他能自我省察，又能拓展创新。颜回并不愚钝啊！"

[注释]①回：孔子弟子，姓颜，字子渊。②不违：不发问，不辩难。如：好像，似乎是。愚：愚钝，蠢，傻。退：回到自己的家中。私：指颜回自己。省其私：自我反省。③发：领悟，阐发，扩而充之，推而广之。

[拓展]颜子闻孔子之言，领首称是而无疑，默而志之而不违，似愚而实智。二圣所见略同，故如此。

10 子曰："视其所以[①]，观其所由[②]，察其所安[③]，人焉廋 sōu 哉[④]？人焉廋哉？"

[译文]孔子说："要想了解一个人，就要看他做事使用的办法，就要考察他做事的过程，就要深究他行为的目的。这样，人的善恶怎能隐藏得住呢？人的善恶怎能隐藏得住呢？"

[注释]①以：凭借，依靠。②由：经过的路径，行事的过程。③安：归宿，目标。④廋：隐藏，藏匿。

11 子曰："温故而知新[①]，可以为师矣[②]。"

[译文]孔子说："既能温习旧学业，融会贯通，又能追求新知识，拓展学问，这样努力下去，就可以当老师了。"

[注释]①故：以前学到的。新：新的收获。②为师：当老师，成为合格的老师。

[拓展]本章谈优秀教师的基本素养。当老师的对于学问要有心得体会，能应变发挥，而不能只是照本宣科。《学记》所说的"记问之学"，仅停留在记忆层面，这是不够的。同时，做学问应当不止于旧学业的精熟与发挥，还要不断拓展新领域，开创新局面。只有这样，学问才能渐深渐广，渐入佳境。孔子希望把学问传播出去，传承下去，需要很多人参与到文化教育工作当中去，他希望弟子们都能担当这一重任。因此在这一章里，孔子谈的是怎样才能成为一位称职的老师。能当老师，可见学问已经足够精深广博，也能胜任其他很多工作，所以这句话对于其他行业的人也有意义。

12 子曰："君子不器[①]。"

[译文]孔子说："君子不把成为专业人才作为自己的目标。"

[注释]①器：器物。每种器物都有它特定的形制，具备相应的功能。没有一种器物是全能的。这里用"器"代指专业人才。

[拓展]在孔子看来，君子修身治学的目标不是成器，而是成德；不是成为专业的人才，而是成就完善的人格。在孔子看来，不但成为某一领域的专家不足贵，就是精通很多领域也不值得夸耀。孔子说："吾少也贱，故多能鄙事。君子多乎哉？不多也。"（《论语·子罕第九》）今天，我们觉得成器就很不错了。但在孔子看来，人应当成为人，这才是真正的目标。孔子尊重人，把人当人看，不物化人，不异化人，不把人当作达成某种目的的工具。孔子的思想充满了人本主义的光辉。

13 子贡问君子。子曰："先行其言，而后从之[①]。"

[译文]子贡问君子的言行。孔子说："想说的话先别说，先去做。人们见你确实这样做了，自然会听你的，按照你说的去做。"

[注释]①先行其言：先按自己的话去做。而后从之：然后别人才会听从你。之：代指"君子"，说话的人。《大戴礼记·曾子立事第四十九》："君子博学而孱守之，微言而笃行之，行必先人，言必后人，君子终身守此悒悒。"

[拓展]子贡口才好，话多，所以孔子让他多做，先做后说。

14子曰："君子周而不比[①]bì，小人比bì而不周。"

[译文]孔子说："君子喜欢广交朋友，而不仅仅结交情投意合的人；小人只喜欢结交情投意合的人，不喜欢广交朋友。"

[注释]①周：普遍，多样，团结，广泛地结交朋友。比：音bì，义为偏私，狭隘，勾结，只与同类人交朋友，有贬义。"比"这个字在现代汉语中有一个强大的义项，即"比较"，在表示这个意思的时候读bǐ（三声，即上声），这对理解古汉语中的其他义项产生了极大的干扰。《王力古汉语字典》（554页）以"并列"为"比"的本义，读为bì，引申而为"勾结"、"连接"、"及"等义，读bǐ时的"和顺"、"比照"等义，也从"并列"的本义引申而来。鉴于"比"在古汉语中也是常用字，弄清它的音义显得尤为重要。

[拓展]小人只喜欢和那些性情相近的人交朋友。君子则是广泛结交各种朋友，特别是与自己不同且高于自己的朋友。孔子曾说："无友不如己者。"也列举过三种好朋友：直友、谅友与多闻之友。又说："三人行，必有我师焉。"都是广交朋友的意思。

15子曰："学而不思则罔[①]wǎng，思而不学则殆[②]dài。"

[译文]孔子说："只学习而不思考就会迷惘，不知所从；只思考而不学习就会疲惫，没有心得。"

[注释]①罔：昏乱，迷惑。②殆：通"怠"，疲惫，怠惰。

[拓展]"学"是输入，增加新东西。新东西来了不整理，就会乱套，这就是"罔"。因此，"学而不思"会让人变得混乱不堪，变得糊里糊涂。"思"是加工，是消化吸收。如果不输入新东西，思考就失去了新材料。没有新材料可供加工，人就会空想，甚至胡思乱想，这就是"殆"。因此，"思而不学"是累人烦人的，也是危险的（"殆"有危险的意思）。

16子曰："攻乎异端[①]，斯害/也已[②]。"

[译文]孔子说："研究杂学，这就有害了。"

[注释]①攻：攻治，学习，研究。皇侃《论语义疏》："古人谓学为治，故书史载人专经学问者，皆云治其书、治其经也。"异端：杂书，杂学，诸子百家。诸子之学求新求异，与善道归宿不同。与"异端"相对的是善道，是正典，是六艺经传。②斯：代词，此，这个。害：弊病，危害。也已：句末语气词。

[拓展]"攻"不可释为攻击，而应释为攻治、研究。《王力古汉语字典》注为："从事某事，进行某项工作。"此释义更为宽泛，可从。又如，《诗经·灵台》："庶民攻之，不日成之。"《诗经·鹤鸣》："他山之石，可以攻玉。"《周礼·考工记》："凡攻木之工七，攻金之工六，攻皮之工五。"唐韩愈《师说》："闻道有先后，术业有专攻。"异端：不同之端，不同于圣人大道的

其他学问，正如《子张第十九》中所说的“小道”。子夏曰：“虽小道，必有可观者焉。致远恐泥，是以君子不为也。”（《论语·子张第十九》）“攻乎异端”之“害”，正在于“致远恐泥”，偏离了大道的方向。“已”不可训为停止，终止。“也已”作为句末复合语气词，在先秦典籍中比比皆是，在《论语》中也大量存在，此用法尚未见到例外。

17 子曰：“由①，诲女[汝]知[志]之乎②！知之为知之，不知为不知③，是知[智]也④。”

[译文]孔子说：“仲由啊，告诉你一个道理，记住啊！知道就是知道，不知道就是不知道，这就是智慧了。”

[注释]①由：孔子弟子，姓仲，字子路。②知之乎：记住它吧。知：同“志”，记住的意思。③知之为知之，不知为不知：这四个“知”都是知道、晓得的意思。④知：通“智”，智慧。

[拓展]老子说：“知人者智，自知者明。”孟子说：“明于庶物，察于人伦。”孔子所说的“知”，其范围恐怕更广。在这段话里，孔子让子路知“知之为知之，不知为不知”，是要他对自己“知”的状态有一个观照。人不可能无所不知，但要知其所已知，知其所未知，甚至知其所能知，知其所不能知，这诚然是一种大智慧。

18 子张学“干gān禄①”。子曰：“多闻阙quē疑②，慎言其余，则寡guǎ尤③yóu。多见阙quē殆，慎行其余，则寡悔④。言寡尤，行寡悔，禄在其中矣。”

[译文]子张读到《诗经·旱麓》篇的“干禄岂弟”，就问孔子如何求福禄。孔子说：“广泛地扩展见闻，不确定的就放在一边，不谈论它，谨慎地谈那些没有疑问的，错误就少了。细细地考察事务，不好做的就搁置起来，先不做它，小心地做那些可以做的，懊悔就少了。说话错误的少，做事懊悔的少，福禄就在里面了。”

[注释]①子张：孔子弟子，姓颛（zhuān）孙，名师，陈国人。干：求。禄：禄位，福禄。干禄就是求仕进的门路。从政之后，即可得俸禄。②阙：搁置，存而不究。③尤：过失，过错。④殆：危险的，心中不安的。悔：懊悔，悔恨。

[拓展]求禄之法在于谨慎言行，不臆断，不妄动。

19 哀公问曰①：“何为则民服？”孔子对曰：“举直错诸枉②，则民服。举枉错诸直，则民不服。”

[译文]鲁哀公问道：“怎样做才能让百姓服从呢？”孔子回答说：“重用正直的人，让他高于

邪枉的人，百姓就服从了。重用邪枉的人，让他高于正直的人，百姓就不服从。”

[注释]①哀公：鲁国国君，姓姬，名蒋。他是鲁定公之子，继定公即位，在位27年。据《逸周书·谥法解第五十四》：“早孤短折曰哀。”早亡则未能知人事，故曰“哀”。“恭仁短折曰哀。”体恭质仁，然功业未施，故曰“哀”。鲁哀公当为功业未施之君。②举：举用。错：安置。

[拓展]直臣与枉臣在同一个政府内共事。正是在与枉臣的比较和斗争中，直臣才是存在的，直臣的价值才显现出来。没有枉臣，也就没有直臣。假如可以把枉臣清除干净，那么在所谓“直臣”的队伍中依然会有“枉臣”分化出来。因为其中有非常正直的臣，有不大正直的臣，这些不大正直的臣就是新的“枉臣”。直与枉是相对的，没有纯善之人。主政者只要把握住正直的方向就可以了。孔子说的是举措合宜，而不是去枉存直，这就是孔子的高明所在。诸葛亮对后主刘禅说，要“亲贤臣，远小人”，要有个亲疏远近，说的也是这个意思。

20 季康子问①：“使民敬、忠以劝②，如之何？”子曰：“临之以庄③，则敬。孝慈④，则忠。举善而教 jiāo 不能，则劝。”

[译文]季康子问：“想让百姓尊敬我，忠诚于我，而且听我的话，要怎样做呢？”孔子说：“面对百姓的时候端庄威严，百姓就会尊敬您；在家里孝敬父母，关爱儿女，百姓就会忠诚于您；举荐任用善人，教导德行不够好的人，百姓就听您的话了。”

[注释]①季康子：鲁大夫季孙氏，名肥。②以：和，而且。连词，表并列。劝：劝勉，服从。③庄：容貌端庄严肃。④孝：爱敬其亲。慈：关心爱护民众。

21 或谓孔子曰①：“子奚 xī 不为政②？”子曰：“《书》云：‘孝乎惟孝，友于兄弟，施于有政③。’是亦为政，奚 xī 其为/为政？”

[译文]有人对孔子说：“您为什么不从政呢？”孔子说：“《尚书》写道：‘孝敬父母，友爱兄弟，以此影响执政者。’这也就是从政了。不然，怎样才是从政呢？”

[注释]①或：某人，有个人。②奚：怎么，为什么。③施于：延及，影响到。有政：有政之人，即执政者，掌权者。

[拓展]为什么说只有出去当官才算为政呢？管理好家庭，孝敬父母，友爱兄弟，就是为政，而且是为政的根本。

22 子曰：“人而无信，不知其可也。大车无輗① ní，小车无軏② yuè，其何以/行之哉？”

[译文]孔子说：“不讲信用的人，我不知道他怎么能够立身处世。如果大车没有輗，小车没有軏，怎么能让牲畜拉着行驶呢？”

[注释]①大车：用牛拉的货车，主要用于载重。輗：辕端用来缚轭的横木。②小车：指畋猎之车、战车、四马车等，主要用于载人，车辆轻巧，速度快。軏：辕端上曲钩衡的部件。

[拓展]輗和軏是连接牛马与车辆的关键部件，是不可或缺的部件，这里用来比喻诚信。诚信就是这样，有它可能还不够，但没它是绝对不行的。

23 子张问：“十世可知也？”子曰：“殷/因于夏礼[①]，所损益[②]，可知也。周/因于殷 yīn 礼，所损益，可知也。其或/继周者，虽百世/可知也。”

[译文]子张问：“往后十个朝代的典章制度，能够提前知道吗？”孔子说：“殷商继承了夏代的典章制度，其增减是可以知道的。周继承了殷商的典章制度，其增减也是可以知道的。如果将来有继承周代的，即使有百世之久，它的典章制度也是可以预知的。”

[注释]①殷：汤伐夏之后，建立商朝。商朝早期频繁迁都，直到盘庚迁殷以后，才稳定下来。因此，商朝又被称为“殷”或“殷商”。因：因袭，沿袭，继承。②损：减少。益：增加。

[拓展]根本之道是人的道，人不变，人道也不变，增减的只是政府的架构和管理的方法等。

24 子曰：“非其鬼而祭 jì 之[①]，谄 chǎn 也[②]。见义不为[③]，无勇也。”

[译文]孔子说：“祭祀别人的祖宗，想为自己求福，这是谄媚的行为。见到该做的事情不做，这是缺乏勇气的表现。”

[注释]①鬼：人死以后的神灵。非其鬼：不是自己的祖先。《礼记·曲礼下》：“非其所祭而祭之，名曰‘淫祀’。淫祀无福。”淫祀：超出本分的祭祀。《左传·僖公十年》：“神不歆非类，民不祀非族。”②谄：谄媚，巴结。③义：应当的，合适的，适宜的。

八佾第三

01 孔子谓季氏[①]：“八佾 yì 舞于庭[②]，是可忍也，孰 shú 不可忍也？”

[译文]孔子评价季氏家族说：“季氏在家庙使用天子的八佾舞乐，这种事都能容忍，还有什么事不能容忍呢！”

[注释]①季氏：鲁国的季氏家族。至于具体是季桓子，还是季平子、季康子，则有多种说法。②佾：舞蹈中的列数。天子八列，诸侯六列，大夫四列，士二列。至于每列的人数，一说等于它的列数。比如，士用二佾，每佾二人，2×2=4 人。诸侯六佾，每佾六人，6×6=36 人。另一说：每列八人。士用二佾，8×2=16 人。诸侯六佾，8×6=48 人。《左传·昭公二十五年》：“将禘襄公，万（指万舞）者二八，其众（指其他四佾）万于季氏。”从这里看，当以每佾八人为是。

02 三家者以《雍》彻[撤][①]。子曰：“‘相 xiàng 维辟 bì 公，天子穆穆[②]’，奚 xī 取于三家之堂？”

[译文]鲁国的孟孙、叔孙、季孙三大家族，在家祭完毕的时候，都唱《雍》诗撤下祭品。孔子说：“‘相维辟公，天子穆穆’描绘的是周王室大祭之时，诸侯和卿大夫来助祭，天子忧思深远、端庄肃穆地主祭的情景。这种礼仪规格是天子专用的，怎能出现在他们三个家族的家庙里呢？”

[注释]①三家：指鲁国大夫孟孙、叔孙、季孙之家。雍：《诗经·周颂》中一首诗的篇名。彻：祭祀完毕，收撤祭品。据礼制：天子宗庙之祭，歌《雍》以撤祭品。鲁国的三家大夫越级僭用，违反了礼制。②相：帮助。辟公：诸侯。穆穆：天子忧思深远的容貌。相维辟公，天子穆穆：诸侯公卿助祭，天子端庄肃穆。

03 子曰：“人而不仁[①]，如礼何[②]？人而不仁，如乐何？”

[译文]孔子说：“如果一个人没有仁德，他能把礼法制度落实成什么样子呢？如果一个人没有仁德，他能把音乐教化落实成什么样子呢？”

[注释]①仁：仁爱之德。仁是礼教、乐教的本质与内涵。②如礼何：能把礼制怎么样呢？意思是说，没有了仁爱的精神内涵，能把礼制落实成什么样子呢？徒有其表罢了。“如乐何”使用了同样的句型。

04 林放问礼之本[①]。子曰：“大哉问！礼，与其奢也，宁 nìng 俭。丧，与其易也[②]，宁 nìng 戚。”

[译文]林放请教礼的本义。孔子说："这是一个重大的问题啊！就常礼来说，与其铺张浪费，不如俭朴节约。就丧礼来说，与其行礼熟练，不如礼仪不熟却心中悲哀。"

[注释]①林放：鲁国人。②易：指熟练地掌握了丧礼的程序、仪文、动作等，却仅仅是流于形式，而没有哀感之心。朱熹说："易，治也。孟子曰：'易其田畴。'在丧礼，则节文习熟而无哀痛惨怛之实者也。"（《论语集注》）

[拓展]在丧礼上，礼是仪文，是形式；哀是本质，是内容。那些习于行礼的人是"文胜质"，往往心中不敬，缺乏哀戚之情。他在丧礼上的表现，就像演员演戏一样，程序熟悉，动作熟练，但缺乏哀戚之情。相反地，礼仪不熟，礼节不周，那又何妨？在丧礼中，唯一不能缺少的就是心中的哀伤。

05 子曰："夷 Yí、狄 Dí之有君[①]，不如诸夏之亡 wú也[②]。"

[译文]孔子说："夷、狄虽然有君主，但还不如中国没有君主呢。"

[注释]①夷：东夷，东方的未开化民族。狄：北狄，北方的未开化民族。夷、狄：这里用来代指中国周边尚未开化的民族。他们穴居野处，茹毛饮血，没有父子、夫妇伦理，没有礼乐文明教化。②不如：不若，不及，比不上。又如，《墨子·鲁问》："子之为鹊也，不如匠之为车辖。"《晏子春秋·谏下》："星之昭昭，不如日之曀曀。"《荀子·荣辱》："虽有戈矛之刺，不如恭俭之利也。"诸夏：中国，华夏文明之国。亡：同"无"，没有。"亡"后承前文省"君"字，即"夷、狄之有君，不如诸夏之亡君也"。

[拓展]邢昺的章旨总结得很好。有君、无君并不重要，礼乐文明才是真正重要的。夷狄无礼义，虽然有君主，仍然是野蛮的。中国即使没有君主，也比有君主的夷狄更文明。文明的实质是礼义的教化。没有礼义就没有文明，虽然有君主，也没有什么益处。

06 季氏旅于泰山[①]。子谓冉有曰[②]："女[汝]弗能救[③]与 yú？"对曰："不能。"子曰："呜呼！曾 zēng谓泰山不如林放乎？[④]"

[译文]季氏要去祭祀泰山。孔子对冉有说："你不能阻止他们吗？"冉有回答说："不能。"孔子说："唉！难道泰山之神还不如林放懂礼吗？"

[注释]①旅：祭祀，动词。《周礼·春官·大宗伯》："国有大故，则旅上帝及四望。"泰山：山名，东岳，又名"岱宗"，曾经长时间属于鲁国。②冉有：孔子弟子，名求，当时在季氏家族从政。③救：阻止季氏陷于僭窃之罪。④呜呼：感叹词。

[拓展]季氏何以不可"旅于泰山"？《礼记·曲礼下第二》："天子祭天地，祭四方，祭山川，祭五祀，岁遍。诸侯方祀，祭山川，祭五祀，岁遍。大夫祭五祀（户、灶、中霤、门、行），岁遍。士祭其先。"《礼记·王制第五》："诸侯祭名山大川在其地者。"所以，鲁国国君作为一方诸侯，

可以祭祀鲁国境内的山、水之神。季氏身为鲁国的卿大夫，虽然掌握着国家的实权，仍然只可祭五祀，不可祭泰山。因此，“季氏旅于泰山”是一种僭礼行为。注意：“旅”不是旅游、游玩的意思，而是祭祀的意思。如果季氏要去泰山游玩，那是完全没有问题的。

07 子曰：“君子无所争，必也/射乎！揖 yī 让而升，下而饮①。其争也/君子②。”

[译文]孔子说：“君子是不与人相争的，但射礼上，总要争一争吧！君子互行揖礼，恭敬推让，然后走到堂上比试箭法。完成以后走下堂来，胜者作揖致敬败者，然后取酒立饮。在比赛中与人竞争，君子仍是这么谦逊。”

[注释]①揖让而升，下而饮：据《大射》之礼，耦进三揖，然后升堂而射。下而饮：指射完之后互相行揖礼，然后归位。等众人都回来，胜负已经决出，胜的向众人作揖，然后升取酒器，站立饮酒。堂：人工筑成的四方形的台基。古代建筑的台阶之上、房室之外的平台称为堂。比如，今天曲阜孔庙大成殿殿前的长方形平台就是堂。从院中走来，需要先登台阶，然后才能升临堂上。这个堂，用今天的话说就是殿前广场。射礼就在堂上进行。（参见《辞源》第三版合订本 465 页。）②其争也君子：这是君子按照射礼进行的公平竞争，恭敬谦和，有君子之风。君子：指君子之道，君子的风度。详见《仪礼》《礼记》中讲射礼的相关篇章。

[拓展]今天我们说比赛“既要赛出成绩，更要赛出风格”，“友谊第一，比赛第二”，都是这个意思，但都不如本章说得意味深长。

08 子夏问曰：“‘巧笑倩兮，美目盼兮，素以为绚兮①’，何谓也？”子曰：“绘事后素②。”曰：“礼后乎③？”子曰：“起予者商也！始可与言《诗》/已矣。”

[译文]子夏问道：“《诗经·卫风·硕人》篇的‘巧笑倩兮，美目盼兮，素以为绚兮’是什么意思？”孔子说：“画画的时候，要先准备好白地子，然后在上面用各种颜色进行绘画。”子夏说：“仁厚的美质在先，礼法的约束在后，是这个意思吗？”孔子说：“卜商启发了我啊！可以和你一起谈论《诗经》了。”

[注释]①巧笑倩兮，美目盼兮：出自《诗经·卫风·硕人》篇。素以为绚兮：此句今本《诗经》无。可能为旁注，非《诗经》正文。也可能原为《诗经》正文，但已佚失。倩：面颊好看。盼：眼珠黑白分明的样子。素：指洁白的地子，如同今天的墙壁、画布或画纸，可以在上面作画。《礼记·礼器第十》：“白受采。”绚：彩色的图画。②绘事：绘画的事。素：白地子。绘事后素：必须在准备好白地子之后，绘画才能开始，即“绘事后于素”。③礼后：以礼为后。

［拓展］“礼后”的意思是礼在后面，那么谁在前面呢？应当是仁义在前面，即先仁后礼。仁为本，礼为末。仁为质，礼为文。用巧笑、美目比喻人的美质，这些就是白墙，就是画布，有了地子才能画画。这里用绘画比喻礼法的约束和礼仪的修饰。有礼的仁人就能免于粗略鄙俗，而变得文质彬彬。“君子务本，本立而道生”（有子之语），人必须先有仁义的本质，然而再施以礼教的教化。

09 子曰：“夏礼，吾能言之，杞 qǐ 不足征也[①]。殷礼，吾能言之，宋不足征也[②]。文、献不足故也[③]。足，则吾能征之矣。”

［译文］孔子说：“夏代的礼制我能讲说，但杞国典籍、贤才不足取证。殷商的礼制我能讲说，但宋国的典籍、贤才不足取证。都是典籍和贤才不足的缘故。如果典籍和贤才充足，我就能取以为证了。”

［注释］①杞：周王朝为夏王室之后所立的诸侯国。周王朝德行敦厚，能“兴灭国，继绝世”（《论语·尧曰第二十》）。征：验证。②宋：周王朝为殷王室之后所立的诸侯国。③文：指典籍。献：指贤人。“文献”一词的含义后来发生了变化。今天，文献主要分为传世文献和出土文献两大类，以文字形式为主，与贤人无关。

10 子曰：“禘 dì/自既灌而往者[①]，吾不欲观之矣[②]。”

［译文］孔子说：“鲁国的禘祭礼（刚开始的时候，君臣恭恭敬敬，尚有可观之处；）第一次献酒之后，（众人懈怠渎礼，）我不忍心再看下去了。”

［注释］①禘：祭名，大禘。灌：禘祭共献酒九次，第一次献酒叫“祼”，亦作“灌”。②不欲观：不忍心观看鲁国的禘祭。既灌之后，君臣懈怠，更没法看了。

［拓展］禘祭是一种什么规格的祭礼？古人说，王者禘其祖之所自出，而以其祖配之。这是属于王者（也即天子）的祭祀大典。纵然周公的功劳很大，但鲁国仍然不应当有禘祭。孔子说：“鲁之郊禘非礼也。周公其衰矣。”（《礼记·礼运第九》）

11 或问/禘 dì 之说。子曰：“不知也[①]。知其说者之于天下也，其如/示诸斯乎[②]！”指其掌。

［译文］有人向孔子请教禘祭典礼的内涵。孔子说：“我不知道。对于懂得禘祭的人来说，治理天下就像把东西放在这里一样容易吧！”孔子一边说着，一边指着自己的手掌。

［注释］①不知：不了解，不知道。②示：象形字，象祭台之形，中间长横为祭台，其上短横为祭物，下“小”为三竖，皆为立石，用以支撑祭台，有在祭台上陈设祭物之义。故“示”有陈设、放置、展示等义。示诸斯：把它放到这里。诸：同“之于”。斯：此，这里，代词，指下句的“掌”。

[拓展]何谓“讳国恶之礼”？“不王不禘”，非天子不行禘祭，故鲁之禘祭不合礼制。孔子答以不知，故得以不评不论，即是讳鲁国之恶。

12 祭/如在[①]，祭神/如神在[②]。子曰：“吾不与 yù祭[③]，如不祭。”

[译文]虽然眼不能见，但祭祖的时候，要像祖先就在面前一样；祭神的时候，要像神明就在面前一样，务必端庄恭敬。孔子说：“如果我不能亲自参加祭祀典礼，那就和没有祭祀过一样。”

[注释]①祭：指祭先祖。如在：如同先祖就在面前。《礼记·玉藻第十三》：“凡祭，容貌颜色，如见所祭者。”②祭神：指祭祀神明。神：泛指神明，一切神明的总称，这里指除祖先以外的神明。③与祭：亲身参与祭祀之礼。与：参与，投身其中。

13 王孙贾gǔ问曰：“‘与其媚于奥[①]，宁 nìng媚于灶[②]’，何谓也？”子曰：“不然。获罪于天，无所祷也。”

[译文]卫国的大臣王孙贾问道：“与其讨好奥神，不如讨好灶神，说的是什么意思呢？”孔子说：“不是那样的。如果得罪了上天（违背了天道），是无处祷告的（求谁都没用）。”

[注释]①王孙贾：卫灵公的大臣。奥：房室的西南角，室内最尊贵的地方。古人认为，在奥有奥神。②灶：五祀之一，夏时祭祀。

[拓展]“与其媚于奥，宁媚于灶”是什么意思呢？朱子说：“凡祭，五祀皆先设主，而祭于其所，然后迎尸而祭于奥，略如祭宗庙之仪。如祀灶，则设主于灶陉，祭毕，而更设馔于奥，以迎尸也。”（《论语集注》）奥有常尊，但可能已经大权旁落，这里用来比喻君主，如鲁国国君。灶虽卑贱，然而手握实权，这里用来比喻权臣，如鲁国的季孙氏。“与其媚于奥，宁媚于灶”的意思就是，与其巴结国君，不如巴结权臣。

14 子曰：“周监 jiàn 于二代[①]，郁郁乎文哉[②]！吾从周。”

[译文]孔子说：“周朝的礼制是参考夏、商两代制订的，真是蔚为大观啊！我学周礼吧。”

[注释]①监：照视。后作“鉴”。引申为借鉴。《尚书·召诰》：“我不可不监于有夏，亦不可不监于有殷。”（参见《辞源》第三版合订本1596页。）二代：指夏代和商代。②郁郁：形容文化繁荣兴盛的样子。

15 子入大 tài 庙[①]，每事问。或曰：“孰谓鄹 Zōu 人之子知礼乎[②]？入大 tài 庙，每事问。”子闻之，曰：“是礼也。”

［译文］孔子到了周公庙，每件事都向庙里的执事询问。有人说："谁说孔子知礼呢？到了太庙，什么都问。"孔子听到这话，就说："这就是礼啊。"

［注释］①大庙：同"太庙"。周公（姬旦）是鲁国的始封之君，鲁国的太庙就是周公庙。②鄹：鲁国城邑之名，孔子的父亲叔梁纥曾经是鄹邑的大夫。

［拓展］在这里，鄹人之子指的是孔子。在这个提问的人看来，询问就证明孔子不知礼，因为知礼何必再问？他不知道的是，这正好体现了孔子审慎和恭敬的态度。宗庙之事重大，知而复问，谨慎求证，这就是礼啊！庙中的执事是太庙相关礼制礼仪的继承者和执行者，是有历史传承的礼学专家，是活的礼学教科书。孔子关于太庙的知识多从典籍得来，求问于执事，正是小心求证的过程，反映的是恭敬的求学态度。《孝经》说："礼者，敬而已矣。"恭敬正是礼的核心。

16 子曰："射不主皮①，为 wèi/力不同科②，古之道也。"

［译文］孔子说："射礼看的不是能否把靶子射穿，因为人的力气大小不同，古代的射礼就是这样的。"

［注释］①皮：用皮革做成的箭靶子。古代的箭靶子叫"侯"，用布或皮做成，这里用"皮"代指箭靶子。②科：等级。

［拓展］射礼是演习礼乐用的，通过它可以考察人的德行。在射礼中，首先要求互相礼让，互相包容，胜不骄，败不馁，要有君子风度。其次是善于反省，射而不中，反求诸己，不怨恨那些胜过自己的人。人的力量有大有小，所以射礼的目标是射中，而不是射穿。军中的武射才要求射穿靶子，即"贯革之射"，这是军事斗争的需要。春秋时期，诸侯国之间的战争日益增多，社会渐渐崇尚贯革之射，追求刚强勇猛的射法，弄得堂上一片杀气腾腾。《论语集解》引马融之说："射有五善焉：一曰和，志体和；二曰和容，有容仪；三曰主皮，能中质；四曰和《颂》，合《雅》《颂》；五曰兴武，与舞同。天子三侯以熊、虎、豹皮为之，言射者不但以中皮为善，亦兼取和容也。"马融的意思是说，射中虽好，还要考察另外四项。"射不主皮"就是在射礼中不只看能否射中，还要考察其他方面。

17 子贡欲去/告朔之饩 xì 羊①。子曰："赐也，尔爱其羊，我爱其礼②。"

［译文］子贡嫌鲁国的告朔礼残缺不全，便想省去那作祭物的羊。孔子说："赐啊，你舍不得羊，我却不忍心看着告朔礼彻底废弃了。"

［注释］①告朔：周朝的时候，在每年的秋冬之际，周天子会把下一年的历书颁赐给诸侯，这叫"颁告朔"或"告朔"。历书规定了闰月的安排和每月的开始，对于生产生活非常重要。诸侯得到历书，就把它藏在祖庙。每月的第一天，国君要杀一只活羊祭于祖庙，这叫"告朔"或"告月"。祖庙祭礼完毕之后，国君回朝听政，这叫"视朔"或"听朔"。饩：赠送给人的谷物、饲料、活的

牛羊豕等。《论语集解》："牲生曰饩。""牲"是供食用和祭祀用的家畜。"生"的意思是活着，有生命气息。饩羊：用来告庙的活着的羊。又，"牺"特指古时宗庙祭祀用的纯色牲畜。②尔：第二人称代词，你，指子贡。爱：吝惜，舍不得。

[拓展]春秋时期礼崩乐坏，鲁国的告朔礼已经残缺不全了。但每月初一，鲁国还是照旧杀一只羊，供应着告祭祖庙用的生羊肉。子贡觉得浪费一只羊实在没有什么意义，便想把这只羊也省下算了。孔子却认为，如果有杀羊祭祀的事，就还有恢复告朔礼的可能；如果连这点痕迹也没了，告朔礼就被彻底废弃了。

"饩"指活着的牛、羊、猪，下面再举一个活牛的例子。《左传·哀公二十四年》："二十四年，夏，四月，晋侯将伐齐，使来乞师……臧石帅师会之，取廪丘……晋师乃还。饩臧石牛。"鲁哀公二十四年四月，初夏时节，晋出公准备攻打齐国，派人来求鲁国出兵……臧石带兵与晋军会合，夺取了廪丘……晋国撤军了，用一头活牛慰劳臧石。

18 子曰："事君尽礼①，人以为谄 chǎn 也②。"

[译文]孔子说："完全按礼节服事君主，别人就说他谄媚君主。"

[注释]①尽礼：完全遵照礼节。②谄：谄媚，巴结，逢迎。

19 定公问①："君使臣，臣事君，如之何？"孔子对曰："君使臣以礼，臣事君以忠。"

[译文]鲁定公问："君主任用大臣，大臣服事君主，应当怎样做？"孔子回答说："君主要尊重大臣，以礼相待；大臣要做好工作，尽职尽责。"

[注释]①定公：鲁国国君，姓姬，名宋。定公是昭公之弟，继昭公而立，在位 15 年。②礼：指国君对大臣要恭敬有礼，要尊重大臣的人格。忠：指大臣要实实在在地工作，完成国君交付的任务。

20 子曰："《关雎 jū》，乐而不淫 yín①，哀而不伤②。"

[译文]孔子说："《关雎》所表达的情感，快乐却不放肆，哀怨却不忧伤。"

[注释]①淫：超常，过度。②伤：过于哀，伤其心。

[拓展]悲哀未能节制，欢乐超过限度，都不是中和之道。《中庸》说："喜怒哀乐之未发，谓之中；发而皆中节，谓之和。"如哀乐已发，即是不"中"；发而过度，即是不"和"，均与中和之道相悖。《关雎》不能无哀乐，其可贵之处在于"发而皆中节"，而得性情之"和"。悲哀过度不好，比较容易理解。欢乐过度也是不好的，有成语叫作"乐极生悲"。在中医学看来，则是"喜

伤心”（另外还有怒伤肝、思伤脾、忧伤肺、恐伤肾）。

21 哀公问社于宰我[①]。宰我对曰：“夏后氏以松。殷人以柏。周人以栗，曰：‘使民战栗[②]。’”子闻之，曰：“成事不说，遂事不谏 jiàn，既往不咎 jiù。”

[译文]鲁哀公问宰我，土地神的牌位是用什么木材做成的。宰我回答道：“夏代用松木，殷代用柏木，周代用栗木，意思是让百姓战栗恐惧。”孔子听到后，说：“已经做成的事就不要再解释了，已经完毕的事就不要再拦阻了，已经过去的事就不要再追究了。”

[注释]①宰我：孔子弟子，名予。宰我善言语，利口善辩。社：土地之神，这里指土地神的牌位用什么木材做成。牌位用什么木材，就看什么树最适合在当地生长，取其易见易得。②战栗：恐惧，害怕。

[拓展]宰我随意附会周代社用栗木的原因，不符合事实，且又启人主杀伐之心，有害于仁政。

22 子曰：“管仲之器小哉[①]！”或曰：“管仲俭乎？”曰：“管氏有三归[②]，官事不摄[③]，焉得俭？”“然则管仲知礼乎？”曰：“邦君树塞 sè 门，管氏亦树塞 sè 门。邦君为两君之好[④]hào，有反坫[⑤]diàn，管氏亦有反坫 diàn。管氏而知礼[⑥]，孰不知礼？”

[译文]孔子说：“管仲的器量真小啊！”有人说：“管仲节俭吗？”孔子说：“管仲有三处采邑，管仲的家仆一人只管一件事，怎么算得上节俭呢？”“那么管仲懂礼吗？”孔子说：“国君宫殿的门前立了一堵屏壁，管仲的门前也立了一堵屏壁。国君为了接待外国的国君，在堂前两柱之间筑有放置酒杯的土台，管仲也有这样的土台。如果说管仲懂礼，还有不懂礼的人吗？”

[注释]①管仲：名夷吾，齐国的大夫，辅佐齐桓公，率先成为春秋时期的霸主。其事迹详见《左传》《史记·齐太公世家》《史记·管晏列传》等。②三归：一说为市租，或三处采邑等等，众说纷纭。③摄：兼职。一般来说，一个家仆兼做几项工作，但管仲的家臣每人只做一种工作。所以管仲用的仆人多，花费高，所以说管仲不节俭。④好：名词，亲善，亲睦友好的关系（参见《王力古汉语字典》187 页，《辞源》第三版 1004 页）。⑤反：同“返”，这里指放回酒器。坫：厅堂前两楹（柱）之间的土台，可放置酒爵等器物。据礼制，只有国君才能有。⑥而：假设连词，假若，如果。

[拓展]封建社会讲究等级制度。这套制度对于不同等级的人有不同的规定，不同的要求。据礼制，只有国君才可以树塞门，有反坫。管仲身为大夫，这些本来都不该有。但现在，国君有的管仲

也都有了，这就是僭礼违制了。管仲与鲁国三家大夫（“八佾舞于庭”，“以《雍》彻”）的行径是一样的。

23 子语 yù 鲁大 tài 师乐[①] yuè，曰：“乐 yuè，其可知也：始作，翕 xī 如也[②]；从 zòng 之[③]，纯如也[④]，皦 jiǎo 如也[⑤]，绎 yì 如也[⑥]；以成[⑦]。”

[译文]孔子与鲁国的乐师长谈论音乐，说：“乐章的结构是可以知晓的：开始的时候，各种乐器相继加入，巧妙地配合在一起；音乐逐渐地向高潮推进，各种音乐元素既和谐，又分明，连绵不绝；最后，整部作品完美地结束了。”

[注释]①语：告诉。大师：即“太师”，乐官名，为乐师之长。②翕：五音相合。如：形容词词尾。又如《周易・屯 zhūn 卦第三》：“屯如邅 zhān 如，乘马班如。”③从：同“纵”，放纵，展开。④纯：和谐，舒畅。⑤皦：明快，鲜明。⑥绎：余音绕梁，连续不绝。⑦成：乐曲结束。

24 仪封人请见[①]，曰：“君子之至于斯也，吾未尝不得见也。”从者见之。出，曰：“二三子何患于丧乎？天下之无道也/久矣，天将以夫子为木铎[②] duó。”

[译文]仪地的地方官想拜见孔子，说：“凡是来到这里的君子，我从来没有见不到的。”随行的学生向孔子通报，孔子接见了他。出来后，他说：“大家何必担心天下丧乱呢？天下无道已经很久了，老天将要让孔夫子做百姓的导师啊。”

[注释]①仪：卫国的城邑。封人：仪地的地方长官，应当是一位贤而有德的隐士。见：拜访，谒见。②木铎：铜质木舌的铃铛。古时宣布国家政令的时候，就摇响它召集大众。

25 子谓《韶 sháo》[①]：“尽美矣，又尽善也。”谓《武》[②]：“尽美矣，未尽善也。”

[译文]孔子评价《韶》乐：“美到极至，又善到极至了。”评价《武》乐：“美到极至了，但还没有善到极至。”

[注释]①谓：评价。《韶》：大舜制作的乐章。②《武》：周武王制作的乐章。

[拓展]舜以圣德受禅得天下，无杀伐之事，故《韵》乐尽善尽美。《武》乐之未尽善，首先因为武王还需要努力地修德，还需要勤奋地追求，不像大舜那么平和安然。再者，武王以征伐得天下，不能免杀戮，不能无伤亡，这就更谈不上尽善了。

26子曰："居上不宽[①]，为礼不敬[②]，临丧sāng不哀[③]，吾何以观之哉[④]？"

[译文]孔子说："在上为政不能宽以待人，临场行礼不能端庄恭敬，参加丧礼不能悲痛哀戚，这样的人要我怎么评价呢？"

[注释]①宽：宽厚，宽博，宽广。地位高的人要慈惠爱人，以宽厚为本。②敬：恭敬，不亵慢。礼以恭敬为根本。③哀：悲哀，伤心。临丧之时以心中的哀戚之情为根本。④何以观：如同说"不足观"，不值得看，不屑于说。

里仁第四

01 子曰："里/仁为美①。择不处 chǔ 仁，焉得知②[智]？"

[译文]孔子说："居住的地方要风俗仁厚才算美好。安家的时候，如果不选择风俗仁厚的地方，怎能算得上明智呢？"

[注释]①里：一个基本的聚居单位，相当于今天的街、巷或小区。今天我国还有不少用"里"来命名的地方。②择：选择，这里指选择居住之地，即安家。处：居住。处仁：在有仁者之里居住。知：同"智"，聪明，明智。《荀子·劝学》："君子居必择乡，游必就士，所以防邪辟而近中正也。"

[拓展]《列女传》所载孟母三迁的故事，是古人重视居住环境的典型案例。

邹孟轲之母也，号孟母。其舍近墓，孟子之少也，嬉游为墓间之事，踊跃筑埋。孟母曰："此非吾所以居处子。"乃去，舍市傍，其嬉戏为贾人衒（xuàn）卖之事。孟母又曰："此非吾所以居处子也。"复徙舍学宫之傍，其嬉游乃设俎豆，揖让进退。孟母曰："真可以居吾子矣。"遂居。乃孟子长，学六艺，卒成大儒之名。（《列女传·卷之一·母仪传·邹孟轲母》）

02 子曰："不仁者不可以久处 chǔ 约①，不可以长处 chǔ 乐。仁者安仁，知[智]者利仁②。"

[译文]孔子说："没有仁德的人受不了长期困窘的生活，也不能老是过平安快乐的日子。仁者安然地居处在仁道之中，恬淡自然。智者因为知道仁道的好处，也会努力按照仁道做事。"

[注释]①约：贫困，困穷，非常窘迫的境地。子曰："君子固穷，小人穷斯滥矣。"（《论语·卫灵公第十五》）②知：同"智"。利：利益，好处。

[拓展]"不仁者不可以久处约，不可以长处乐"，其原因是穷困久了他就为非作歹，安乐久了他就腐化堕落。"知者利仁"如同说"知者因仁之利而为仁"，意思是说，智者因为知道仁道的好处而为仁，因有利益而为仁，不是为了仁道本身而为仁。

03 子曰："惟仁者能好 hào 人①，能恶 wù 人②。"

[译文]孔子说："只有仁者懂得喜爱什么样的人，恨恶什么样的人。"

[注释]①好：喜爱，喜欢。②恶：讨厌，恨恶。

[拓展]仁者的心中有仁德，而仁德正是好恶的标准。

04 子曰："苟志于仁矣[①]，无恶è也[②]。"

[译文]孔子说："如果真能追求仁德，（仁德未必能成，但）肯定不会去做坏事了。"

[注释]①苟：如果。志于仁：心中以仁为目标，行动上努力追求仁。②恶：坏事，罪恶。

[拓展]这是取法乎上的效果。取法乎上，未必能得上，然而可得其中，而免于其下。追求仁德的人，未必能得到仁德，但肯定不会做坏事了。

05 子曰："富与贵，是人之所欲也；不以其道得之[①]，不处 chǔ 也。贫与贱，是人之所恶 wù 也；不以其道得之，不去也。君子去仁，恶 wū 乎成名？君子无终食之间违仁：造次必于是[②]，颠沛必于是[③]。"

[译文]孔子说："富有和尊贵，人人都喜欢，但如果不能通过正当手段得到，君子不会居有。贫穷和卑贱，人人都厌恶，但如果不能通过正当手段摆脱，君子也不会逃避。如果没有仁道，君子怎么成就自己的美名呢？所以，君子就连一顿饭的工夫也不会违背仁道。仓促慌乱时，他必与仁道同在；颠沛流离时，他必与仁道同在。"

[注释]①得之：达成，实现，满足心愿。合乎心愿的获得与脱离，都可以称"得之"。②造次：急遽慌乱。③颠沛：流离失所。

[拓展]一般人都是喜欢升官发财的。但对君子来说，有的富贵不能取，有的贫贱不能舍。无论是取还是舍，都必须合乎道义。这就是儒家强调的"见利思义"、"见得思义"。对君子来说，唯一片刻不可离的，只有仁道。

06 子曰："我未见好仁者，恶 wù 不仁者。好仁者，无以尚之[①]。恶 wù 不仁者，其为仁矣[②]，不使不仁者加乎其身。有能一日/用其力/于仁矣乎？我未见力不足者。盖有之矣[③]，我未之见也。"

[译文]孔子说："我没有见过爱仁的人和厌恶不仁的人。爱仁的人，是好得无以复加的。厌恶不仁的人，他的仁德在于，他不让那些不仁的事物沾到自己身上。有能够一整天力行仁道的人吗？我没有见过力量不够的人。可能有这样的人吧，只是我没有见到。"

[注释]①尚：同"上"，超越，高过。②矣：用在句中，提示停顿。③盖：语气词，或许，大概，表示揣测。

[拓展]"好仁者"当然是好的，"恶不仁者"洁身自好，也不错。为仁很费劲吗？有力量不够的人吗？在孔子看来，答案是否定的。在《述而》篇，孔子说："仁远乎哉？我欲仁，斯仁至矣。"为仁就是这么简单，就是这么省力，只要用心就可以了。一念之转，仁道至矣。

07 子曰：“人之过也，各于其党①。观过，斯知仁[人]矣②。”

[译文]孔子说：“人的过错各从其类。看一个人的过错，就知道他是什么样的人了。”

[注释]①党：类别。②仁：通“人”。

08 子曰：“朝 zhāo 闻道①，夕死可矣②！”

[译文]孔子说：“早晨获得了真理，即使傍晚就离世，也没有什么遗憾了。”

[注释]①朝：早晨。②夕：傍晚。

09 子曰：“士志于道，而耻恶衣恶食者①，未足与议也②！”

[译文]孔子说：“士人有志于道，却以穿得破、吃得差为耻辱，和这样的人没有什么好谈的。”

[注释]①恶衣：旧衣，破衣。恶食：粗劣的食物。②与议：与之议。“之”作宾语，已省略。

10 子曰：“君子之于天下也，无适也，无莫也①，义之与比②bì。”

[译文]孔子说：“君子对于天下的事，没有什么是一定行的，也没有什么是绝对不行的，一切都用‘义’作为判断的标准。”

[注释]①适：可。莫：不可。子曰：“我则异于是，无可无不可。”（《论语·微子第十八》）②义：道义。义之与比：孔子的可与不可，都是以“义”为判断标准。比：并列，紧邻，“义”就像测量可与不可的标尺，是评判的标准。谢良佐说：“圣人之学……于无可无不可之间有义存焉。”（《论语集注》）

[拓展]孔子主张君子行事应通权达变，善于根据原则灵活变通，不可僵化。孔子说：“言必信，行必果，硁硁然小人哉！”“言必信，行必果”就是不善变通，固执僵化，所以得一个“小人”的评价。（《论语·子路第十三》）大人怎么样呢？孟子说：“大人者，言不必信，行不必果，唯义所在。”（《孟子·离娄下》）大人并没有严格遵守约定，但因合于道义，因而是合宜的。

11 子曰：“君子怀德①，小人怀土②。君子怀刑③，小人怀惠④。”

[译文]孔子说：“君子关心道德，小人贪恋土地。君子敬畏刑法，小人贪图恩惠。”

[注释]①怀：思想，怀念，关注。德：固有的善。②土：土地，田地，代表财富。③刑：法律制度。④惠：利益，好处。

12 子曰："放 fǎng 于利而行[①]，多怨[②]。"

[译文]孔子说："依据利益行事，会招来很多怨恨。"

[注释]①放：依照，根据。②多怨：多招怨恨。

13 子曰："能以礼让为国乎？何有[①]？不能以礼让为国，如礼何[②]？"

[译文]孔子说："能依据礼让的原则治国吗？如果能这样，治国有什么难的呢？如果不能依据礼让的原则治国，即便礼制是完备的，又怎能发挥作用呢？"

[注释]①何有：即"有何难"，不难的意思。②如礼何：能把礼怎么样呢？意思是，礼虽然在，但是不能推行。

14 子曰："不患无位，患所以立[①]。不患莫己知[②]，求为可知也。"

[译文]孔子说："不怕没有职位，就怕没有能力坐在那个位子上。不怕别人不知道自己的本事，要不断进取，要有真才实学才行。"

[注释]①所以立：凭什么坐在那个位子上。②莫己知：即"莫知己"，不知道自己的能力。

15 子曰："参 Shēn 乎！吾道一以贯之[①]。"曾子曰："唯[②]。"子出，门人问曰："何谓也？"曾子曰："夫子之道，忠、恕/而已矣[③]。"

[译文]孔子说："曾参啊，我的道是用一个总纲贯穿起来的。"曾子说："是啊。"孔子出去了。同学们问曾子："老师这话是什么意思？"曾子说："老师的道，用忠和恕把握就可以了。"

[注释]①贯：贯穿，统摄。②唯：是的。应答之词。③忠、恕：朱子说："尽己之谓忠，推己之谓恕。"程子说："忠、恕一以贯之。忠者，天道。恕者，人道。忠者，无妄。恕者，所以行乎忠也。忠者，体。恕者，用。"（《论语集注》）所以，曾子用"忠""恕"二字解释孔子的一贯之道。

16 子曰："君子喻于义[①]，小人喻于利[②]。"

[译文]孔子说："君子深明道义，小人贪恋利益。"

[注释]①喻：晓，明白。义：道义。②利：利益，如财富、名声、地位等。

[拓展]"喻"这个字很难翻译。我们可以通俗地说，君子的心里全是道义，一门心思地只关心道义。小人正相反，钱串子脑袋，满脑子都是利益。孟子有段话是对本章的绝佳解释。孟子说："鸡鸣而起，孳孳为善者，舜之徒也。鸡鸣而起，孳孳为利者，跖之徒也。欲知舜与跖之分，无他，利

与善之间也。”（《孟子·尽心上》）孳孳，勤勉的意思。舜是上古有圣德的帝王。跖是古代著名的大盗。孟子所说的“善”，就是这里孔子所说的“义”。

17 子曰：“见贤思齐焉[①]，见不贤而内自省 xǐng 也[②]。”

[译文]孔子说：“见到贤人，就向他看齐，向他学习；见到不贤的人，就要对照着他自我检讨。”

[注释]①思齐：想着与贤人一样贤良。②内自省：向内反省，自我检讨。

18 子曰：“事父母几 jī 谏[①]。见志不从，又敬不违，劳而不怨[②]。”

[译文]孔子说：“侍奉父母，在父母有过错的时候，应当像大臣劝谏君主那样，委婉地规劝父母。如果父母不听，应当照常孝敬父母，不违背他们的心意。虽然忧心忡忡，却并无怨意。”

[注释]①几谏：委婉地、温和地劝告。《孝经·谏诤章第十五》：“故当不义则争之。从父之令，又焉得为孝乎？”父母做得不对的时候，子女应当劝谏，但要委婉。②志：父母的心意、想法。劳：忧虑。此义《诗经》多有。如《诗经·燕燕》：“瞻望弗及，实劳我心。”又如《诗经·甫田》：“无思远人，劳心忉忉。”《孟子·万章上》：“父母爱之，喜而不忘。父母恶之，劳而不怨。”在此语中，“爱”与“恶”相对而言，“喜”与“劳”也是相对而言，可知“劳”为“忧”义。一说义为辛劳，不可从。父母不义，且又不听劝谏，子女的心里是着急的，是忧心忡忡的。至于身体的疲惫和劳累，则不是问题所在。可参读清王引之《经义述闻》。

[拓展]《荀子·子道篇第二十九》：“入孝出弟，人之小行也。上顺下笃，人之中行也。从道不从君，从义不从父，人之大行也。若夫志以礼安，言以类使，则儒道毕矣，虽尧、舜不能加毫末于是矣。孝子所以不从命有三：从命则亲危，不从命则亲安，孝子不从命乃衷；从命则亲辱，不从命则亲荣，孝子不从命乃义；从命则禽兽，不从命则修饰，孝子不从命乃敬。故可以从而不从，是不子也；未可以从而从，是不衷也。明于从不从之义，而能致恭敬、忠信、端悫以慎行之，则可谓大孝矣。《传》曰：‘从道不从君，从义不从父。’此之谓也。”

19 子曰：“父母在，不远游[①]；游必有方[②]。”

[译文]孔子说：“父母在世的时候，尽量不要去远方；如果确实需要外出，应当把行程安排告诉父母，好让他们放心。”

[注释]①远游：出远门。②方：目的地，要去的地方。

[拓展]古代受限于交通工具、道路设施以及社会治安等多种因素，远游存在极大的困难，而且通常旷日持久，需要数月甚至数年才有可能平安返回。再者，古代通信技术落后，不能及时和家人取得联系，通常只能遵守在家时的约定。杜甫《月夜寄舍弟》有句云：“寄书长不达，况乃未休兵。”关于“游必有方”，《礼记·玉藻第十三》说，“亲老，出不易方，复不过时”。出不易方的意思

是，出行不改变原定的目的地。复，回家的意思。复不过时，就是回家不超过预定归期的意思。这里的“方”应当代指全部行程安排，包括事由、目的地和归期等。游必有方的初衷是体谅父母的牵挂之心。

20 子曰：“三年无改于父之道，可谓孝矣①。”

[译文]孔子说：“如果能够长期持守父亲的善道，而不轻易地改弦更张，就可以说是个孝子了。”

[注释]①本章是《学而第一》第 11 章的一部分，已经出现过了。

21 子曰：“父母之年，不可不知也①：一则以喜②，一则以惧③。”

[译文]孔子说：“父母的年纪是不可以不知道的：一方面因为父母长寿而高兴，另一方面又因为父母衰老而不安。”

[注释]①年：年纪，年龄。②喜：因其长寿而高兴。③惧：因其衰老而忧虑。

22 子曰：“古者言之不出，耻/躬之不逮 dài 也。”

[译文]孔子说：“古人之所以不随口说话，是因为在古人心目中，说到做不到是莫大的耻辱。”

[注释]①言之不出：即不出言，不说话，不承诺。②躬：本义是身体，引申为亲自，亲身。逮：及，赶上。躬之不逮：行之不及，做不到。通俗地说，就是怕腿赶不上嘴。

23 子曰：“以约失之者①，鲜 xiǎn 矣。”

[译文]孔子说：“因自我克制而招致过失的情况，是很少见的。”

[注释]①约：俭约，约束，自我节制。只要能自制，过失自然就少了。

24 子曰：“君子欲讷 nè 于言而敏于行①。”

[译文]孔子说：“君子追求的是言语寡少，但做事勤勉。”

[注释]①讷：说话迟缓，言语寡少。敏：迅速，快捷。

25 子曰：“德不孤①，必有邻②。”

[译文]孔子说：“有德之人并不孤单，身边必有志同道合的人。”

[注释]①孤：孤单，孤独。②邻：同样的人，志同道合的人。

26 子游曰："事君数 shuò，斯辱矣[①]。朋友数 shuò，斯疏矣[②]。"

[译文]子游说："屡次劝谏君主，以致君主恼怒降罚，会给自己招来羞辱。屡次劝导朋友，以致对方烦恼亵慢，会让关系变得疏远。"

[注释]①数：屡次，多次，以至对方厌烦。辱：君主降怒，辱及自身。②疏：朋友关系变得疏远，不亲密。

[拓展]《礼记·祭义第二十四》："祭不欲数。数则烦，烦则不敬。祭不欲疏。疏则怠，怠则忘。"意思是说，祭祀不要太多，太多了祭祀者就会厌烦，厌烦了就会心生不敬。祭祀也不能太少，太少了祭祀者就会心生怠慢，怠慢久了人就会忘掉祖先。事人之义与祭祀之义，其义相通。

公冶长第五

01 子谓公冶 yě 长[①]：“可妻 qì 也[②]。虽在缧 léi 绁 xiè 之中[③]，非其罪也。”以其子/妻 qì 之[④]。子谓南容[⑤]：“邦有道，不废；邦无道，免于刑戮 lù。”以其兄之子/妻 qì 之。

[译文]孔子评价公冶长说：“可以把女儿嫁给这样的人。虽然他曾被囚禁在监狱里，但不是因为他有罪。”孔子把女儿嫁给了他。孔子评价南容说：“国家政治清明的时候，他能有所作为，而不被废弃。国家政治昏暗的时候，他能谨言慎行，从而免遭刑罚。”孔子把侄女嫁给了他。

[注释]①公冶长：孔子弟子，姓公冶，名长。②妻：把女儿嫁给男子为妻。从本章我们可以知道，孔子生有一个女儿，而公冶长就是孔子的女婿。③缧：黑绳索。绁：绳索，缰绳。用绳索把罪犯的手、脚捆绑起来，限制他的自由。这里用“缧绁”代指监狱。④子：古时候，儿子、女儿都称“子”，这里指孔子的女儿。⑤南容：孔子弟子，居南宫，名縚（tāo），又名适（kuò），字子容，谥敬叔，孟懿子之兄。⑥其兄之子：孔子哥哥的女儿，就是孔子的侄女。孔子之兄叫孟皮，生有一女。

[拓展]在政治清明的时候，南容刚正不阿，能被任用，从而有所作为。在政治昏乱的时候，南容谨言慎行，故能远离祸患，免遭刑罚。子曰：“邦有道，危言危行。邦无道，危行言孙[逊]。”（《论语·宪问第十四》）孔子说的不正是南容吗？

02 子谓子贱[①]：“君子哉/若人！鲁无君子者，斯焉取斯[②]？”

[译文]孔子评价子贱说：“这人真是一位君子啊！如果鲁国没有君子，他向谁去学习君子之道呢？”

[注释]①子贱：孔子弟子，姓宓（Fú），名不齐，字子贱。②斯焉取斯：两个“斯”都是代词。第一个“斯”代指子贱，第二个“斯”代指君子之道，君子的贤德。

[拓展]从正面说，因为鲁国君子众多，子贱才能接触到君子，才能学习君子之道，才能受到君子人格的熏陶，才能成为君子。

03 子贡问曰：“赐也/何如？”子曰：“女[汝]器也[①]。”曰：“何器也？”曰：“瑚 hú 琏 liǎn 也[②]。”

[译文]子贡问道：“我怎么样呢？”孔子说：“你成器了。”子贡追问道：“成了什么器呢？”孔子说：“是瑚、琏这样的华贵祭器。”

[注释]①器：有用之材。②瑚琏：夏代的瑚，商代的琏，以及周代的簠簋，装饰华美，都是宗庙里盛黍稷的祭器。

[拓展]孔子曾说："君子不器。"（《论语·为政第二》）子贡虽然未能成就完全的德行，但也成了贵重且有用的器具了。在我们看来，"成器"似乎是很高的目标。但在孔子那里，却只是很一般的水平，及格而已。子贡是有用的美器，大概相当于良好的水平。只有像颜渊、冉雍这样德行纯粹完备的人，才是优秀的。

04 或曰："雍也/仁而不佞[①]nìng。"子曰："焉用佞？御人以口给[②]jǐ，屡憎zēng于人[③]。不知其仁，焉用佞？"

[译文]有人说："冉雍有仁德，却不善辩。"孔子说："为什么要善辩呢？靠着伶牙俐齿与人交往，常被别人厌恶。我不知道冉雍的仁德怎么样，但为什么要善辩呢？"

[注释]①雍：孔子弟子，姓冉，字仲弓。佞：口才。②御：应答。给：足，多。口给：嘴快话多，伶牙俐齿，口若悬河，滔滔不绝。③憎：厌恶。

[拓展]佞人用他的伶牙俐齿与人谈论，虽然说的是假话，却能以假乱真；虽然理亏，却也能无理辩三分，并且经常取胜。所以，佞人是很讨厌的。

话多、话巧都是不仁的特征。孔子说："巧言令色，鲜矣仁。"（《论语·学而第一》）反过来又说："刚毅木讷，近仁。"（《论语·子路第十三》）孔子认为巧言无益，主张"君子欲讷于言而敏于行"（《论语·里仁第四》）。

05 子使漆雕开仕[①]。对曰："吾/斯之未能信[②]。"子说[悦]。

[译文]孔子叫漆雕开去做官。漆雕开回答说："对于为政之道，我感觉还是不太有把握。"孔子听了以后，很开心。

[注释]①漆雕开：孔子弟子，字子若。②斯：代词，指为政之道，治理地方事务的方法。信：自信，有把握，心中有底。

[拓展]为政不是小事，他将人的善恶成倍地放大。在位之人做善事，便是大善事；做恶事，便是大恶事。所以，为政不可以不谨慎。"子使漆雕开仕"，因为据孔子判断，漆雕开已经具备了为政的基本能力。漆雕开说"吾斯之未能信"，这说明他对政事有敬畏之心，而且知道自己在知识和能力上的局限性。这正是执政者应有的谦恭态度，孔子因此而喜悦。如果换成子路，他会怎么说呢？或许他会"率尔而对"，或许会说："何必读书，然后为学？"这就与漆雕开大不相同。于是，孔子对子路说："是故恶夫佞者。"孔子讨厌那种夸夸其谈的人。（以上引文皆见于《论语·先进第十一》）这与对漆雕开的评价截然相反。

06 子曰："道不行，乘桴 fú浮于海，从我者/其由与 yú？"子路闻之喜。子曰："由也/好勇过我，无所取材[②]。"

[译文]孔子说："如果我的道行不通，那我就乘着木排飘洋过海。能够跟随我的，恐怕只有仲由吧。"子路听了这话，很开心。孔子说："仲由比我更好刚勇。好勇之人如果不好学，不知约束自己，就会犯上作乱。如此以来，刚勇就没有可取之处了。"

[注释]①桴：把竹、木编起来，做成竹排、木排，可以做船用。大的叫筏，小的叫桴。②材：使用，应用。

[拓展]据《中庸》，勇是"三达德"之一，是一种能让人通达的美德。但是，孔子又说，"勇而无礼则乱"（《泰伯第八》），"好勇不好学，其蔽也乱"（《阳货第十七》），"君子有勇而无义为乱，小人有勇而无义为盗"（《阳货第十七》）。勇需要以仁德为内涵，也需要礼义的节制，好勇过度是不好的。另外，浮海之说乃是假设，并不是孔子真的要漂洋过海，隐于世外。程子说，浮海之叹，乃是伤天下之无贤君。子路有勇，故能从孔子。但子路好勇未得中道，故孔子讥之、抑之。

07 孟武伯问："子路仁乎？"子曰："不知也。"又问。子曰："由也，千乘 shèng之国，可使治其赋也[①]，不知其仁也。""求也/何如？"子曰："求也，千室之邑，百乘 shèng之家，可使为之宰也，不知其仁也[②]。""赤也/何如[③]？"子曰："赤也，束带[④]立于朝 cháo，可使与宾客言也[⑤]，不知其仁也。"

[译文]孟武伯问："子路有仁德吗？"孔子说："不知道。"又问。孔子说："仲由啊，一个拥有一千辆兵车的国家，可以任用他管理军政。至于他的仁德如何，我不知道。""冉求怎么样呢？"孔子说："冉求啊，居住着千户人家的城邑，或拥有百辆兵车的卿大夫家的采地，可以任用他做总管。至于他的仁德如何，我不知道。""公西赤怎么样呢？"孔子说："公西赤啊，他一身礼服穿戴整齐，可以立在朝堂上接待宾客。至于他的仁德如何，我不知道。"

[注释]①赋：即兵赋，包括兵员和军备，这里泛指军政。古代按田赋出兵，称兵为赋。②邑：古代的百姓的聚居区，小的只有十家，大的可以上万家。千室之邑：应当是国君直辖的公邑，是规模较大的城邑，与都城差不多。百乘之家：指封给卿大夫的采邑，是他们的私邑，规模较小。宰：采邑的长官，或卿大夫的家臣。③赤：孔子弟子，姓公西，字子华。④束带：古人平时缓带，衣带低在腰部。在郑重的场合束带，衣带高在胸部。⑤宾客：国君上卿之类的大客叫宾，上卿以下的小客叫客，这里是泛指。言：交谈，这里指接待宾客。

08 子谓子贡曰："女[汝]与回也/孰愈①？"对曰："赐也/何敢望回？回也/闻一以知十，赐也/闻一以知二②。"子曰："弗如也。吾与 yù 女[汝]，弗如也③。"

[译文]孔子对子贡说："你和颜回比，谁更强一些？"子贡回答说："我哪敢和颜回比？颜回能闻一知十，见始知终；我只是闻一知二，由此知彼罢了。"孔子说："不如他啊。我赞同你的说法，不如他啊。"

[注释]①愈：更强，更好。②一：数的开始。十：数的终结。颜回能够闻始而知终。二：与一相对。子贡只能由此而知彼。③弗：不，表否定。与：赞许，同意。

09 宰予昼寝①。子曰："朽木不可雕也，粪土之墙不可杇 wū 也②。于予与 yú/何诛③？"子曰："始/吾于人也，听其言而信其行。今/吾于人也，听其言而观其行。于予与 yú 改是。"

[译文]宰予白天上床睡大觉。孔子说："烂木头雕刻不出什么器物来，粪土烂墙是没有办法粉刷的。对宰予，说他什么好呢？"孔子说："以前我对于别人，听他怎样说，就相信他会怎样做；现在我对于别人，听了他的话，还要看他怎样做。我是因为宰予改变的。"

[注释]①昼寝：当昼而寐，睡大觉。②朽：腐烂的。雕：雕刻，刻画。杇：即镘（màn），俗称抹子，平板，多用金属制成，也有用木板制成的。宰予口才好，善言谈，以前孔子听而信之；自此以后，变成听而观之了。③诛：谴责，声讨。

[拓展]古人说上床睡觉，叫作"寝"。"寝"只是说上床，类似于英语中的"go to bed"，上床是为了睡觉，可能睡着了，也可能没睡着。如果睡着了，那就叫"寐"，英语是"be asleep"。"隐几"就是趴在几案上的意思，也叫"卧"，后来躺下也叫"卧"。合目（闭上眼睛）叫作"眠"。坐寐叫"睡"，打瞌睡的意思。不脱冠带而眠叫"假寐"。"睡"与"假寐"同义。（参见《王力古汉语字典》第 225 页。）古人午休，一般不脱衣服，不上床，坐着打个瞌睡，即"假寐"，而"宰予昼寝"，则是大白天上床睡觉，这是睡大觉的架式。古人不是这样午睡的，所以宰予遭到了孔子的批评。

《礼记·檀弓上第三》："夫昼居于内，问其疾可也；夜居于外，吊之可也。是故君子非有大故，不宿于外；非致齐也，非疾也，不昼夜居于内。"

10 子曰："吾未见/刚者①。"或对曰："申枨②chéng。"子曰："枨也/欲，焉得刚③？"

[译文]孔子说："我没有见过刚毅的人。"有人回答说："申枨就是啊。"孔子说："申枨有贪欲，怎能刚毅呢？"

[注释]①刚：坚强不屈。②申枨：孔子弟子，姓申，名枨，字周。③欲：贪欲，偏好。

[拓展]有贪欲，就不能刚正不阿。有一种欲望就有一处软肋，就有可能被人攻破，所以后人说，无欲则刚。

11 子贡曰："我不欲/人之加诸我也①，吾亦欲/无加诸人。"子曰："赐也，非尔所及也②。"

[译文]子贡说："我所厌恶的事物，我不希望别人把它施加到我身上，我也希望我能不把它施加到别人身上。"孔子说："赐啊，这不是你现在能达到的境界。"

[注释]①加：施加，强加。诸："之于"的合音。如《左传·隐公元年》："段入于鄢，公伐诸鄢。"《论语·卫灵公第十五》："子张书诸绅。"②尔：第二人称代词，你。非尔所及：不是你现在能达到的境界；但这正是你努力的方向，正是你奋斗的目标。

[拓展]子贡的愿望，就是"己所不欲，勿施于人"，而这正是恕道。《论语·卫灵公第十五》记载，子贡问道："有一言而可以终身行之者乎？"孔子说："其'恕'乎！己所不欲，勿施于人。"从子贡的为人来看，他确实做不到。例如，《论语·宪问第十四》："子贡方人。子曰：'赐也贤乎哉？夫我则不暇！'"子贡不喜欢被批评，却常常批评人。

12 子贡曰："夫子之文章①，可得而闻也。夫子之言/性与天道②，不可得而闻也。"

[译文]子贡说："先生关于礼乐文献的学问，我们能听到。先生关于命运和天意的言论，我们听不到。"

[注释]①文章：包括《诗》、《书》、礼、乐等各种传世文献。②性：性命，命运。《中庸》："天命之谓性。"与：连词，和。天道：决定人世间吉凶祸福的天意。

[拓展]要想通晓命运和天道，需要丰富的人生阅历，也需要深刻的哲学思考。这样的主题，对于大多数学生来说都是不可能弄明白的，所以孔子或许是有意避而不谈的。学习需要一级一级地深入。《学记》说，"学不躐等"，正是循序渐进之义。再加上"性与天道"神秘莫测，不便言说，所以即便对子贡这样的学生，孔子也不讲。

13 子路有闻，未之能行，唯恐有[又]闻[1]。

[译文]子路听到善道，就努力落实。以前听到的善道，如果还没有做到，就担心听到新的，恐怕听到做不到。

[注释]①有：通“又”。有闻：又听到善道。

[拓展]子路无宿诺，勇于必行。前所闻当行，今所闻亦当行，然而行之不及，故“唯恐有闻”。

14 子贡问曰：“孔文子何以谓之‘文’也[1]？”子曰：“敏而好学，不耻下问[2]，是以谓之‘文’也。”

[译文]子贡问道：“孔文子为什么可以得到‘文’这个好谥号呢？”孔子说：“他聪敏好学，有了疑难能向地位比自己低的人请教，而不认为那是羞耻的，所以给他‘文’这个谥号。”

[注释]①孔文子：卫国的大夫，名圉。《逸周书·谥法解第五十四》：“经纬天地曰文，道德博闻曰文，学勤好问曰文，慈惠爱民曰文，愍民惠礼曰文，锡（赐）民爵位曰文。”据《左传》等史书，孔文子在为人处世上有不少瑕疵，但却得到了这么美好的谥号，所以子贡有疑问。根据孔子的话，孔圉能以“文”为谥，至少因为他“学勤好问”。②下问：向地位比自己低的人请教。

[拓展]“下问”应当如何理解呢？清代俞樾的《群经平议·论语平议》说：“下问者，非必以贵下贱之谓，凡以能问于不能，以多问于寡，皆是。”至于以贱问于贵，以不能问于能，以寡问于多，就更是题中应有之义，不必多说了。据此，则“下问”即“开口去问”，不再区分贵贱、多寡、能与不能等差别。此解颇善。

15 子谓子产[1]：“有君子之道/四焉：其行己也/恭[2]，其事上也/敬[3]，其养民也/惠[4]，其使民也/义[5]。”

[译文]孔子评论子产说：“他在四个方面合乎君子之道：自修自治谦恭谨慎，事奉长上庄敬有礼，治理百姓恩惠慈爱，使用民力合乎道义。”

[注释]①子产：郑国的大夫公孙侨，郑穆公之孙，做过郑国的正卿，为政慈惠爱民。②恭：谦逊，恭顺。③敬：谨慎，恭敬。④惠：恩惠，利益，好处。⑤义：合理，适宜。

16 子曰：“晏平仲[1]善与人交，久而敬之[2]。”

[译文]孔子说：“晏平仲善于和人交朋友，交往越久，朋友就越尊敬他。”

[注释]①晏平仲：齐国的大夫，名婴，字仲，齐灵公、齐庄公、齐景公时期执政，“平”是他的谥号，后人尊称他为晏子。有《晏子春秋》。事见《史记·齐太公世家》《史记·管晏列传》。

②久而敬之：晏子身材矮小，让人易生不敬之心。但是交往越久，人们就越尊敬他，这主要是因为晏子品德高尚，善于交友只是高尚品德的自然表现。之：代词，指晏子。

17 子曰："臧文仲居蔡[1]，山节藻棁 zhuō[2]，何如其知[智]也？"

[译文]孔子说："臧文仲在家里筑龟室，藏有蔡地产的大龟，以便占卜。这房子柱头的斗拱上刻着崇山峻岭，梁上的短柱上画着鲜绿的水藻，非常奢华。有这种僭越行为的人，他的聪明能怎么样呢！"

[注释]①臧文仲：鲁大夫臧孙氏，名辰，"文"是他的谥号，历仕庄公、闵公、僖公、文公四朝。居：藏，有珍藏、供奉等意思。根据当时的礼制，只有周天子才可以筑室藏龟，而臧文仲只是鲁国的大夫。蔡：蔡国出产的大龟，这里指大乌龟的壳，用来占卜吉凶。②节：柱头斗拱。藻：水草名。棁：梁上短柱。臧文仲建藏龟之室，刻山于节，画藻于棁。

[拓展]《周礼·春官·龟人》："凡取龟用秋时，攻龟用春时，各以其物，入于龟室。上春衅龟，祭祀先卜。若有祭祀，则奉龟以往。"衅（xìn）：血祭曰衅。用牲血祭祀。杀牲之后，用牲血涂于器物的缝隙也叫衅。（参见《辞源》第三版合订本 2273 页。）古代秋天取龟，至春杀之，用于祭祀或占卜。杀龟之前，则养之于龟室。

在古代，僭礼类似今天的违法犯罪。臧文仲筑龟室为僭礼之举，因为以他的身份，不该有龟室。《左传·文公三年》："仲尼曰：'臧文仲其不仁者三，不知者三。下展禽，废六关，妾织蒲，三不仁也。作虚器，纵逆祀，祀爰居，三不知也。'"其中的"作虚器"，杜预注曰："谓居蔡山节藻棁。有其器而无其位，故曰虚。""有其器而无其位"即是僭礼。《论语·雍也第六》："樊迟问知[智]。子曰："务民之义，敬鬼神而远之，可谓知[智]矣。"今臧氏不务民之义，谄渎鬼神，建有龟室，且极其奢华，其为不智甚矣。

18 子张问曰："令尹子文三仕为令尹[1]，无喜色；三已之，无愠 yùn 色；旧令尹之政，必以告新令尹。何如？"子曰："忠矣。"曰："仁矣乎？"曰："未知[智]，焉得仁[2]！""崔子弑 shì 齐君[3]。陈文子有马十乘 shèng，弃而违 wéi 之。至于他邦，则曰：'犹吾大夫崔子也。'违 wéi 之。之一邦，则又曰：'犹吾大夫崔子也。'违 wéi 之。何如？"子曰："清矣。"曰："仁矣乎？"曰："未知[智]，焉得仁？"

[译文]子张问道："楚国的令尹子文三次做令尹，脸上没有欢喜的表情；三次被罢免，脸上没有怨恨的表情；自己这个上届令尹做的政事，一定全都告诉新令尹：这个人怎么样呢？"孔子说：

“能尽职尽责了。”子张又问：“能算有仁德吗？”孔子道：“不是明智的，怎能算有仁德呢？”“齐国大夫崔杼杀害国君齐庄公以后，大夫陈文子有四十匹马，但他把马和其他家产都舍弃不要了，逃离了齐国。到了另一个国家，就说：‘这里的执政者和我国的崔子差不多。’离开这个国家，到了另一国，又说：‘这里的执政者和我国的崔子差不多。’于是又离开了。这个人怎么样呢？”孔子说：“能洁身自好了。”子张问：“能算有仁德吗？”孔子道：“不是明智的，怎能算有仁德呢？”

[注释]①令尹：官名，楚国的上卿，执掌国政的人。子文：斗穀於菟（Dòugòuwūtú），事迹参见《左传·宣公四年》。②未知，焉得仁：据郑玄《论语注》，知，通“智”。智是仁的必要但不充分条件：仁者必智，智者未必仁。不智者不懂义理，不知是非，故行事难免不义，为己害人，为私害公，这就是不仁了。③崔子：齐大夫，名杼。齐君：即齐庄公，名光。陈文子：齐大夫，名须无。十乘：四十匹马。违：离开。

19 季文子三思而后行[①]。子闻之，曰：“再，斯可矣[②]。”

[译文]季文子反复考虑多次才去做事。孔子听到后，说：“考虑两次，也就够了。”

[注释]①季文子：鲁国的大夫季孙行父，仕于鲁文公、宣公、成公、襄公四朝，死于鲁襄公五年，“文”是他的谥号。孔子出生于鲁襄公二十二年，与季文子没有生活在同一个时代。②再：第二次，两次。斯：就。

[拓展]想一下就去做，易流于鲁莽、粗疏。再想一想，不多不少，合乎中道。如果思虑过多，就会犹豫不决，这就是“过犹不及”了。孔子与子贡曾经专门谈论过这个话题。子贡问：“师与商也孰贤？”子曰：“师也过，商也不及。”曰：“然则师愈与？”子曰：“过犹不及。”（《论语·先进第十一》）

20 子曰：“宁 Nìng武子[①]，邦有道则知[智]，邦无道则愚。其知[智]可及也，其愚不可及也[②]。”

[译文]孔子说：“当国家政治清明的时候，宁武子是睿智的；当国家政治昏乱的时候，宁武子是愚拙的。他的睿智，别人可能比得上；他的愚拙，别人是比不上的。”

[注释]①宁武子：卫大夫，名俞。②其愚不可及：在乱世能自保，又能坚持节操，还能挽狂澜于既倒，这种愚是很难做到的。

21 子在陈曰：“归与 yú！归与 yú！吾党之小子/狂简[①]，斐然成章[②]，不知所以裁之[③]。”

[译文]孔子在陈国的时候，说：“回去吧！回去吧！我老家的年轻人狂放不羁，好高骛远，虽

然文采斐然，但不知道如何节制自己。”

[注释]吾党小子：指留守在鲁国、没有跟随孔子周游列国的学生。狂简：志向远大，行为粗略。②斐：文采飞扬的样子。成章：指学生有可观的成就。③裁：修剪割正。

22 子曰：“伯夷、叔齐不念旧恶①，怨是用希②。”

[译文]孔子说：“伯夷、叔齐不把别人的恶言恶行记在心里，所以很少埋怨别人。”

[注释]①伯夷：孤竹君的长子。叔齐：孤竹君的三子。②希：同“稀”，寡少，稀罕。

[拓展]伯夷、叔齐二人曾劝阻武王伐纣。那时文王刚刚去世不久，而周是天下诸侯之一，周武王与商纣王正是臣与君的关系。他们说，父死不葬是不孝，以臣弑君是不仁。姜太公认为他们说得很好，但还是派人扶着他们离开了。商亡后，天下一统于周室，而伯夷、叔齐以为耻，义不食周粟，逃至首阳山，采薇而食，最后饿死。其事迹详见《史记·伯夷列传》。

23 子曰：“孰谓微生高直①？或乞醯 xī 焉，乞诸其邻而与之②。”

[译文]孔子说：“谁说微生高直率呢？有人到他家借醋，他没有醋，却不直说没有，竟然偷偷跑到邻居家借醋，再把这醋借给来人。”

[注释]①微生：姓。高：名。微生高是鲁国人，有直名。②乞：借。醯：醋。诸：同“之于”。与：给。

[拓展]有人到微生高家借醋，他家里没有，就到邻居家里借醋，然后再借给来人。这样，借醋的人就会认为醋是从微生高那里借来的，要感谢微生高，而不是微生高的邻居。微生高之不直，由此可见。直人怎样做呢？直人是有就借，没有就直接说没有。微生高借别人家的东西做人情，其起心动念、行事为人真是弯弯曲曲的。今天有个成语叫“掠美市恩”，专门用来讽刺这类人。

24 子曰：“巧言、令色、足恭，左丘明耻之①，丘亦耻之。匿怨②而友其人，左丘明耻之，丘亦耻之。”

[译文]孔子说：“满嘴花言巧语，满脸和颜悦色，卑躬屈膝讨好人，左丘明认为这是可耻的，我也认为这是可耻的。在与人交往的时候，把怨恨藏在心里，表面上却假装友善，左丘明认为这是可耻的，我也认为这是可耻的。”

[注释]①左丘明：鲁太史，都君（在今山东省肥城市）人，作《左氏春秋》《国语》。足：多，过分。足恭：体貌过于恭，则流于谄媚。②匿怨：隐藏怨恨。

25 颜渊、季路侍。子曰：“盍 hé 各言尔志①？”子路曰：“愿车、马、

衣、轻裘，与朋友共，敝之而无憾[②]。”颜渊曰：“愿无伐善，无施劳[③]。”子路曰：“愿闻/子之志。”子曰：“老者安之，朋友信之，少 shào 者怀之。”

[译文]颜渊和子路侍立在孔子身边。孔子说：“为什么不来谈谈自己的志向呢？”子路说：“我希望我的车、马、衣、裘等财物，都和朋友共用，用破了也不心疼。”颜渊说：“我希望能不夸耀自己，不麻烦别人。”子路说：“想听听老师的志向。”孔子说：“我的志向是：老人呢就安顿好他，让他安享晚年；朋友呢就相信他，让他得到信任；孩子呢就关爱他，让他健康成长。”

[注释]①盍：何不，为什么不。②裘：皮服。敝：坏。憾：怨恨，生气。③伐：自夸。善：自己的能耐。施劳：孔安国的注释是“不以劳事置施于人”，意即不让别人为自己劳神费力，不给别人添麻烦。

[拓展]听其言观其志，可知子路豪放，颜渊坦荡，孔子自然。文中的“轻”当为衍文。此“轻”字唐以《论语》前版本皆无，是因《论语·雍也第六》“子华使齐章”加上去的。详见刘宝楠《论语正义》、阮元《论语校勘记》。子路的话当是：“愿车、马、衣、裘，与朋友共，敝之而无憾。”本书也认为“轻”字本无，涉下篇而衍入。今用顿号把“车”“马”“衣”“轻裘”点开，令其并列关系显豁，而非“衣轻裘”连读，亦通，亦可缓解此矛盾。

《韩诗外传·卷第七·第二十五章》可与本章参读，其文如下：

孔子游于景山之上，子路、子贡、颜渊从。孔子曰：“君子登高必赋。小子愿者，何言其愿。丘将启汝。”子路曰：“由愿奋长戟，荡三军，乳虎在后，仇敌在前，蠡跃蛟奋，进救两国之患。”孔子曰：“勇士哉！”子贡曰：“两国构难，壮士列阵，尘埃涨天，赐不持一尺之兵，一斗之养，解两国之难。用赐者存，不用赐者亡。”孔子曰：“辩士哉！”颜回不愿。孔子曰：“回何不愿？”颜渊曰：“二子已愿，故不敢愿。”孔子曰：“不同，意各有事焉。回其愿，丘将启汝。”颜渊曰：“愿得小国而相之。主以道制，臣以德化，君臣同心，外内相应。列国诸侯，莫不从义向风，壮者趋而进，老者扶而至。教行乎百姓，德施乎四蛮，莫不释兵，辐辏乎四门。天下咸获永宁，蝖飞蠕动，各乐其性。进贤使能，各任其事。于是君绥于上，臣和于下，垂拱无为，动作中道，从容得礼。言仁义者赏，言战斗者死。则由何进而救？赐何难之解？”孔子曰：“圣士哉！大人出，小子匿。圣者起，贤者伏。回与执政，则由、赐焉施其能哉！”

26 子曰：“已矣乎[①]，吾未见/能见其过/而内自讼者也[②]！”

[译文]孔子说：“算了吧！我没有见过那种发现自己的过错就责备自己的人。”

[注释]①已：停止。已矣乎：算了吧。②内自讼：嘴上不说什么，在心里自己责备自己，如同诉讼一般。

27 子曰："十室之邑①，必有/忠信如丘者焉②，不如/丘之好学也。"

[译文]孔子说："即使在一个只有十户人家的小城邑，也一定会有像我这样忠厚诚信的人，只是不像我这样好学罢了。"

[注释]①十室之邑：只有十户人家的城邑，指那种很小的城邑。②忠信：忠诚、守信的人。

[拓展]资质好的人很多，好学的人很少。在本章，孔子现身说法，强调了学习的重要性。

雍也第六

01 子曰：“雍也/可使南面[①]。”仲弓问子桑伯子。子曰：“可也，简[②]。”仲弓曰：“居敬而行简，以临其民，不亦可乎？居简而行简，无乃/大 tài 简乎[③]？”子曰：“雍之言/然[④]。”

[译文]孔子说：“可以让冉雍居帝位，治理天下。”仲弓问子桑伯子怎么样。孔子说：“可以啊，他是简单质朴的。”仲弓说：“内心端庄恭敬，行为简单质朴，这样来治理百姓，不就可以吗？内心简单质朴，行为简单质朴，难道不是太过简朴了吗？”孔子说：“冉雍说的对。”

[注释]①南面：居天子之位。孔子认为，仲弓宽洪简重，是不得其位的圣人。②可：只是可以，但还不完善。简：简单，条理清楚。③居：平素，平常。大简：过于简朴。大：同“太”。④然：对，正确。

[拓展]荀子说：“圣人之不得埶（势）者也，仲尼、子弓是也……圣人之得埶（势）者，舜、禹是也。”（《荀子·非十二子》）在文中，荀子把孔子、冉雍与大舜、大禹这二位帝王并列。荀子的意思就是说，冉雍有德有能，可以居帝王之位，治理天下，只是没有得势而已。

《说苑·修文》：“上无明天子，下无贤方伯，天下为无道，臣弑其君，子弑其父，力能讨之，讨之可也。当孔子之时，上无明天子也，故言雍也可使南面。南面者，天子也。雍之所以得称南面者，问子桑伯子于孔子，孔子曰：‘可也简。’仲弓曰：‘居敬而行简以道民，不亦可乎？居简而行简，无乃太简乎？’子曰：‘雍之言然。’仲弓通于化术，孔子明于王道，而无以加仲弓之言。”于此可见冉雍之德。

《说苑·修文》：“简者，易野也。易野者，无礼文也。孔子见子桑伯子，子桑伯子不衣冠而处。弟子曰：‘夫子何为见此人乎？’曰：‘其质美而无文，吾欲说而文之。’孔子去，子桑伯子门人不说，曰：‘何为见孔子乎？’曰：‘其质美而文繁，吾欲说而去其文。’故曰，文质修者谓之君子，有质而无文谓之易野。子桑伯子易野，欲同人道于牛马，故仲弓曰‘太简’。”人与禽兽有什么区别？儒家的主张是，在美好的内在品质的基础上，还要加上礼仪的形式和文化的教养，正所谓“文质彬彬，然后君子”。

02 哀公问：“弟子孰为好学[①]？”孔子对曰：“有颜回者好学，不迁怒，不贰过[②]，不幸短命死矣[③]。今也/则亡[④]wú，未闻好学者也。”

[译文]哀公问：“弟子里面哪位好学？”孔子回答说：“有个叫颜回的好学，他不把怒气发泄到别人身上，一种错误不犯两次，可惜寿命短，已经去世了。现在没有这样的人了，没听说哪个是好学的。”

[注释]①孰：谁，哪一个。②迁：转移。贰：重复。朱子说，“怒于甲者，不移于乙”，就是不迁怒。之前犯过的错，今后不再重犯，就是不贰过。③短命：颜子的寿命，说法不一。参考《春秋公羊传》《史记》等，今采用41岁之说。④亡：同“无”，没有。

[拓展]颜子的好学就是“不迁怒，不贰过”。孔子夸赞颜回，也是因为他能“不迁怒，不贰过”。这六个字看似简单，要想真正做到，却非常困难。

03 子华使于齐[①]，冉子为 wèi 其母请粟。子曰：“与之釜[②]fǔ。”请益。曰：“与之庾[③]yǔ。”冉子与之粟五秉[④]bǐng。子曰：“赤之适齐也，乘肥马，衣 yì 轻裘[⑤]。吾闻之也，君子周急不继富[⑥]。”原思为之宰[⑦]，与之粟九百[⑧]，辞。子曰：“毋！以与尔邻里乡党乎[⑨]！”

[译文]公西华出使齐国，冉有为公西华的母亲要些小米。孔子说：“给她一釜。”冉有觉得少，要求再多给点。孔子说：“再给她一庾。”最后，冉有给了她五秉小米。孔子说：“赤去齐国，乘坐的车用膘肥体壮的大马拉着，穿的是轻软舒适的皮袍。我听说的是，君子帮助那些困窘急迫的人，而不是富上加富。”原思在孔子家当总管，孔子给了他九百斗小米作俸禄，他坚辞不受。孔子说：“不要推辞。你用不了，可以把它分给四邻八乡有需要的乡亲们啊！”

[注释]①子华：孔子弟子公西赤。使：担任孔子的使者。②釜：6斗4升，相当于近代的1斗2升8合。③庾：2斗4升，相当于近代的4升8合。④秉：1秉为16斛，1斛为10斗，1秉为160斗。5秉为800斗，太多了。（又，1斗等于10升，1升等于1000毫升。）⑤乘肥马、衣轻裘：坐着由高大肥壮的马匹拉的车子，穿着轻软温暖的皮袍子，可见公西华家是相当富裕的。⑥周：周济，帮助。急：贫穷。继富：让富有的人更加富有。⑦原思：孔子弟子，姓原，名宪，字子思。之：代词，指孔子。孔子为鲁司寇时，以原思为家宰，其俸禄与上士同，折合粟921斗，这里举其整数。⑧粟：宰的俸禄，或者说薪水、工资。⑨毋：表示禁止之辞。邻里乡党：都是中国古代行政区划的名称。据朱子《论语集注》，5家为邻，25家为里，500家为党，12500家为乡。古时候，邻人有互相周济的责任。

04 子谓仲弓曰：“犁 lí 牛之子/骍 xīng 且角[①]，虽欲勿用[②]，山川其舍诸[③]？”

[译文]孔子对仲弓说：“杂纹的耕牛产下的牛犊，皮毛是纯正的赤色，牛角长得端庄周正。即使人们不想用它当祭品，山川之神难道会舍弃它吗？”

[注释]①犁牛：黄黑杂色的牛。骍：纯红色。周人崇尚赤（红）色，所以祭祀用骍。角：指牛

角长得周正，适合当牺牲。②用：作为牺牲，用于祭祀之中。③山川：山川之神。

[拓展]这个比喻是说，父是父，子是子；父亲虽是恶劣的，但不妨碍儿子是善良的。在中国古代，族诛、连坐这类不合理的酷刑，存在了相当长的时间。一个人犯罪，竟让众多无罪之人白白送死。反观孔子之言，可知这种理性精神，在中国古代是稀见的，在今天仍是宝贵的。

05 子曰：“回也/其心三月不违仁①，其余/则日月至焉/而已矣②。”

[译文]孔子说：“颜回能长久不离仁道，其他学生就像太阳、月亮每天露露面那样，敷衍了事罢了。”

[注释]①三月：代指较长的时间。仁：人心之德。心不违仁：心中无私欲，而能有仁德。②日月至焉：日月每天巡行于天际，日往则月来，月往则日来。多数学生都像日月巡行那样，例行公事而已。在月亮亏虚的时候，天有阴云的时候，更是看不见了。

06 季康子问：“仲由可使从政①也与yú？”子曰：“由也/果②，于从政乎何有③？”曰：“赐也/可使从政也与yú？”曰：“赐也/达④，于从政乎何有？”曰：“求也/可使从政也与yú？”曰：“求也/艺⑤，于从政乎何有？”

[译文]季康子问：“可以让仲由理政吗？”孔子说：“仲由做事果断，对他来说理政有什么难的？”又问：“可以让端木赐理政吗？”孔子说：“端木赐通达事理，对他来说理政有什么难的？”又问：“可以让冉求理政吗？”孔子说：“冉求多才多艺，对他来说理政有什么难的？”

[注释]①从政：指在诸侯国做大夫，治理政事。②果：坚决，果断。③何有：即“有何难”，不难、容易的意思。④达：通达事理。⑤艺：多才能，多技艺。

07 季氏使闵子骞为费Bì宰①。闵子骞曰：“善为wèi我辞焉！如有复我者②，则吾必在汶Wèn上矣③。”

[译文]季氏想请闵子骞当费邑的长官。闵子骞说：“请帮我想个好办法辞掉吧。如果再来找我，那我就只能到大汶河那边去了。”

[注释]①闵子骞，孔子弟子，姓闵，名损，字子骞。费：季氏之邑，孔子堕三都时毁之。其故城遗址在今山东省费县西北十公里的上冶镇，今尚有城墙遗址、季桓子井故址等遗迹，周围数里内残砖碎瓦甚多。②复我：再来找我去季氏那里做官。③汶：即今山东省中部的大汶河。春秋时期，它在鲁国的北方。上：方位词，边畔（参见《辞源》第三版合订本38页）。在汶上：指在大汶河

边。在河上，不是指在河水之上，而是指在河的岸边。（详见杨逢彬《论语新注新译》114-115 页。）

08 伯牛有疾①。子问之，自牖 yǒu 执其手②，曰：“亡之！命矣夫 fú！斯人也/而有斯疾也③！斯人也/而有斯疾也！”

[译文]伯牛得了麻风病。孔子去看他，从窗户握住他的手，说：“要了我的命啊！这是命运吗！这个人怎么得了这样的病！这个人怎么得了这样的病！”

[注释]①伯牛：孔子弟子，姓冉，名耕，字伯牛。疾：病。分言疾病，轻者为疾，重者为病（参见《辞源》第三版合订本 1556 页）。先儒以为伯牛得的是癞，即麻风病。麻风是一种恶疮，不洁净，且有传染性，需要隔离。②牖：窗子。③斯：代词，此，这个。斯人：这个人，指伯牛。斯疾：这样的病，指麻风病。孔子为德行科的好学生冉伯牛发出悲叹，这么好的人怎么得了这么坏的病。他的心中非常悲痛，所以这话连说了两遍。

09 子曰：“贤哉/回也！一箪 dān 食①，一瓢饮②，在陋巷。人不堪其忧，回也/不改其乐。贤哉/回也！”

[译文]孔子说：“颜回真是个贤人啊！他用竹筐盛饭，用瓢喝水，住在陋巷里。别人都受不了这种苦，颜回却仍能自得其乐。颜回真是个贤人啊！”

[注释]①箪：古时候盛食物的圆形竹器。②瓢：把葫芦锯开，一分为二，掏出里面的东西，就做成了瓢，可用来舀（yǎo）水。

[拓展]“不改其乐”是什么意思？颜子不是把贫困的生活当作快乐，而是贫困的生活不能改变颜子的快乐。不仅贫困不能改变颜子之乐，富贵也不能改变颜子之乐。颜子之乐与物质生活无关。在物质世界之外，他还有一个世界，那是一个圣贤们已经抵达的世界。在那里，颜子与其他圣贤一样自得其乐。

贫困的生活为什么不能改变颜子的快乐呢？让颜子快乐的是什么呢？《庄子·让王第二十八》：“孔子谓颜回曰：‘回，来！家贫，居卑，胡不仕乎？’颜回对曰：‘不愿仕。回有郭外之田五十亩，足以/给（jǐ，供应）饘（zhān）粥；郭内之田十亩，足以/为丝麻；鼓琴，足以/自娱；所学夫子之道者，足以/自乐也。回不愿仕。’孔子愀然变容曰：‘善哉回之意！丘闻之，“知足者不以利自累也；审自得者，失之而不惧；行修于内者，无位而不怍（zuò）。”丘诵之久矣，今于回而后见之，是丘之得也。’”颜子是自足的，他不认为自己有什么欠缺。他的衣食虽不华美，足以生活；他有琴，足以自娱；他有道，足以自乐。对于这样的人来说，外在的功名利禄早已像浮云一样了。

10 冉求曰："非不说[悦]子之道，力不足也[1]。"子曰："力不足者，中道而废。今女[汝]画[2]。"

[译文]冉求说："不是不喜欢您的学说，是我力量不够。"孔子说："力量不够的人是走到半路才停下来。你是画地为牢，一步也没有走啊。"

[注释]①力不足：没有足够的力量，想进步却做不到。②画：自己在地上画个圈而不走出去，比喻自己限制自己，不肯付出努力。成语"画地为牢"源于本章。

11 子谓子夏曰："女[汝]为君子儒[1]，无为小人儒[2]。"

[译文]孔子对子夏说："你要做追求道义的儒者，不要做追名逐利的儒者。"

[注释]①君子儒：明道之儒，追求的是道义。②小人儒：博名之儒，追求的是名利。

12 子游为武城宰[1]。子曰："女[汝]得人焉尔乎？"曰："有澹Tán台灭明者[2]，行不由径[3]，非公事[4]，未尝至于偃Yǎn之室也。"

[译文]子游做了南武城的长官。孔子问："你得到人才了吗？"子游回答说："有一个叫澹台灭明的人，走路不抄便道；没有公事的时候，从不到我住处来。"

[注释]①为：担任，担当。武城：指南武城，鲁国南部边境上的城邑，其故城在今山东省平邑县郑城镇南武城村，2013年被列为全国重点文物保护单位。②澹台灭明：姓澹台，名灭明，字子羽。③径：快捷的小路。上古之时要求行路要走正道，不可穿行便道。《老子》："大道甚夷，而民好径。"④公事：饮、射、读、法等政事。

[拓展]《史记·仲尼弟子列传》："澹台灭明，武城人，字子羽。少孔子三十九岁。状貌甚恶。欲事孔子，孔子以为材薄。既已受业，退而修行，行不由径，非公事不见卿大夫。南游至江，从弟子三百人，设取予去就，名施乎诸侯。孔子闻之，曰：'吾以言取人，失之宰予；以貌取人，失之子羽。'"澹台灭明长得不好看，但为人公正端直，而且颇有执政能力。

13 子曰："孟之反不伐[1]。奔而殿[2]，将入门，策其马[3]，曰：'非敢后也，马不进也。'"

[译文]孔子说："孟之反不自夸。打仗失利了，他在后面掩护军队撤退。将进城门，他抽箭打马，说道：'不是我敢殿后，马不往前跑啊。'"

[注释]①孟之反：鲁国的大夫，名侧。伐：以功劳自夸。②奔：败走，战败撤退。殿：败退时在大部队的后面阻击敌人，掩护主力撤退，叫殿后，有功劳。③策：鞭打。

[拓展]孟之反殿后之事，见于《左传·哀公十一年》："十一年春，齐为鄎故，国书、高无丕帅师伐我，及清。……孟孺子泄帅右师，颜羽御，邴泄为右。冉求帅左师，管周父御，樊迟为右。……师及齐师战于郊。齐师自稷曲，师不逾沟。樊迟曰：'非不能也，不信子也，请三刻而逾之。'如之，众从之，（左）师入齐军。右师奔，齐人从之。陈瓘、陈庄涉泗。孟之侧后入以为殿，抽矢策其马，曰：'马不进也。'"孟之反"奔而殿"，掩护部队撤退，已是难能可贵。他又谦逊，不居功，不自夸，难上加难。

14 子曰："不有祝鮀tuó之佞①，而有宋朝zhāo之美②，难乎免于/今之世矣。"

[译文]孔子说："没有祝鮀那样的口才，却有宋朝那样的美貌，在当今之世恐怕是很难免于祸患的。"

[注释]①祝：宗庙之官。鮀：卫国的大夫，字子鱼，有口才，擅长外交辞令。②宋朝：宋国的公子朝，有美色，曾因貌招致祸乱。

[拓展]在外事活动中，祝鮀善于据理力争，维护国家利益。在鲁定公四年的诸侯会盟上，晋国找算把蔡国排在卫国的前面。一种理由是，蔡国始封之君蔡叔是卫国始封之君康叔的哥哥。祝鮀则认为，周代位次的排列，向来是以德不以年。卫康叔有德，为周太宰，而蔡叔叛周，被流放。我们来欣赏他的外交辞令，他说："以先王观之，则尚德也。昔武王克商，成王定之，选建明德，以蕃屏周。故周公相王室，以尹天下，于周为睦。……管、蔡启商，惎（jì，毒害）间王室，王于是乎杀管叔而蔡蔡叔，以车七乘、徒七十人。其子蔡仲改行帅[率]德，周公举之，以为己卿士，见诸王而命之以蔡。其命书云：'王曰：胡！无若尔考之违王命也！'若之何其使蔡先卫也？武王之母弟八人，周公为大宰，康叔为司寇，聃季为司空，五叔无官，岂尚年哉？"（《左传·定公四年》）

宋朝之事，见于《左传·定公十四年》："卫侯（灵公）为夫人南子召宋朝，会于洮。太子蒯聩献盂于齐，过宋野。野人歌之曰：'既定尔娄猪，盍归吾艾豭？'"这两句民谣可以翻译为：你的母猪已经有了窝，为何不把漂亮的公猪还给我？太子听到了，知道百姓在讽刺什么，感到极为羞耻。从那以后，太子就想杀掉南子。但后来太子事败，只好出奔到宋国。后来，太子蒯聩又秘密回国，与其子争夺国位。争位之事详见《论语·述而第七》第14章"拓展"部分。

15 子曰："谁能/出不由户①？何莫/由斯道也②？"

[译文]孔子说："谁能走出房屋不经过房门呢？为什么做人不能遵循仁道而行呢？"

[注释]①户：单扇门。"门"字指双扇门。注意，户不是窗户，窗户叫作"牖（yǒu）"。②由斯道：沿着这条路。

[拓展]"斯道"指的就是礼。人从房子里出去，必须经过门。做人也必须走人道，人道就是礼。

具体地说，礼是让人成为人的一整套生活方式，包括节气时令、衣冠服饰、家宅宫室、行住坐卧、举手投足、揖让进退、宴饮骑射、婚丧嫁娶等等。这是从礼制和礼仪的角度来讲的，其根据则是礼义。《礼记·礼运第九》："礼也者，义之实也。协诸义而协，则礼虽先王未之有，可以义起也。"孔子说："不学礼，无以立。"（《论语·季氏第十六》）孟子说："仁，人之安宅也。义，人之正路也。"（《孟子·离娄上》）路者，道也，故礼义即道也，斯道即礼也。

16 子曰："质胜文则野①，文胜质则史②。文质彬彬③，然后君子。"

[译文]孔子说："质朴超过文采，就会粗陋简朴；文采超过质朴，就会虚浮轻薄。文采和质朴配合得当，才是君子应有的样子。"

[注释]①质：内在的本质。文：外在的形式。野：粗陋简朴。②史：虚浮轻薄。史官掌文书，见闻广，事务熟，但往往心中诚敬不足。③彬彬：质和文数量相当，搭配和谐。

[拓展]《淮南子·第十卷 缪称训》："文者，所以接物也，情系于中而欲发外者也。以文灭情则失情，以情灭文则失文。文情理通，则凤麟极矣。"栋按：情者，实也，质也。文在外，所以接物也。质居内，理在其中也。文情理通，即是"文质彬彬"也。

《论语·颜渊第十二》："棘子成曰：'君子质/而已矣，何以文为？'子贡曰：'惜乎，夫子之说君子也！驷不及舌。文犹质也，质犹文也。虎豹之鞟（kuò），犹犬羊之鞟。'"本章言质胜文之弊。兽皮除毛所得之皮革，谓之鞟。有革而无毛，虎豹之皮不免失其尊，而犬羊之皮得以掩其劣。

17 子曰："人之生也/直①，罔之生也/幸而免②。"

[译文]孔子说："人在世上平安地活着，靠的是正直。那些不直的人活着，只是侥幸免于灾祸罢了。"

[注释]①直：人品正直。②罔：不直。幸：侥幸。免：指免于灾祸。

18 子曰："知之者不如好之者①，好之者不如乐之者②。"

[译文]孔子说："不管做什么，了解它的人不如有兴趣的人，有兴趣的人不如从中感受到喜乐的人。"

[注释]①知之：知道，了解。好之：兴趣爱好，一种进一步接触的倾向性。初接触之后，引发了积极的情绪体验，让人产生了继续接触的倾向。②乐之：积极情感进一步增强，产生了强烈的乐趣，这种乐趣吸引人沉浸于其中，令人乐此不疲。

19 子曰：“中人以上，可以语 yù 上也①。中人以下，不可以语 yù 上也。”

[译文]孔子说：“中等以上的人，可以对他讲高深的学问；中等以下的人，不能对他讲高深的学问。”

[注释]①语：告诉，讲说。

[拓展]把人分为中人以上和中人以下，分别讲授不同的东西，这就是孔子的因材施教。

20 樊迟问知[智]。子曰：“务民之义①，敬鬼神而远之，可谓知[智]矣。”问仁。曰：“仁者先难而后获，可谓仁矣。”

[译文]樊迟问怎样才算明智。孔子说：“努力做对百姓好的事，尊敬鬼神，又敬而远之，可以说这就是智慧了。”又问怎样才算有仁德。孔子说：“仁者是先付出艰苦的努力，然后才有所收获，可以说这就是有仁德了。”

[注释]①民之义：如人伦、农事、交通等。②远之：近之则亵，易生不敬。③先难而后获：做事不畏难，先把事做好，后获得报酬。

[拓展]夏、商、周三代风尚不同。《礼记·表记第三十二》：“夏道尊命，事鬼敬神而远之，近人而忠焉。……殷人尊神，率民以事神，先鬼而后礼。……周人尊礼尚施，事鬼敬神而远之，近人而忠焉。”周代借鉴夏道和殷道，尊礼、重文而崇尚施予，既不亲狎鬼神，也不亵慢鬼神。周人对鬼神持一种理性态度，敬而远之。

《晏子春秋·问下》：“叔向问晏子曰：‘人何以则可谓保其身？’晏子对曰：‘《诗》云：“既明且哲，以保其身。夙夜匪懈，以事一人。”不庶几，不要幸。先其难乎，而幸得之，时其所也；失之，非其罪也。可谓保其身矣。’”《中庸》：“力行近乎仁。”仁者竭忠尽智，不避其难，这就是仁者之德。

21 子曰：“知[智]者乐 yào 水①，仁者乐 yào 山。知[智]者动，仁者静。知[智]者乐 lè，仁者寿②。”

[译文]孔子说：“智者喜爱水，仁者喜爱山。智者活泼，仁者沉静；智者快乐，仁者长寿。”

[注释]①乐（yào）：喜爱。“乐”的本义是音乐，引申为快乐，再引申为喜爱，这是“乐”的三个主要音义。“乐”字的音义详见《辞源》第三版合订本 1187 页，《王力古汉语字典》519 页。两大权威辞典对于“知者乐水，仁者乐山”之“乐”字的音义意见一致，即读 yào，喜爱的意思。特别值得注意的是，《辞源》第三版是 2019 年刚刚重新修订的，它对“乐”字的释音、释义并未改变。自隋陆德明《经典释文》载此音义以后，历代沿用。保守地说，这个读法已经使用了将近一千五百年。在此期间，学界一直认为把 yào 读成 lè是错误的，是无学的表现。在明、清两代

的笑话书里，我们还能读到嘲笑这种误读的笑话。②乐：快乐。智者无所不知，无所不晓，洞明世事，所以快乐。寿：长寿。仁者宽厚温和，胸怀宽广，包容万物，与世无争，所以长寿。

[拓展]单纯读这三句话，好像并没有什么感觉。如果问上三个为什么，就有意思了。为什么“知者乐水，仁者乐山”呢？为什么“知者动，仁者静”呢？为什么“知者乐，仁者寿”呢？古人很喜欢探讨这些问题，我认为《韩诗外传》说得比较精彩。兹录其说，以供品鉴。

《韩诗外传·第二十五章》：“问者曰：‘夫智者何以乐于水也？’曰：‘夫水者，缘理而行，不遗小间，似有智者。动而之下，似有礼者。蹈深不疑，似有勇者。障防而清，似知命者。历险致远，卒成不毁，似有德者。天地以成，群物以生，品物以正。此智者所以乐于水也。’”

《韩诗外传·第二十六章》：“问者曰：‘夫仁者何以乐于山也？’曰：‘夫山者，万民之所瞻仰也。草木生焉，万物植焉，飞鸟集焉，走兽休焉，四方益取与焉。出云道风，嵸（sǒng，山峰耸立的样子）乎天地之间，天地以成，国家以宁。此仁者所以乐于山也。’”

22 子曰：“齐一变[①]，至于鲁[②]。鲁一变，至于道。”

[译文]孔子说：“齐国的政教民风一经改革，就能变成鲁国的风貌。鲁国的政教民风一经改革，就能变成大道兴盛时的风貌。”

[注释]①齐：齐国有姜太公之教，其传统是尚贤尚智。到了孔子的时代，齐人急功利，喜夸诈。②鲁：鲁国有周公之风，其传统是尚德尚仁。到了孔子的时代，鲁人依然重礼教，崇信义，有圣贤之遗风。

23 子曰：“觚gū不觚[①]，觚哉！觚哉！”

[译文]孔子说：“觚不像个觚的样子，还能叫觚吗！还能叫觚吗！”

[注释]①觚：青铜酒器，口呈喇叭形，细腰。觚不觚：觚不像个觚的样子。

[拓展]器物皆有其特定的形制，同时具备相应的功能，否则就不成器了。同样地，做人要遵人道，为政要守政道。“季康子问政于孔子。孔子对曰：‘政者，正也。子帅以正，孰敢不正？’”（《论语·颜渊第十二》）

24 宰我问曰：“仁者，虽告之曰，‘井有仁[人]焉[①]’，其从之也[②]？”子曰：“何为其然也？君子可逝也，不可陷也[③]；可欺也，不可罔也[④]。”

[译文]宰我问道：“一个仁者，如果有人告诉他，井里掉下人去了，他会跟着跳下去吗？”孔子说：“为什么要这样做呢？君子会到井边施救，却不会跳进井里；人可以欺骗他，却不能让他上当受骗。”

[注释]①仁：通“人”。井有仁：即有人落入井中。②从之：跟着跳到井里去。③逝：去，到。君子可以去救人。陷：自陷于井，自己跳进井里。④欺：你可以让仁者去救人。罔：迷惑，用跳井的方法救井里的人。

25 子曰：“君子博学于文，约之以礼[①]，亦可以弗畔[叛]矣夫[②]fú！”

[译文]孔子说：“君子既广泛地读书学习，又用礼法约束自己，也就不致于离经叛道了！”

[注释]①约：简约，精要，同时又有约束的意思。②畔：通“叛”，背道。君子治学求广博，多读书，多考察。持守要简约，约之以礼。

26 子见南子[①]，子路不说[悦]。夫子矢[誓]之曰[②]：“予所否者[③]，天厌之[④]！天厌之！”

[译文]孔子会见了南子，子路知道以后，很不高兴。孔子发誓说：“我不会做的那种事，上天也是厌恶的！上天也是厌恶的！”

[注释]①南子：卫灵公的夫人，把持着卫国的朝政，而且有淫行，名声不好。②矢（shì）：通“誓”，发誓（参见《王力古汉语字典》802页）。③所否者：男女间非礼之事。④厌：憎恶，抛弃，弃绝。

[拓展]《史记·孔子世家》：“灵公夫人有南子者，使人谓孔子曰：‘四方之君子不辱欲与寡君为兄弟者，必见寡小君。寡小君愿见。’孔子辞谢，不得已而见之。夫人在絺（chī）帷中。孔子入门，北面稽首（qǐshǒu，跪拜礼，叩头至地）。夫人自帷中再拜，环珮玉声璆然（qiúrán，佩玉相击之声）。”国君之妻，对外人自称寡小君。南子以礼请，孔子以礼见，无不可。今子路有疑，而孔子与之实无非礼之事，故誓之。

27 子曰：“中庸之为德也[①]，其至矣乎[②]！民鲜 xiǎn 久矣[③]。”

[译文]孔子说：“中庸这种道德，真是至高无上的了！只是很少有人能久居其中。”

[注释]①中：无过无不及。庸：平常。中庸之德即是中正平和之德。②至：极至，至善。③鲜：少，稀罕。

[拓展]《礼记·檀弓上第三》：“曾子谓子思曰：‘伋！吾执亲之丧也，水浆不入于口者七日。’子思曰：‘先王之制礼也，过之者俯而就之，不至焉者跂而及之。故君子之执亲之丧也，水浆不入于口者三日，杖而后能起。’”

28 子贡曰：“如有/博施于民而能济 jì 众，何如？可谓仁乎？”子曰：

“何事于仁？必也圣乎！尧Yáo、舜Shùn其犹病诸！夫fú仁者，己欲立而立人，己欲达而达人。能近取譬，可谓仁之方/也已[②]。”

[译文]子贡说：“如能给百姓带来丰厚的恩惠，帮助众人脱离苦难的境地，怎么样呢？可以说是仁人了吗？”孔子说：“岂止是仁人啊？必定是圣人了！连尧和舜这样的上古圣王，都为此犯难呢！对于仁人来说，希望自己有所成就，就要同样地成就别人；希望自己顺利通达，就要帮助别人也能顺利通达。能从身边小事开始做起，可以说就是实践仁道的方法了。”

[注释]①博：广博。济：救助。②方：方法，路径。仁之方：指实践仁道的具体方法。

述而第七

01 子曰：“述而不作[①]，信而好古，窃比于我老彭[②]。”

[译文]孔子说：“我传承古代典章，但不创制礼乐。我相信古代文化，又喜欢学习它。我私下里把自己比作商代的大夫老彭。”

[注释]①述：传承已有的经典。作：制作新的礼乐。②窃比：尊重他人的言辞。老彭：商代的贤大夫，可能是一个非常了解古代历史又忠诚地传承它的人。窃比于我老彭：定州汉墓竹简本作“窃比我于老彭”。（杨逢彬考察了“我”的用法，又列句例若干，可供参考，见其《论语新注新译》131 页。）

02 子曰：“默而识 zhì之[①]，学而不厌，诲人不倦，何有于我哉[②]？”

[译文]孔子说：“默默地用功，牢记知识；不断地学习，而不满足；教导学生，不知疲倦：我做到了什么呢？”

[注释]①识（zh ì）：记忆，记住。默识：不言语，却默默地记在心里。②厌：通“餍”，满足。何有于……：有什么，算得了什么。何有于我哉：我有什么呢？我算什么呢？意思是没做到，做得不好。

03 子曰：“德之不修，学之不讲，闻义不能徙[①]，不善不能改，是吾忧也[②]。”

[译文]孔子说：“没有修德，没有讲学，听到道义却做不到，有了过错却改不了，这些都是让我忧心的事。”

[注释]①徙：迁徙，改变，转向。徙义：从不义变为合乎道义。②忧：忧虑，关心。

[拓展]孔子所关注的其实只有两件事：一是修德，二是讲学。迁善和改过都是修德之事。

04 子之燕居[①]，申申如也[②]，夭夭如也[③]。

[译文]孔子闲居在家的时候，既端庄严肃，又舒缓安然。

[注释]①燕居：同“宴居”，退朝之后，闲居在家。②申申：整饬严肃的样子。③夭夭：和缓舒泰的样子。

05 子曰：“甚矣/吾衰也[①]！久矣/吾不复梦见周公[②]！”

[译文]孔子说："我真是太老了啊！我已经很久没有梦到周公了！"

[注释]①衰：衰老，衰败。②周公：姓姬，名旦，周文王之子，周武王之弟，周成王之叔父，鲁国始封之君。武王驾崩之后，周公辅佐成王，制礼作乐，平定天下，功莫大焉。周公建立了一整套国家制度，为周王朝的长治久安奠定了坚实的基础。孔子欲行周公之道，而年老神衰，故有此叹。

06 子曰："志于道①，据于德②，依于仁③，游于艺④。"

[译文]孔子说："以道为目标，以德为根据，以仁为依靠，广泛地学习文化与技艺。"

[注释]①志：心所关注的对象。道：平治天下之道。②据：执守。德：即"得"，心得道而不失，即是德。③依：依傍，相伴，不违背。仁：私欲尽去，心德纯全。④游：广泛地涉猎。艺：指礼乐之文，射、御、书、数之法，其中寓有至理，而且是人伦日用不可或缺的。

07 子曰："自行束脩①以上，吾未尝无诲焉。"

[译文]孔子说："亲自献上束脩这种微薄的见面礼来求学的人，我没有不教诲的。"

[注释]①脩：干肉。每条干肉叫一脡（tǐng），十脡为一束。束脩：十根长条的干肉，一种微薄的伴手礼，仅仅表示不空手而已。束脩以上：即"以束脩上"，以束脩为见面礼献上。

[拓展]古人在交往中非常重视礼数，常用特定的物品作为礼物，用于相关场合。古时学子拜师，要奉上束脩作为见面礼。《礼记·曲礼上》："礼闻来学，不闻往教。"既然对方以礼而来，有求学的礼节和诚心，孔子就因材施教，予以教导。后来，束脩成为教师报酬的代称。

08 子曰："不愤不启①，不悱 fěi 不发②。举一隅 yú 不以三隅反③，则不复④也。"

[译文]孔子说："如果学生没有深入地思考过，没有到想说却说不出来的程度，我就不去开导他。如果不能举一反三，我就不再多讲什么了。"

[注释]①愤：心求通，但是还没有想通。启：打开，这里指开通思路。②悱：口想说，但还不能表达。发：畅达言辞。③隅：角落。反：反证，逆推。有四个角的东西，比如方桌，举其一角可知另外三角。成语"举一反三"出自这里。④复：再次讲说。

09 子食于/有丧 sāng 者之侧，未尝饱①也。子于/是日②哭，则不歌。

[译文]孔子在有丧事的人身边吃饭的时候，没有吃饱过。孔子在这一天哀哭，就不唱歌了。

[注释]①未尝饱：有丧之人心中悲哀，在他身边吃饭，孔子不可能吃饱，因为孔子也难过，无心吃饭。②是日：这一天。

10 子谓颜渊曰："用之则行，舍之则藏，唯我与尔有是夫 fú！"子路曰："子行三军[①]，则谁与 yǔ？"子曰："暴虎冯 píng河[②]，死而无悔者，吾不与 yǔ也。必也/临事而惧、好谋而成者也[③]。"

[译文]孔子对颜渊说："如被任用，就出去施展抱负；不被任用，就在家独善其身，或许只有我和你能做到这些吧！"子路说："如果您要统帅三军打仗，和谁一起呢？"孔子说："仅凭双手就去打老虎，不乘船只就去过大河；如果不幸死了，也不因自己的鲁莽而后悔：这种人，我是不会和他一起做事的。一定要和那种遇事谨慎小心、谋划周密而能成功的人一起做事。"

[注释]①"我与尔"之"与"：连词，和，偕。"则谁与"之"与"：由跟随、亲附义引申而为"在一起"的意思。三军：古代曾以一万二千五百人为一军，大国有三军。②暴虎：徒手打老虎。冯河：不借助舟船等工具过河。③惧：恭敬其事。谋：用心策划，精心设计。运筹帷幄，方能决胜千里。成：成其谋略。军事斗争不是儿戏，需要有一种恭敬谨慎的态度，才能实现谋略。

11 子曰："富而可求也，虽执鞭之士[①]，吾亦为之。如不可求，从吾所好[②]。"

[译文]孔子说："如果财富是可以求到的，即便做一个执鞭之士，我也愿意。如果求不到，还是做我喜欢做的事情吧。"

[注释]①执鞭之士：下级士人，士之低贱者。据《周官》："条狼氏掌执鞭以趋辟。王出入则八人夹道，公则六人，侯、伯则四人，子、男则二人。"据《序官》：条狼氏为下士，地位低贱。②从吾所好：孔子喜欢做的事，就是求学、修德，就是独善其身。

[拓展]孟子曰："仕非为贫也，而有时乎为贫。……为贫者，辞尊居卑，辞富居贫，恶乎宜乎？抱关击柝。"（《孟子·万章下》）孔子说："吾少也贱，故多能鄙事。"孔子曾为委吏、乘田，与执鞭之士相近。但财富究竟可不可求呢？孔子的表达比较含蓄。我们揣摩，孔子的意见或许是：小的收入能求到，大的财富不可求。所以，孔子强调的是反身修德，而不以财富为意。然而，当孔子致力于修德，以平治天下为心的时候，大量的财富反倒不请自来了。这些财富包括教学的收入、从政的俸禄以及各国国君的供养等。"夫子之求之也，其诸异乎人之求之与？"（《论语·学而第一》）

12 子之所慎：齐 zhāi，战，疾[①]。

[译文]孔子谨慎对待的三件大事是：斋戒，战争，疾病。

[注释]①齐：通"斋"。祭祀之前，整肃身心，齐其思虑，以交神明。斋戒关系着祭祀的效验

如何，神佑的降临与否。战：战争关系着百姓的生命、国家的存亡。疾：疾病事关人的健康，甚至生死。这三者都不可以不谨慎对待。

13 子在齐，闻《韶》[①]，三月不知肉味，曰："不图[②]为乐之至于斯[③]也。"

[译文]孔子在齐国听到《韶》乐，非常投入，三月之久尝不出肉的美味来，感叹道："没想到的是，音乐作品竟然可以达到这样崇高的境界！"

[注释]①韶：大舜所作的音乐作品，尽善尽美。②不图：不料，没想到。③斯：代词，指音乐作品《韶》所达到的崇高境界。

[拓展]《汉书·礼乐志》："夫乐本情性，浃肌肤而臧骨髓，虽经乎千载，其遗风余烈尚犹不绝。至春秋时，陈公子完奔齐。（师古曰：'完，陈厉公子，即敬仲也，庄二十二年遇难出奔齐也。'）陈，舜之后，招（韶）乐存焉。故孔子适齐闻招（韶），三月不知肉味，曰：'不图为乐之至于斯！'美之甚也。"《论语·八佾第三》："子谓《韶》：尽美矣，又尽善也。"孔子经过长时间的练习、揣摩、体悟之后，才作出这样的评价，才发出本章的感叹。这时的孔子，已经把自己提高到与大舜相当的水平。只有这样，才能欣赏大舜的音乐。因为要想造访圣人的境界，必须把自己提高到与圣人相当的高度，否则是欣赏不了圣人作品的。只有君子才能懂得君子，只有圣人才能懂得圣人。

14 冉有曰："夫子为 wèi 卫君乎[①]？"子贡曰："诺[②]，吾将问之。"入，曰："伯夷、叔齐何人也？"曰："古之贤人也。"曰："怨乎？"曰："求仁而得仁，又何怨[③]？"出，曰："夫子不为 wèi 也。"

[译文]冉有说："老师支持卫君吗？"子贡说："好吧，我去问问。"子贡到了孔子房里，问道："伯夷、叔齐是什么样的人？"孔子说："他们是古代的贤人。"子贡说："他们为自己的决定后悔吗？"孔子说："他们追求的是仁道，又得到了仁道，怎么会后悔呢？"子贡出来，对冉有说："老师不支持卫君。"

[注释]①为：帮助。卫君：卫国的国君。②诺：应辞，如同"好""嗯"。③怨：后悔。夫子答以无怨，就是认为兄弟推让是对的。现在卫国是父子之间互相争夺君位，所以可知，孔子是不会支持卫出公的。

[拓展]据礼制，君子居是邦，不非议其大夫，何况是国君呢？所以子贡不斥责卫君，而问了历史上一则类似的故事。孤竹国国君有三个儿子，大的叫伯夷，小的叫叔齐，中间还有一个二儿子。其父将死，留下遗命，立叔齐为君。父亲去世，叔齐要让位给大哥伯夷。伯夷曰："不可以。父亲有遗命。"于是，伯夷、叔齐离开了孤竹国。没办法，孤竹国的国民只好把二儿子立为国君。后来

武王伐纣灭商，但伯夷、叔齐认为武王有“父死不葬”和“以臣弑君”两大罪，便以食周粟为耻，在首阳山采薇而食，最后饿死。孔子推崇这种兄弟之间的推让，肯定伯夷、叔齐，就是反对卫国这对争夺君位的父子。

与本章相关的史实比较复杂，下面分三节讲述。

1. 卫太子蒯聩的流亡

宋朝是宋国的公子，以貌美闻名。孔子曾说：“不有祝鮀之佞，而有宋朝之美，难乎免于今之世矣。”（《论语·雍也第六》）南子是宋国的女子，嫁给卫灵公之前，就与宋朝相好。嫁给卫灵公之后，南子依然思念宋朝。鲁定公十四（前 496）年，卫灵公为夫人南子召见宋朝，在洮地会见。

太子蒯聩把盂地献给齐国，路过宋国的郊野。乡野之人唱歌说：“已经把母猪给了你，为何不把俊美的公猪还给我？”（“既定尔娄猪，盍归吾艾豭？”）这是讽刺南子和宋朝的丑事。太子听到了，感到非常羞耻，对他的家臣戏阳速说：“跟我去朝见夫人。夫人接见我的时候，我一回头看你，你就杀死她。”戏阳速说：“是。”于是他们去朝见夫人。夫人接见太子，太子回头看了三次，戏阳速都没有上前动手。夫人看太子的脸色不对，号哭着逃跑，说：“蒯聩将要杀死我。”卫灵公拉着她的手登上高台。蒯聩事败，逃离卫国。

2. 公子郢坚辞不立，乃立蒯聩之子辄

此前，有一次卫灵公到郊外游玩，由公子郢驾车。卫灵公说：“我没有嫡子（其实有，就是蒯聩，但已逃亡在外），想立你做国位继承人。”公子郢没有回话。过了一些日子，卫灵公又说起这事。公子郢说：“我不足以担此重任，还是请您另择人选吧。君夫人在堂上，卿、大夫、士在下边，如不与他们商议就私下确定国位继承人，这会有辱于君命。”

鲁哀公二年（前 493）夏，卫灵公去世了。夫人说：“命公子郢为太子，这是国君的命令。”公子郢说：“我的母亲地位卑贱，我与其他公子不同。况且我一直在国君身边侍奉他，直到他去世，如果有这样的命令，我一定知道。况且，还有逃亡太子的儿子‘辄’在。”于是立辄为君，辄就是卫出公。

这年的六月十七日，晋国的赵鞅护送卫太子蒯聩到了戚地。

3. 蒯聩发动政变

起初，孔文子（名“圉”yǔ）娶伯姬，生孔悝（kuī）。蒯聩是伯姬的弟弟，是孔悝的舅舅。现任国君卫出公（名“辄”）是蒯聩的儿子，是孔悝的表兄弟。蒯聩想当国君，需要外甥的支持，需要外甥帮忙，把自己的儿子拉下马。

孔文子死后，文子之妻伯姬与孔家身材魁梧、相貌俊美的仆人浑良夫私通。伯姬希望弟弟蒯聩支持自己的新感情，于是派浑良夫去戚地见蒯聩。蒯聩说，如果浑良夫帮自己回国夺位，事成之后，给他大夫的身份，免他三次死罪（“服冕，乘轩，三死无与”）。伯姬与浑良夫为了奸情，蒯聩为了夺位，这一伙人勾结在了一起。

鲁哀公十五（前 480）年闰十二月，隆冬时节，天气寒冷。浑良夫与太子潜入卫都，住在孔氏宅外的菜园子里。天黑以后，二人乘车，用衣服遮着脸，由寺人罗驾车，前往孔家。孔家的家宰栾宁盘问他们。他们说是姻亲家的侍妾，就混进去了，见到了伯姬。饭后，伯姬拿着戈走在前面，太子和五个人穿上甲胄，又用车拉着一头公猪（盟誓本来要用牛耳之血，因事起仓促，没来得及找牛，就用猪来代替了）。他们把孔悝逼到墙角，强迫他盟誓，然后把他劫持上高台。栾宁正要饮酒，肉还没烤熟，听说了叛乱的事，就派人通知子路。召获驾着乘车，边走边喝酒吃肉，从容不迫地奉事卫出公逃往鲁国。于是孔悝立蒯聩，是为卫庄公。

孔子听说了卫国的内乱，曰："柴也其来，由也死矣。"（《左传·哀公十五年》）因为高柴是卫国的大夫，而卫出公已经逃往鲁国，所以高柴不必为孔悝而战，可以返回鲁国。而子路是孔悝的家臣，所以一定会为孔悝而战。子路正是这样想的。子路说："食焉，不辟（避）其难……利其禄，必救其患。"意思是说，吃人家的粮食，就不能躲避他家的患难。得人家的俸禄，就一定要救人家的患难。于是子路力战，最后战死。第二年，孔子也去世了。

15 子曰："饭疏食①，饮水，曲肱 gōng 而枕 zhèn 之②，乐亦在其中矣。不义而富且贵，于我如浮云。"

[译文]孔子说："吃粗粮，喝白水，胳膊一弯就枕着睡觉，人生之乐也就在这里面了。用不正当手段得来的富贵，我根本不在乎，我看它就像空中的浮云一样。"

[注释]①疏食：粗饭。②肱：特指从肩到肘的部分，这里泛指胳膊。曲肱而枕：在肘关节处弯胳膊，把头放在上面睡觉。在作动词使用的时候，枕读 zhèn，去声（即"四声"，见朱子《论语集注》）。这个读音有历史依据，在当代生活中仍然大量使用着。

[拓展]"贤哉回也"章说的是贫困生活不改颜子之乐。在本章，孔子进一步指出，在贫困生活之中，本来就有快乐。不是以苦为乐，而是苦本为乐。孔子从不把富贵当成自己的人生目标。他把通过"不义"手段得来的富贵看得就像天上的浮云一样，轻得不值一提。

16 子曰："加我数年，五十以学《易》①，可以无大过矣。"

[译文]孔子说："再多给我几年时间，让我从五十岁开始就能好好地学习《周易》，弄懂吉凶祸福之理、进退存亡之道，就可以不犯大的过错了。"

[注释]①易：指《周易》。《论语集解》："《易》穷理尽性，以至于命。年五十而知天命，以知命之年读至命之书，故可以无大过。"朱熹说："此书（指《周易》）自是难看。须经历世故多，识尽人情物理，方看得入。"（《朱子语类》卷一一七）

[拓展]占卜是国之大事。《周礼》由春官宗伯掌邦礼，设太卜、卜师、卜人、龟人、占人、筮人等各若干，掌占卜事。周礼尽在鲁国，故孔子得以读《易经》，窥《易》道，可惜已年过半百。史载，孔子读《易》，甚喜，反复读之，韦编三绝。于是叹《易》道之精密，思往事之难追，而发

此叹。

17 子所雅言[①]，《诗》、《书》、执礼[②]，皆雅言也。

[译文]孔子使用规范语言，是在诵读《诗》《书》，主持礼仪的时候，这些场合都使用规范语言。

[注释]①雅言：正言，常言，比较规范的公共语言，去掉方言中的特殊语音和词汇，类似于后世的官话和今天的普通话。②执礼：相礼，主持礼仪活动。

18 叶公问孔子于子路[①]，子路不对[②]。子曰："女[汝]奚不曰，'其为人也，发愤忘食，乐以忘忧，不知老之将至'云尔[③]？"

[译文]叶公问子路"孔子的为人如何"，子路没有回答。孔子说："你为什么不说，'他的为人啊，努力学习，以致忘了吃饭；自得其乐，以致忘了烦恼；不知道自己快要老了'？"

[注释]①叶公：楚叶县尹沈诸梁，字子高。楚国不过"子"爵，而"公"为五爵头等（"公、侯、伯、子、男"），县尹称"公"，僭越已甚。②不对：没有回答，因为子路不知道该如何回答。对：回答。③云尔：如此而已，代指刚才说的情况。

19 子曰："我非生而知之者[①]。好古，敏以求之者也[②]。"

[译文]孔子说："我不是一生下来就有知识的人。我是个喜爱古代文化，又勤奋学习的人。"

[注释]①生而知之：一降生就有知识，天生的智者。②敏：迅速，快捷。

[拓展]孔子说他是"学而知之者"，而不是"生而知之者"。孔子重视学习，一直在强调后天学习的重要性。

20 子不语[①]怪、力、乱、神[②]。

[译文]孔子不谈论怪异的事，强力的事，悖乱的事，鬼神的事。

[注释]①语：谈论，争辩。《诗经·大雅·公刘》传："论难曰语。"《礼记·杂记下第二一》："言而不语。"注曰："言，言己事也。为人说曰'语'"。这里的"不语"是不与人争辩、诘难的意思（参见清黄式三《论语后案》）。②怪、力、乱：怪异、勇力、悖乱之事，不合正理，圣人不谈。神：鬼神之道非穷理可及，是人搞不明白的，所以也不谈。孔子的立场是"事鬼敬神而远之"。

21 子曰："三人行[①]，必有我师焉。择其善者而从之[②]，其不善者而改之。”

[译文]孔子说：“几个人一起走路，其中一定有人可以做我的老师。选择他好的地方去学习；他不好的地方，如果我也有，就加以改正。”

[注释]①三人：约数，几个人。②善：好，优秀。从：跟随，依顺。这里效法、学习的意思。

[拓展]三人行，其中有善人，也有不善之人，那么要择善而从，而改其不善者。进一步思考这个问题，对同一个人来说，他身上既有善处，也有不善之处。对他的善处要学习，要借鉴；对他的不善之处要警戒，要反省，有则改之，无则加勉。如果能这样去想，这样去做，实际上人人都可以是我的老师。尹焞曰：“见贤思齐，见不贤而内自省，则善恶皆我之师，进善其有穷乎？”（《论语集注》）尹氏所言，正是此义。

22 子曰：“天生德于予，桓魋tuí其如予何①？”

[译文]孔子说：“上天既然赐予我道德，桓魋能把我怎么样呢？”

[注释]①桓魋：宋国的司马向魋。他是宋桓公之后，故又称桓魋。

[拓展]《史记·孔子世家》记载：“孔子去曹，适宋，与弟子习礼大树下。宋司马桓魋欲杀孔子，拔其树。孔子去。弟子曰：‘可以速矣！’孔子曰：‘天生德于予，桓魋其如予何？’”桓魋曾经想害孔子，但孔子知道自己有天赋之德。孔子相信，上天一定会让自己把天赋之德发扬光大的。如果就这样死了，怎能把它发扬光大呢？所以，孔子对自己的安全非常自信，他坚信桓魋一定不能违背天命伤害自己。

23 子曰：“二三子①以我为隐②乎？吾无隐乎尔③。吾无行而不与二三子者，是丘也。”

[译文]孔子说：“同学们以为我隐瞒了什么吗？在你们面前，我没有任何隐瞒。我做事没有不向你们公开的，这就是我孔丘的为人。”

[注释]①二三子：指孔子的学生们。②隐：隐匿，隐瞒。③尔：代词，你们，这里指孔子的学生们。

[拓展]孔子不是只有平易温和之道，也有高深莫测之道。读一读《周易》就能知道，书中所记载的孔子言论（特别是以“子曰”开头的那些），是多么地深邃精妙啊！这些言论，多数弟子没有能力接受。孔子的教育尊重个体差异，讲究因材施教。谁能学《诗》，谁能学《书》，谁能学《易》，孔子是心中有数的。但是这样以来，有的弟子就会认为孔子在教学中有所隐瞒。孔子想把一切学问都传给弟子，只是有的学问弟子不能承受，哪里存在秘而不宣的学问呢？

24 子以四教：文[①]，行[②]，忠，信[③]。

[译文]孔子用四项内容教育学生：文献的学习，礼仪的实践，忠厚的道德，诚信的为人。

[注释]①文：文献学习。②行：习礼，礼仪活动的演习。③忠：忠厚实在。信：诚实守信。忠、信是做人的基本原则，是道德的底线。

25 子曰：“圣人[①]，吾不得而见之矣。得见君子[②]者，斯可矣。”子曰：“善人[③]，吾不得而见之矣。得见有恒[④]者，斯可矣。亡 wú 而为有，虚而为盈，约而为泰[⑤]，难乎有恒矣。”

[译文]孔子说：“圣人，我是见不到了；能见到君子，也就可以了。”孔子说：“善人，我是见不到了，能见到长久向善的人，也就可以了。缺乏却要装作富有，空虚却要装作充实，贫穷却要硬充排场，这样就很难长久向善了。”

[注释]①圣人：人伦之至，高深难测。②君子：才德出众，卓然自立。③善人：志于仁德，无恶行。④有恒：有恒心，能长久坚持。⑤亡而为有，虚而为盈，约而为泰：三者都是虚夸之事。像这样的事，一定不可以长久持守。

26 子钓而不纲[①]，弋 yì 不射宿[②]。

[译文]孔子钓鱼，但不用大绳拦河取鱼。孔子射鸟，但不射回巢歇宿的鸟。

[注释]①钓：用一竿、一线、一钩垂钓。《诗》云：“籊籊竹竿，以钓于淇。”纲：指大绳。这种捕鱼的方法，是在大绳上用生丝系上很多鱼钩，再把大绳横绝河流之上以取鱼。②弋：把生丝系在箭上射鸟的捕猎方法。射中之后，方便顺着丝线找到猎物。宿：回巢歇宿的鸟。《说文》：“宿，止也。”言鸟栖止巢中也（中华书局十三经清人注疏之《论语正义》上册 276 页）。

27 子曰：“盖有不知而作之者[①]，我无是也。多闻，择其善者而从之，多见而识 zhì 之[②]。知之次也[③]。”

[译文]孔子说：“可能有那种不知实情却喜欢创作的人吧，我不是那样的。我是多多地听，选择好的接受遵行；多多地看，用心记下来。我是‘学而知之者’，是次于‘生而知之者’的。”

[注释]①不知而作：妄作，胡乱造作。②识：记住。人必有所从，择善而从。见闻务广，故“多见而识之”。③知：指生而知之者。次：逊，差。孔子说：“生而知之者，上也。学而知之者，次也。”（《论语·季氏第十六》）

28 互乡难与yǔ言①。童子见，门人惑。子曰：“与yù其进也②，不与yù其退也，唯何甚？人洁己以进③，与yù其洁也，不保其往也④。”

[译文]互乡那地方的人，很难沟通。然而，有个年轻人却被孔子接见，门人糊涂了，不明白为什么。孔子说：“支持他追求进步，不希望看到他堕落，这有什么过分的？一个人自洁其身追求道义，应当肯定他的洁身自好。至于他离开以后将会如何，这是我们无法保证的。”

[注释]①互乡：地名，不知在何处。这里代指互乡那地方的人。②与：赞许，支持。③洁：自洁，自我修治。④往：离开以后，将来。郑玄说：“往，犹去也。人虚己自洁而来，当与之进，亦何能保其去后之行？”（《论语集解》）

29 子曰：“仁远乎哉？我欲仁，斯仁至矣①。”

[译文]孔子说：“仁道远吗？我追求仁道，仁道就来了。”

[注释]①至矣：到了，来了，有了。仁在我，反而求之，当下即是，故“我欲仁，斯仁至矣”。

30 陈司败①问：“昭公②知礼乎？”孔子曰：“知礼。”孔子退。揖巫马期③而进之，曰：“吾闻君子不党④，君子亦党乎？君取[娶]于吴，为wèi同姓⑤，谓之‘吴孟子⑥’。君而知礼，孰不知礼？”巫马期以告。子曰：“丘也/幸，苟有过，人必知之。”

[译文]陈司败问：“昭公懂礼吗？”孔子回答说：“懂礼。”孔子离开后，陈司败向巫马期行揖礼，请他近前一步，说：“我听说君子不会偏袒自己人，难道君子也会偏袒自己人吗？鲁昭公娶了吴国的公主，因为姓‘姬’，应当叫‘吴姬’，现在却称‘吴孟子’。如果说昭公也懂礼，谁不懂礼呢？”巫马期把这话告诉了孔子。孔子说：“我孔丘真幸运啊。只要我有了过错，大家一定都知道。”

[注释]①陈：陈国，诸侯国名。司败：官名，即司寇。一说陈司败为齐国大夫。二说未详孰是，但陈司败非鲁国人，二说同。②昭公：鲁国国君，名裯（chóu），鲁襄公的庶子。“昭”是谥号。鲁昭公熟悉礼仪的动作、程序等，当时以为知礼。③巫马期：姓巫马，名施，字子期，孔子弟子。④党：结党营私，相匿为非。⑤取：同“娶”。同姓：鲁国的始祖是周公，周公的祖父是王季，王季的大哥是泰伯，泰伯是吴国的始祖。所以，泰伯是周公的大爷爷，他们都姓姬，本是一家人，不可以通婚。《礼记·曲礼上》：“取妻不取同姓。”古人早已知道近亲通婚的害处。《国语·晋语四》：“同姓不婚，恶不殖（生育）也。”⑥吴孟子：国君夫人称号的命名规则，一般是其母国国名加本姓。鲁昭公娶吴国公主，应叫“吴姬”。这样以来，其名号就明显违礼了，因此讳称“吴孟

子”。孟：排行老大。子：宋国国君姓子氏。朱子说：“谓之吴孟子者，讳之，使若宋女子姓者然。”（《论语集注》）《春秋·哀公十二年》：“夏五月甲辰，孟子卒。”《左氏传》曰：“五月，昭夫人孟子卒。昭公娶于吴，故不书姓。死不赴（同“讣”，告于诸侯），故不称夫人。不反哭，故不言葬小君。孔子与吊，适季氏。季氏不絻（wèn，古时吊丧去冠，以布裹发髻），放绖（dié，麻制丧带，系于腰或头）而拜。”吴孟子之丧事不以君夫人之礼行，皆以同姓之故。

[拓展]何谓“讳国恶之礼”？按照礼法的要求，娶妻不能娶同姓的女子。今昭公娶同姓，不合礼制，孔子岂不知？但是，作为国民，不能说君主的恶行；作为子女，不能说亲人的恶行。讳君之恶就是讳国之恶，讳亲之恶就是家丑不外扬。如果非要有人承当过错不可，孔子说，那就由我来承当吧。孔子受偏私之罪（“党”），以讳昭公之恶（娶同姓女子），这就是讳国恶之礼。

讳恶之礼，《荀子·子道篇第二十九》又有一例，其文如下：

子路问于孔子曰：“鲁大夫练而床，礼邪？”孔子曰：“吾不知也。”子路出，谓子贡曰：“吾以夫子为无所不知，夫子徒有所不知。”子贡曰：“女何问哉？”子路曰：“由问：‘鲁大夫练而床，礼邪？’夫子曰：‘吾不知也。’”子贡曰：“吾将为女问之。”子贡问曰：“练而床，礼邪？”孔子曰：“非礼也。”子贡出，谓子路曰：“女谓夫子为有所不知乎？夫子徒无所不知。女问非也。礼：居是邑，不非其大夫。”

31 子与人歌而善，必使反[返]之①，而后和hè之②。

[译文]孔子和别人一起唱歌的时候，如果歌曲好，就一定请人家再唱一遍，然后自己跟着一起唱。

[注释]①反：重复，反复。反之：再唱一遍。②和：轻声跟着学习唱歌。

[拓展]一唱一和，这是古代最常用的口耳相传的音乐传承方式。孔子是真正地重视乐教，他绝对不是空谈，因为他有大量的音乐实践。本章所讲的是孔子如何学习声乐，如何正音。

32 子曰：“文，莫吾犹人①也。躬行君子②，则吾未之有得。”

[译文]孔子说：“在文化的学习上，我不如别人；至于力行君子之道，我更是没有心得体会。”

[注释]①莫吾犹人：即“吾莫犹人”，我不如别人。②躬行：亲身实践。君子：指君子之道。

33 子曰：“若圣与仁①，则吾岂敢？抑为之不厌②，诲人不倦③，则可谓云尔/已矣。”公西华曰：“正唯弟子不能学也。”

[译文]孔子说：“像圣和仁这样的德行，我哪里敢当呢？但像努力做事永不满足，教导学生不知疲倦，这些还差不多吧。”公西华说：“这正是学生们学不来的。”

[注释]①仁：完全的心德，全备的人道。圣：大而化之，叫作圣。孟子说：“可欲之谓善，有诸己之谓信。充实之谓美，充实而有光辉之谓大，大而化之之谓圣，圣而不可知之之谓神。”（《孟子·尽心下》）②抑：连词，表假设或让步，相当于“如”或“若”。为之：为仁、圣之道。厌：通“餍”，满足。③诲人：以仁、圣之道教人。

[拓展]孔子不以仁、圣自居，然而“为之不厌，诲人不倦”正是仁者、圣人之道。能行此道，人人都可以成为仁人、圣人。《孟子》云：“人皆可以为尧舜。”成圣之道就是“为之不厌，诲人不倦”。“为之不厌”就是“独善其身”，“诲人不倦”就是“兼善天下”。

34 子疾病，子路请祷[①]。子曰：“有诸[②]？”子路对曰：“有之。诔 lěi 曰[③]：‘祷尔于上下神祇[④]qí。’”子曰：“丘之祷[⑤]久矣。”

[译文]孔子病得很重，子路请求祈祷一下。孔子说：“有这种事吗？”子路说：“有的。诔文说：‘为你向天地神灵祈祷。’”孔子说：“我早就祈祷过了。”

[注释]①祷：向神明认罪悔改，祈求神明保佑赐福。②有诸：即“有之乎”，有这个道理吗。③诔：一种文辞，哀悼死者，叙述他的事迹。④上下：指天地。天神叫“神”，地神叫“祇”。

35 子曰：“奢则不孙[逊][①]，俭则固[②]。与其不孙[逊]也，宁 nìng 固。”

[译文]孔子说：“奢华就显得盛气凌人，俭朴就显得寒酸鄙陋。与其盛气凌人，倒不如寒酸鄙陋。”

[注释]①孙：同“逊”，谦逊，低调。②固：寒酸，鄙陋。奢、俭都不合中道，但奢的危害更大。

36 子曰：“君子坦荡荡[①]，小人长戚戚[②]。”

[译文]孔子说：“君子的心胸宽广舒泰，小人则常常忧惧不安。”

[注释]①坦荡荡：宽广通透。②长戚戚：忧愁烦惧。

[拓展]义利之辨实为本章的前提。孔子说：“君子喻于义，小人喻于利。”（《论语·里仁第四》）人做事如能合乎道义，胸中自有浩然正气，行事就能坦坦荡荡。反之，则必沦为小人。

37 子/温而厉[①]，威而不猛[②]，恭而安[③]。

[译文]孔子脸色温和而不失严厉，仪态威武又不至刚猛，气象恭敬且又安舒。

[注释]①温而厉：孔子的脸色温和可亲，但又不失严厉，让人亲之爱之，又不得亵慢。②威而不猛：孔子的仪态威武庄严，又不会过于刚猛。③恭而安：孔子的整体气象恭敬大方，安舒自然。

泰伯第八

01 子曰：“泰伯[①]，其可谓至德也/已矣。三以天下让[②]，民无得而称焉。”

[译文]孔子说：“泰伯的品德，可以说是至高无上的品德了。他顺从父亲的心意，多次把天子之位让给弟弟季历，以致百姓无法用言语赞美他。”

[注释]①泰伯：也作“太伯”。周太王古公亶父有三子：长子为泰伯，次子为仲雍，幼子为季历。季历生子名昌，有圣德，就是后来的周文王。太王欲传位季历，再由季历传位于昌。太王之时，商又衰，周渐强。太王有翦商之志，而泰伯不从。后来太王重病，泰伯顺遂父意，与仲雍逃往荆蛮，即今天的长江下游一带，并在那里建立了吴国。于是，太王立季历，后传国至姬昌，三分天下有其二，是为文王。文王姬昌崩，子姬发立，是为武王，遂伐纣克商，一统天下。②天下：指君位。三以天下让：清刘宝楠《论语正义》引汉郑玄注：“太王疾，泰伯因适吴越采药，太王殁而不返，季历为丧主，一让也。季历赴之，不来奔丧，二让也。免丧之后，遂断发文身，三让也。”此说可参考。

[拓展]《史记·周本纪第四》：“古公有长子曰太伯，次曰虞仲。太姜生少子季历，季历娶太任，皆贤妇人，生昌，有圣瑞。古公曰：‘我世当有兴者，其在昌乎？’长子太伯、虞仲知古公欲立季历以传昌，乃二人亡如荆蛮，文身断发，以让季历。古公卒，季历立，是为公季。公季修古公遗道，笃于行义，诸侯顺之。公季卒，子昌立，是为西伯，西伯曰文王。”

02 子曰：“恭而无礼则劳，慎而无礼则葸[①]xǐ，勇而无礼则乱，直而无礼则绞[②]。君子[③]笃于亲，则民兴xīng于仁[④]。故旧不遗，则民不偷[⑤]。”

[译文]孔子说：“体貌恭敬而没有礼的节制，就会劳累忧烦；心思缜密而没有礼的节制，就会胆怯懦弱；勇敢刚猛而没有礼的节制，就会犯上作乱；直言快语而没有礼的节制，就会尖刻伤人。如果君子厚待自己的亲族，百姓受其影响，就会变得更加仁慈；如果君子不遗弃故交老友，那么百姓就不会变得刻薄无情。”

[注释]①恭：人的体貌，这里指过分的“恭”，即“足恭”，如同今天说的点头哈腰。慎而无礼：指过分的谨慎，比如“季文子三思而后行”即是。葸：畏惧。②绞：尖刻伤人。③君子：地位在上的人。④兴：兴起。⑤偷：淡薄，刻薄。

03 曾子有疾，召门弟子曰：“启予足[①]，启予手。《诗》云：‘战战兢兢，如临深渊，如履薄冰[②]。’而今而后，吾知免夫 fú！小子[③]。”

[译文]曾子得了重病，把学生们召集到身边，说：“打开被子，看看我的脚，看看我的手。《诗经》说：‘做人要小心谨慎，战战兢兢地，好像站在深渊边上那样，好像踩在薄冰上面那样。’从今以后，我知道我可以免于残害了，同学们啊！”

[注释]①启：开。启予足，启予手：打开被子，看看我的手，我的脚，都健全吗？《论语集解》引郑玄注曰：“启，开也。曾子以为受身体于父母，不敢毁伤，故使弟子开衾而视之也。”②引诗出自《诗经·小雅·小旻》篇。③免：指免遭刑戮，免遭肉体伤害。

[拓展]爱自己就是对父母的孝。孔子说：“身体发肤，受之父母，不敢毁伤，孝之始也。”（《孝经》）又说：“父母全而生之，子全而归之，可谓孝矣；不亏其体，可谓全矣。”（《大戴礼记·曾子大孝第五十二》）曾子一生恪守圣人的教诲，遵礼守法，律己甚严，终生未遭刑戮，故至死身体健全。

04 曾子有疾，孟敬子问之[①]。曾子言曰：“鸟之将死，其鸣也/哀；人之将死，其言也/善。君子所贵乎道者三[②]：动容貌，斯远暴慢矣[③]；正颜色，斯近信矣[④]；出辞气[⑤]，斯远鄙倍矣[⑥]。笾 biān 豆之事[⑦]，则有司[⑧]存。”

[译文]曾子得了重病，孟敬子来看望他。曾子对孟敬子说：“鸟快死的时候，它的叫声悲凉；人快死的时候，他的言语精善。君子在礼仪上要重视三件事：整肃容貌，就可以免遭侮辱和轻慢；脸色和蔼端庄，就容易获得别人的信任；说话注意语气语调，就可以远离粗陋和误解了。至于具体事务，自有专职人员操办。”

[注释]①孟敬子：鲁国大夫仲孙氏，名捷。问：探问病情。②哀：悲哀。鸟畏死，故其鸣声哀婉悲凉。善：精到，重要，美善。人穷返本，必出精要善言。贵：看重，重视。道：这里的“道”指的是体貌、脸色、言语等方面的礼仪。曾子一生的经验表明，礼仪是非常重要的，不能轻视。③动：打理，整肃。容貌：指人的身段体貌，包括衣冠服饰的穿戴和坐立行走的动作等。暴：粗厉。慢：侮辱，轻慢。④颜色：脸色。信：可信，信任。⑤出：超出，高尚，优雅。辞：言语。气：语气语调。语气语调在表达中的作用非常微妙。不同的语气语调所传达的信息区别很大，甚至是相反的。⑥鄙：粗陋。倍：同“背”，相反的，错误的。⑦笾：竹器，高脚，上宽阔，形似碗，祭祀之时用以盛果品。豆：木制的盛器，有盖，形似高脚盘，可盛有汁食物。祭祀之时，也可用来盛祭品。⑧有司：职能部门的官员，管理各种具体事务的小吏。

05 曾子曰：“以能/问于不能，以多/问于寡，有若无，实若虚，犯而不校[①]jiào，昔者/吾友[②]尝从事于斯矣。”

[译文]曾子说：“自己有能力，肯向不如自己的人请教；自己知识丰富，肯向知识寡少的人请教；学识渊博却像没有学问的；满腹经纶却像空无一物的；被人冒犯的时候，从不计较：从前，我师兄颜渊就是这样做的。”

[注释]①校：报复。犯而不校：遇到冒犯而不计较。②友：古人多认为指颜回，字子渊，又称颜渊。

06 曾子曰：“可以托六尺之孤[①]，可以寄百里之命[②]，临大节而不可夺也[③]。君子人与yú？君子人也。”

[译文]曾子说：“可以把年幼的君主托付给他，可以把国政交给他代管，面对危急存亡的重大变故，他能坚持原则，严守节操。这是君子的为人吗？这是君子的为人啊。”

[注释]①六尺之孤：年幼的孤儿，这里指年幼的君主。托孤，指受先君之命辅佐幼主。②百里：方圆百里的地方，指诸侯国。寄命，指代理国政。③大节：指安国家、定社稷这样的大事。不可夺：其气节在生死之际仍不可改变。

07 曾子曰：“士不可以不弘毅[①]，任重而道远[②]。仁以为己任，不亦重乎？死而后已，不亦远乎？”

[译文]曾子说：“士人不可以不宽博坚毅，因为他的担子沉重，路途遥远。把仁道作为自己的责任，还不够重吗？到死才停止前进，还不够远吗？”

[注释]①弘：宽广，博大。毅：刚强，坚忍，果断。②任重：把仁德作为自己肩上的担子，没有比这更重的担子了。道远：直到死时才停止，道路没有比这更远的了。

08 子曰：“兴xīng于《诗》[①]，立于礼[②]，成于乐[③]。”

[译文]孔子说：“在《诗经》的吟诵中振奋精神，激发生命活力；在礼义的指导下端正身心，学习为人处世；在音乐的熏陶中协调身心，成就完全人格。”

[注释]①兴于《诗》：朱子说，《诗》以人的性情为本，黜邪崇正，其言易知，其音动人，吟咏之间抑扬反复，感人至深。②立于礼：礼以恭敬辞逊为本，又有节文度数之详，可以固人肌肤之会，筋骸之束。礼提供了一套生活方式，告诉人们事情应该何时做，应该怎么做。学礼，可以让人学会为人处世。③成于乐：乐有五声十二律，更唱迭和，以为歌舞八音之节，可以涵养人之性情，协调人的身心。

09 子曰："民可使由之[①]，不可使知之[②]。"

[译文]孔子说："叫百姓遵道而行就是了，不必让他们通晓其中的原理。"

[注释]①由之：顺着道路而行。②知之：明白理念的本末原委。

[拓展]孔子这样说，是因为他看到了人与人之间的不同。道并不是人人乐求的，也不是人人能知的。对有的人来说，求道是他力所不能及的，他也不喜欢。对另外一些人来说，求道是他人生的意义所在。正如孔子所说："朝闻道，夕死可矣。"（《论语·里仁第四》）这样的人就是君子，他以追求真理为人生的意义所在。所以古人说："君子乐得其道，小人乐得其欲。"（《礼记·乐记第十九》）如果能够求得真道，君子就会感到快乐。如果能够得到享受，小人就会感到快乐。《大学》说："君子贤其贤而亲其亲，小人乐其乐而利其利。"在古代的语境中，人有君子、小人之不同，但这里的"小人"可以叫作老百姓，无贬义。

民不可与虑始，而可与乐成。《吕氏春秋·览部·第十六卷·第五篇乐成》："禹之决江水也，民聚瓦砾。事已成，功已立，为万世利。禹之所见者远也，而民莫之知。故民不可与虑化举始，而可以乐成功。……子产始治郑，使田有封洫，都鄙有服。民相与诵曰：'我有田畴，而子产赋之。我有衣冠，而子产贮之。孰杀子产，吾其与之。'後三年，民又诵之曰：'我有田畴，而子产殖之。我有子弟，而子产诲之。子产若死，其使谁嗣之？'"盘庚之迁都，商鞅之变法，其初民不晓其道，不知其益，不欲从之，后乃悟其善，服其道，亦其例。

10 子曰："好勇疾贫[①]，乱也。人而不仁，疾之已甚[②]，乱也。"

[译文]孔子说："一个人刚强勇猛却嫌贫爱富，恐怕他会抢劫偷盗。过分地憎恶不仁之人，会驱使他远离善道，因而造成祸乱。"

[注释]①好勇疾贫：刚强勇猛又不能安于贫穷的生活，则必作乱以脱贫。这就是本篇第二章孔子所说的"勇而无礼则乱"。②疾之已甚：恨恶不仁之人过分，不给他从善的机会，就会让他无地自容，逼迫他走上作乱的道路。

11 子曰："如有周公之才之美[①]，使/骄且吝[②]，其余不足观/也已。"

[译文]孔子说："即使一个人拥有周公那样的才能和美德，但若既骄傲又吝啬，其他方面也就不值一提了。"

[注释]①周公：姓姬，名旦，周文王之子，周武王之弟，是周王朝政治制度和礼乐文化的创立者，有德有才。才：智能。美：美德。②使：假若，如果。骄：骄傲，自夸。吝：吝啬，小气。骄：气过盈满。吝：气过亏歉。

12 子曰："三年学，不至于穀[1]gǔ，不易得也。"

[译文]孔子说："求学三年，但不以高官厚禄为目标，这种人是难得的。"

[注释]①穀：俸禄，收入。

[拓展]以子张之贤尚且问"干禄"，可知长久学习而不求回报是多么地困难。

13 子曰："笃信好学[1]，守死善道。危邦不入[3]，乱邦不居。天下[5]有道则见 xiàn，无道[6]则隐。邦有道，贫且贱焉，耻也。邦无道，富且贵焉，耻也。"

[译文]孔子说："坚信道义，勤奋好学，坚守真理，直到生命的终点。危难的国家，不要进去；动荡的国家，不要住在那里。天下有道，就服务社会；天下无道，就隐居自修。国家政治清明，自己却贫穷卑贱，是可耻的；国家政治黑暗，自己却富足高贵，也是可耻的。"

[注释]①笃：厚而有力。不笃信，则不能好学。孔子又说："好信不好学，其蔽也贼。"（《论语·阳货第十七》）好信不好学，则会不明智，成为愚忠愚信。②守死善道：不守死，则不能善其道。但是，仅仅守死并不能善其道，恐怕只是丧命而已。因为善其道需要学习和追求。③危邦不入：君子见危授命，所以仕于危邦者义不可去，在外者则可以不入。④乱邦不居：乱邦虽未危，然刑政纲纪紊乱，故可去之，以保自身之洁。⑤天下：当世，这个世道。⑥无道：政治黑暗，则隐居而不从政。

14 子曰："不在其位[1]，不谋其政[2]。"

[译文]孔子说："不在那个职位上，就不要插手它职责范围内的政务。"

[注释]①位：职位。②政：政务，政事。

15 子曰："师挚[1]Zhì之始，《关雎》之乱[2]，洋洋乎盈耳哉！"

[译文]孔子说："从太师挚开始演奏，到曲终合乐演奏《关雎》，满耳都是美妙的音乐啊！"

[注释]①师挚：鲁国的太师，名挚。②关雎：《诗经》的第一首诗。乱：乐曲最后的部分。洋洋：华美盛大的样子。

16 子曰："狂而不直[1]，侗 tóng 而不愿[2]，悾悾 kōng 而不信[3]，吾不知之矣。"

[译文]孔子说："狂放又不直率，愚昧又不谦逊，貌似诚恳却不守信用，我不知道人怎么能是这个样子。"

[注释]①狂：勇于进取。狂者多直。不直之狂，狂妄而已。②侗：愚昧无知。愿：谦逊，谨厚，诚实。③悾悾：貌似诚恳的人。

17 子曰："学如不及①，犹恐失之②。"

[译文]孔子说："求学好像在追赶什么似的，总也追不上；已经得到的，又怕丢掉了。"

[注释]①不及：没有追上，意思是依然存在没有学的东西。这时需要学习。②失之：担心失去了，意思是害怕忘记了学过的东西。这时需要温习。

[拓展]后面《子张第十九》记子夏之言："日知其所亡[无]，月无忘其所能。"与本章同义。又：在《阳货第十七》，孔子曾说，"其未得之也，患得之。既得之，患失之"，也可帮助理解本章。

18 子曰："巍巍乎①，舜、禹Yǔ之有天下也，而不与yù焉②。"

[译文]孔子说："大舜和大禹真是崇高伟大啊！他们功德卓著，通过禅让的方式得到天下，但他们尽心竭力为百姓操劳，并没有把天子之位看得有多重要。"

[注释]①巍巍：高大之貌。②不与：如同说不相关，不以尊位为乐。

19 子曰："大哉，尧之为君也！巍巍乎，唯①天为大，唯尧则之②！荡荡乎③，民无能名焉！巍巍乎，其有成功也④！焕乎⑤，其有文章⑥！"

[译文]孔子说："帝尧真是伟大的君王啊！博大崇高啊，像天一样辽远广阔，只有帝尧是那样的！宽宏广大啊，百姓不知该如何赞美他！博大崇高啊，他的圣德普惠天下！荣光绚烂啊，他创立的礼乐典章！"

[注释]①唯：唯独，只有。②则之：取法天道，以天道为准则。③荡荡：广远。④成功：事业。⑤焕：光明的样子。⑥文章：礼乐法度。

20 舜有臣五人①而天下治。武王曰："予有乱臣十人②。"孔子曰："才难③，不其然乎？唐、虞Yú之际④，于斯为盛。有妇人焉，九人而已，三分天下有其二⑤，以服事殷。周之德，其可谓至德也/已矣。"

[译文]舜有五位贤能的大臣，天下大治。武王说："我有十位擅长理政的大臣。"孔子说："'人

才难得。’难道不是这样吗？唐尧和虞舜做天子的那些年，人才是最兴盛的。在周武王的十位能臣之中，还包括一位妇人，负责治理宫廷内务，这样说来大臣只有九人而已。当周已经得到三分之二的天下时，仍然称臣服事殷商。周王朝的仁德，可以说是至高无上的仁德了。”

[注释]①五人：据《论语集解》，五人指禹、稷、契、皋陶和伯益。②乱：治理。乱臣：善于理政的大臣。十人：据《论语集解》，十人指周公旦、召公奭、太公望、毕公、荣公、太颠、闳夭、散宜生和南宫适，其一人谓文母（文王之妃大姒）。③才：德之发用。④唐虞：尧、舜有天下之号。帝尧号陶唐氏，帝舜号有虞氏。际：交会之间。⑤三分天下有其二：天下归文王的有荆、梁、雍、豫、徐、扬六州，唯青、兖、冀属纣。

21 子曰：“禹Yǔ，吾无间 jiàn 然矣①。菲 fěi 饮食而致孝乎鬼神②，恶è衣服而致美乎黻 fú冕③，卑宫室而尽力乎沟洫④xù。禹Yǔ，吾无间 jiàn 然矣。”

[译文]孔子说：“对于大禹，我说不出他有什么不足来。他吃的很差，祭品却办得极其丰盛；穿的很差，礼服却做得极其华美；住得很差，却尽心竭力兴修水利。对于大禹，我说不出他有什么不足来。”

[注释]①间：非议。意思是指其不足而非议于大禹。②菲：微薄。致孝乎鬼神：指享祀丰盛而洁净。③衣服：平常穿的衣服。黻：蔽膝之服。冕：冠冕。黻、冕都是祭祀时穿的礼服。④沟洫：田间的水道，能正疆界，备旱涝。

子罕第九

01 子罕言利与命与仁[1]。

[译文]孔子很少谈利益、天命和仁道。

[注释]①罕：稀少。与：连词，和。连词“与”是可以连用的，下面列举三个上古汉语的例句。例一：“公鸟死，季公亥与公思展与公鸟之臣申夜姑相其室。”（《左传·昭公二十五年》）例二：“令尹炮之，尽灭郤氏之族党，杀阳令终与其弟完及佗与晋陈及其子弟。”（《左传·昭公二十七年》）例三：“夏后卜杀之与去之与止之，莫吉。”（《国语·卷十六 郑语》）

[拓展]“君子喻于义，小人喻于利”，故孔子稀言利。天不言而四时行、百物生，天道不言，而夫子亦罕言天命。仁道在人与人之间，力行近之，刚毅木讷近之，难言，亦不必多言。

02 达巷党[1]人曰：“大哉孔子！博学而无所成名[2]。”子闻之，谓门弟子曰：“吾何执？执御乎？执射乎？吾执御矣。”

[译文]达巷党的人说：“孔子真是伟大啊！他的学问博大精深，不能用哪个专业来概括。”孔子听到了，对他的学生们说：“我专门掌握哪种技能呢？专掌驾车呢？还是专掌射箭呢？我专掌驾车吧。”

[注释]①党：五百家为一党。达巷：党名。②博学：知识丰富，六艺皆精。在当时人看来，孔子好像是无所不知，无所不能。无所成名：孔子的学问广博，不能用某个领域的专家来称呼他，因为他掌握的专业太多了。无论用哪个专业的名号来指称孔子，都是以偏概全，都不完备。③执：执掌，操持。射、御都是技艺，而御为人驾车，更加辛劳。这是孔子自谦之辞。

[拓展]本章孔子论博学不足贵也。孔子并不看重博学。他说：“吾少也贱，故多能鄙事。君子多乎哉？不多也。”（《子罕第九·第六章》）孔子已经说过，“君子不器”（《论语·为政第二》）。知道的多，能做的事多，就是成的器多，最好的结果不过就是成了很多美器，却并没有成人、成德。在孔子看来，让人成为人，特别是让人成为有德之人，这才是最重要的。与之相比，即使是广博的学问也不值一提。如果人没有成为人，而只是成了器具，那么无论它多大，多美，多华贵，都是让人感到遗憾的。

03 子曰：“麻冕[1]，礼也。今也/纯[2]，俭[3]，吾从众。拜下[4]，礼也。今拜乎上，泰也[5]。虽违众，吾从下。”

[译文]孔子说：“用麻织礼帽，是合乎古礼的。现在用丝来织，更加俭省。我随从大家的做法。臣见君的时候，先在堂下拜，升堂之后再拜，这是合乎古礼的。现在堂下之拜没有了，只在堂上拜，

这是傲慢的。虽然和大家不同，我还是要行堂下之拜。”

[注释]①麻冕：缁布冠，用麻布做的礼帽。②纯：丝。③俭：俭省，节约。缁布冠用三十升布做成，不如用丝俭省。④拜：据礼制，臣与君行礼，当先拜于堂下；君有言，则升堂再拜。堂下之拜君主看不见，有人就想把它省略掉。⑤泰：傲慢。

[拓展]孔子行礼从俗与否，以义为标准。合于义则从俗，害于义则不从，其礼容皆协诸义。《礼运》说：“礼也者，义之实也。协诸义而协，则礼虽先王未之有，可以义起也。”又说：“为礼不本于义，犹耕而弗种也。”义才是礼仪、礼制的内涵与核心。

04 子绝四[①]：毋意，毋必，毋固，毋我[②]。

[译文]孔子有四条禁戒：不臆测，不绝对，不固执，不自我。

[注释]①绝：不要，禁绝。②意：以私意揣测，臆测。必：一定要如何如何不可，不能变通。例如，孔子“用之则行，舍之则藏”，“天下有道则见，无道则隐”，“我则异于是，无可无不可”，等等，都是不绝对化的，而是善于变通的。固：固执己见，钻牛角尖。我：以自我为标准，唯我独尊。孔子述而不作，不为自己成名创立新说，即是“毋我”。

05 子畏于匡[①]，曰：“文王既没 mò，文不在兹乎[②]？天之将丧斯文也，后死者不得与 yù于斯文也。天之未丧斯文也，匡人其如予何[③]？”

[译文]孔子在匡邑被拘禁的时候说:“周文王去世以后，周王朝的文化遗产不是都在我这里吗？如果上天想要灭绝这些文化，也就没有必要让我掌握这些文化了；如果上天不想灭绝这些文化，匡人能把我怎么样呢？”

[注释]①畏：拘禁，囚禁。子畏于匡：据《史记·孔子世家第十七》：“将适陈，过匡。颜刻为仆，以其策指之曰：‘昔吾入此，由彼缺也。’匡人闻之，以为鲁之阳虎。阳虎尝暴匡人，匡人于是遂止孔子。孔子状类阳虎，拘焉五日。颜渊后。子曰：‘吾以汝为死矣。’颜渊曰：‘子在，回何敢死！’匡人拘孔子益急，弟子惧。孔子曰：‘文王既没，文不在兹乎？天之将丧斯文也，后死者不得与于斯文也。天之未丧斯文也，匡人其如予何？’孔子使从者为甯武子臣于卫，然后得去。”②文：外显之道，指礼乐制度等。③如……何：奈何。匡人其如予何：匡人能奈何我？匡人能把我怎么样呢？文王已经去世了，所以孔子自称为“后死者”。如果天要灭绝文化，就没有必要让我学习它了。如今我已经学到了文化，这就说明天不是要灭绝它。既然天要让我把文化传给后世，匡人能把我怎么样呢？孔子心里认定，匡人一定不能违背天意，加害自己。

[拓展]本章之“天”字，盖谓神明也。天命者，神所命定之事也。所谓“知天命”者，所应知者当为何也？以孟子之言言之，“知天命”即知天所降之大任也。

人人皆有其天命，皆有上天托付之事务。无天命不生人，无一人无天命。众人不知而已，非无之也。凡知命之人，无不尽力以赴之，人生之意义于此得矣。不知命之人恍惚一生，或纵情享乐，或忧苦烦剧，寿短可悲，寿长无益。或飞来横祸，忽焉而死；或突罹恶疾，不尽天年。若此者，皆不知命之人也。知命如孔子者，虽有陈、蔡之厄，匡人之拘，断不至惶惧忧恐，反安然若是，终亦必得其寿也。

昔东坡儋（dān）耳渡海，遇飓风，大浪滔天，舟几覆。然自谓有《易解》与《论语解》尚未行世，虽险必济，已而果然，其自信若是。1941 年，日寇犯香港，在港避难者多乘船撤离。其时上有敌机，下有水雷，同船诸君莫不惴惴，唯梁漱溟先生酣睡舟中，鼻息如雷。人曰：“先生岂不惧乎？”先生曰：“何惧哉？我必不死。我若死，将奈中国何？”在家书中，先生语其子曰：“我若死，天地将为之变色，历史将为之改辙。”

苏、梁二公皆有所笃信，其信心皆源于知天命。天命不终，生命不止。故知命之人与天相应，得天之佑，顺承天意，成全天命，必尽终其天年乃去。《中庸》云，大德“必得其寿”，岂虚言哉？世传孔子得寿七十三，孟子得寿八十四，荀子得寿七十六，此三圣者莫不享高寿，即其证也。又，东坡得寿六十四，亦古时高寿之人也（杜甫诗有“人生七十古来稀”之句）。梁先生 1893 年 10 月 18 日诞生，1988 年 6 月 23 日逝世，享年九十有五，其寿之高更不必多置一辞。

故曰：知命之益大矣哉！人之未知其天命者，可不孜孜以求乎？

06 大 tài 宰①问于子贡曰：“夫子圣者②与 yú？何其多能也？”子贡曰：“固天纵之将圣，又多能也。”子闻之，曰：“大 tài 宰知我乎？吾少也/贱，故多能鄙事。君子多乎哉？不多也。”牢③曰：“子云：‘吾不试④，故艺。’”

[译文]太宰问子贡说：“孔夫子是圣人吧？他为什么这么多才多艺呢？”子贡说：“本来就是上天要让他成为圣人，又赋予他这么多才艺。”孔子听到后，说：“太宰懂我吗！我小时候穷苦，为了生活，学了不少鄙贱的技艺。君子有必要掌握这么多技艺吗？没有必要掌握这么多技艺！”牢说：“孔子说：‘我没有被国家选用，没有俸禄。所以为了谋生，我必须学习才艺。’”

[注释]①大宰：官名。郑玄以为是吴太宰嚭。②圣者：圣人。圣人高于仁人。③牢：孔子弟子，姓琴，字子开，一字子张。④试：任用，考察其才，任以官职。

[拓展]在大宰的心目中，圣人就是掌握各种才能的人。子贡也是这种想法。但孔子说，他之所以掌握这么多技能，只是因为少时生活艰难，不得已而学之。君子应以成人成德为目标，应当努力养成完全人格，而不是追求多才多艺。

07 子曰：“吾有知乎哉？无知也①。有鄙夫问于我②，空空如也③。我叩

其两端而竭焉[4]。”

[译文]孔子说："我有知识吗？没有知识啊。有个粗鲁人来问我问题，态度很谦虚。我从两方面帮他分析，最后让他明白了。"

[注释]①无知：孔子说自己无知，是谦辞。②鄙夫：粗鲁的人，当时的老百姓，很可能是种田的农民。③空空如也：诚恳的样子。孔子的教育，有教无类。不管谁来求学，都尽心尽力启发，帮助对方进步。④叩：敲击，发动。两端：两头，如终始、本末、上下、精粗等。竭：穷竭，无所不尽。

[拓展]孔子自称无知，当然是谦辞。但孔子的确不是无所不知的。章内鄙夫的问题，可能在孔子的知识体系以外，是孔子原先不知道的。面对这样的问题怎么办呢？可以使用"叩其两端"的方法来搞清楚。事物有大小、多少、先后、始终、本末、精粗、内外、上下、正反、善恶等不同的方面，这可能就是孔子所说的两端。两端既已寻见，便可得其"中"。这就是"执其两端，用其中"（《中庸》）。能够"执两用中"，问题就解决了。这是解决问题的一种方法。

08 子曰："凤鸟不至[1]，河不出图[2]，吾已[3]矣夫 fú！"

[译文]孔子说："凤凰不飞来，黄河不出图，我不能再做什么了！"

[注释]①凤鸟：凤凰。雄的叫凤，雌的叫凰，通称凤。古人认为，凤是神灵之鸟。②河图：据《尚书·顾命》，河图与大玉、夷玉、天球并列东序，当是玉石之类，上有自然而神秘的纹理。古人认为，二者都是天下太平、圣人受命的祥瑞。③已：终止，完结。

09 子见齐 zī 衰 cuī 者[1]、冕衣裳 cháng 者与瞽 gǔ 者[2]，见之，虽少 shào，必作；过之，必趋[3]。

[译文]孔子见到穿丧服的人、戴礼帽穿礼服的人和盲人，见到他们的时候，即使他们是年轻人，也一定要恭敬地起立；经过他们面前的时候，一定要快快地行过。

[注释]①齐衰：一种丧服，用熟麻布做成，下边缝齐。②冕：冠，礼帽。衣：专指上身之服。裳：下身之服，似裙。冕而衣裳，是贵族的盛装。瞽：无目之人，盲人。③作：起立。趋：疾行，小步快走。作和趋都是表示敬意的动作，都表示心中不敢怠慢。

10 颜渊喟 kuì 然[1]叹曰："仰之弥高[2]，钻之弥坚[3]，瞻之在前，忽焉在后[4]。夫子循循然善诱人[5]，博我以文，约我以礼[6]，欲罢不能。既竭吾才，如有所立卓尔[7]。虽欲从之，末由/也已[8]。"

[译文]颜渊深沉地感叹道："老师的道啊，越是仰望，越是觉得高远；越是钻研，越是觉得艰深。眼看着它在前面，忽然又到后面去了，难以捉摸。老师循序渐进地引导人，用典籍丰富我的知识，用礼节约束我的行为，让我想歇息一下也不可能。我已经用尽了我的才力，但老师的道就矗立在我的面前，好像一座高耸的山峰。虽然我想攀登上去，却又无路可循。"

[注释]①喟然：形容深沉地感叹的样子。②仰之弥高：仰头观望，愈望愈见其高，高不可及。③钻之弥坚：钻研其道，愈钻愈知其难，坚不可入。④在前、在后：夫子之道恍恍惚惚，非常复杂，难以掌握。⑤循循：有次序的样子。诱：引而进之。⑥博文、约礼：孔子施教的顺序。⑦卓：高立的样子。⑧末：无，没有。

[拓展]唯圣人为能知圣人，于本章可见之。后人尊颜子为圣人，即"复圣"。相对于孔子来说，颜子体段已备，只是具体而微，还没有长成孔子那样高大的身量。但颜子所说夫子之教的妙处，仍是其他弟子说不出来的。由此可见，只有圣人才能知圣人。

11 子疾病，子路使门人为臣。病间[①]jiàn，曰："久矣哉，由之行诈也[②]！无臣而为有臣。吾谁欺？欺天乎？且予与其死于臣之手也，无宁 nìng死于二三子之手乎[③]！且予纵不得大葬[④]，予死于道路乎⑤？"

[译文]孔子病得厉害，子路让同学充当治丧之臣，预备料理后事。孔子病好以后，说："仲由做这种虚假的事太久了！我已经不该有治丧之臣了，他却设立治丧之臣。我要欺骗谁呢？欺骗上天吗？况且我与其由家臣伺候着死去，还不如由同学们伺候着死去呢！况且即使我不能用隆重的葬礼下葬，难道我会死在道路上无人埋葬吗？"

[注释]①病间：疾病痊愈。②行诈：当时孔子已经不在卿大夫之位，不应有治丧之臣。子路以门人为臣，这是一种僭越礼制的行为。③无宁：即宁可。④大葬：君臣礼葬。⑤死于道路：死后被抛弃在道路上，不得下葬入土。

12 子贡曰："有美玉于斯，韫 yùn 椟 dú而藏诸[①]？求善贾 jià而沽gū诸[②]？"子曰："沽gū之哉！沽gū之哉！我/待贾 jià者也[③]。"

[译文]子贡道："假如在这里有一块美玉，是把它放在柜子里藏起来呢，还是求个好价钱把它卖掉呢？"孔子道："卖掉它！卖掉它！我是个等待好价钱的卖家。"

[注释]①韫：藏。椟：木匣或木柜。诸：兼词，相当于"之乎"。②贾（jià）：本作"賈"，同"價"（今简化作"价"），价格，价钱。善贾：好价格。沽：卖，出售。子贡见孔子有道而不仕，故用比喻来问孔子。③待贾者：等待好价钱的卖家。当然要卖，但要卖个好价钱，不能随随便便贱卖了，要待善价而沽之。成语"待价而沽"出自本章。

13 子欲居九夷[①]。或曰："陋，如之何[②]？"子曰："君子居之，何陋之有？"

[译文]孔子想迁到九夷居住。有人说："那是荒蛮之地，为什么要到那里居住呢？"孔子说："君子住在那里，它有什么荒蛮的？"

[注释]①夷：古时称东方的未开化民族为夷。九夷：东方诸夷，本居鲁东蒙山一带。后周公驱之，散居淮、泗之间，北与齐、鲁相邻。欲居九夷：如前章孔子自言要"乘桴浮于海"。②陋：僻陋，偏远闭塞。

[拓展]任何偏远闭塞的地方，一旦有君子居之，则能化野蛮为文明，何陋之有？柳宗元之治柳州，苏东坡之化海南，都是君子行化的典范。

14 子曰："吾自卫反鲁[①]，然后乐 yuè 正，《雅》《颂》各得其所[②]。"

[译文]孔子说："我从卫国回到鲁国以后，乐章和音律才得以端正，《雅》《颂》也都归于适当的部类了。"

[注释]①自卫反鲁：鲁哀公十一年（公元前 484 年）冬，孔子从卫国返回鲁国。反：同"返"。②乐：当兼指乐章与音律。每一乐章都有它所适用的场合，同一种场合也有若干乐章可以选用。从音律上说，则有雅乐与郑声之别，孔子"恶郑声之乱雅乐也"（《论语·阳货第十七》）。《雅》《颂》：《诗经》中的两大部类，还有一类是《国风》。所以，《诗经》是《风》《雅》《颂》三大部类，而《雅》又分《小雅》和《大雅》，也称"二雅"。各得其所：当时周礼大体尚在鲁国，但《诗》、乐残阙失序。孔子周流四方，参互考订，知其说。孔子晚年知大道不行，故归鲁校经，正其部次，以传先王之道于后世。

15 子曰："出则事公卿，入则事父兄，丧 sāng 事不敢不勉，不为酒困[①]，何有于我哉！"

[译文]孔子说："出门就服事公卿，回家就孝亲敬长，办理丧事不敢不尽力，不因醉酒误事，这些事我做好了什么呢？"

[注释]①困：乱。醉酒而乱。②何有于我哉：我孔丘有什么呢？意即：这些事情我做好了什么呢？在做好这些事上，我算什么呢？

16 子在川上曰[①]："逝者如斯夫 fú！不舍昼夜。"

[译文]孔子站在河边上，看着河水滔滔不绝地流去，感叹道："流逝的一切就像这河水一样，昼夜不停啊！"

[注释]①川：河流。②逝者：流逝的时光，过往的一切。

[拓展]在今天山东省泗水县泉林镇的泗水之源，泉边有"子在川上处"石碑一通。据说，孔子就是在那里发此感慨的。可见山不在高，水不在深，河也不在大，只要圣人来过了，就能留下警句格言。

17 子曰："吾未见/好 hào 德如好 hào 色者也①。"

[译文]孔子说："我没见过喜爱道德像喜爱美貌一样的人。"

[注释]①好德：爱好美德，喜爱道德修养。好色：喜爱美色，喜爱漂亮的容貌。

[拓展]据《大学》，喜欢美色，厌恶难闻的气味，都是人的真实情感。好色出于本能，好德乃是人刻意的追求，是人努力向善的行动。

18 子曰："譬如为山，未成一篑①kuì，止，吾止也。譬如平地②，虽覆一篑③，进，吾往也！"

[译文]孔子说："就像堆土山，只差一筐土就成功了，却停了下来，这是自己停止的。又像填平洼地，尽管只倒了一筐土，如果决心把它填平，只要自己坚持下去，就一定能成功！"

[注释]①篑：盛土的筐子。对于打算积土成山的人来说，前面的功劳虽多，就差一筐土，山也堆不成。其止在己，不在他人。②平地：填平凹地。③覆一篑：倒下一筐土。其进在己，也不在他人。

[拓展]《周易·乾卦第一·大象》："天行健，君子以自强不息。"

19 子曰："语 yù之而不惰者①，其回也与 yú？"

[译文]孔子说："对他讲了，就能不懈努力的，只有颜回吧？"

[注释]①语：告诉。惰：懈怠。

[拓展]颜子闻夫子之言，心解力行，虽造次、颠沛之际也从不离弃。《中庸》："力行近乎仁。"颜子能成圣，就在于他寡言而力行。

20 子谓颜渊曰："惜乎①！吾见其进也，未见其止也②。"

[译文]孔子对颜渊说："可惜啊！我只见你不断进取，从未见你停止脚步。"

[注释]①惜：可惜，惋惜。②其：代词，指颜回。

[拓展]皇侃《论语义疏》：“颜渊死后，孔子有此叹也。”后人多从之，然而义有未安。唐写本郑玄《论语注》：“颜渊病，孔子往省之，故发此言，痛惜之甚。”颜回病重，孔子岂能不探望？既探望矣，岂可无言语？故此言之宜有，无疑矣。如此再“审句例”，则可证此语发于颜回生时，正在病重期间。（参见杨逢彬《论语新注新译》182 页）

21 子曰：“苗而不秀①者，有矣夫 fú！秀而不实②者，有矣夫 fú！”

[译文]孔子说：“庄稼长大了却不开花，有吗！开花了却不结实，有吗！”

[注释]①苗：刚开始生长的谷物。秀：谷物开花抽穗。②实：谷物的谷粒灌浆成熟。

[拓展]据唐写本郑玄《论语注》，郑玄认为“苗而不秀”孔子指的是鲁国神童项橐夭亡这种情况，“秀而不实”孔子指的是弟子颜回英年早逝这种情况。

22 子曰：“后生可畏①，焉知来者/之不如今也？四十、五十而无闻焉，斯亦不足畏②/也已！”

[译文]孔子说：“要敬畏少年人，怎能断定他将来赶不上今天有成就的人呢？但如果到了四五十岁还没有什么名望，也就真的不值得敬畏了。”

[注释]①后生：后出生的人，即年轻人。可畏：年轻人年富力强，如能勤学不辍，则前途不可限量，故其势可畏，完全有可能超过当今的豪杰之士。②不足畏：不值得敬畏。少壮不努力，必老而无成，也就不足惧了。

23 子曰：“法语之言①，能无从乎？改之为贵！巽 xùn 与之言②，能无说[悦]乎？绎之为贵③！说[悦]而不绎，从而不改，吾末/如之何也/已矣。”

[译文]孔子说：“严厉的话，谁能不听呢？但只有改正了错误，才是可贵的。委婉的话，谁听了不开心呢？但只有经过理性分析才是可贵的。盲目地喜悦而不冷静分析，表面上接受而不切实改正，这种人我也拿他没有办法。”

[注释]①法语：严肃地告诫。法语之言是人所敬畏的，所以人们都会听。②巽：恭敬，谦逊，委婉。与：给予。巽与之言：委婉柔和的话，讨人欢心的话，比如夸奖的话、赞美的话、奉迎的话等等。巽与之言听着舒服，但如果不细细思索，就不知劝导之意何在。③绎：寻其思绪，得到真实的意思。

24 子曰：“主忠信。毋友不如己者。过/则勿惮改①。”

[译文]孔子说："要忠厚而诚信。不要与品行不好的人交朋友。有了过错，就要勇于改正。"

[注释]①本章是《学而第一》第8章的后半句。这里提供了对"毋友不如己者"的另一种理解。

25 子曰："三军可夺帅也①，匹夫不可夺志也②。"

[译文]孔子说："虽然三军声势浩大，依然可能擒其主帅，但却无法强迫一个普通男子放弃志向。"

[注释]①三军：春秋时期，大国一般都有上、中、下三军。在这里，三军是庞大军队的代名词。三军人数虽多，势力虽大，依然有机会将其统帅擒获。②夺志：改变人的意志或主张。匹夫虽然微小，如能坚守其志，就不可动摇。

26 子曰："衣 yì 敝缊 yùn 袍①，与衣 yì 狐貉 hé 者立②，而不耻者，其由也与 yú！'不忮 zhì 不求，何用不臧③zāng？'"子路终身诵之。子曰："是道也，何足以臧！"

[译文]孔子说道："穿着破烂的旧丝绵袍子，与穿着狐貉裘衣的人站在一起，却不会自卑的人，恐怕只有仲由吧！《诗经》说：'不嫉妒，不贪求，有什么不好的呢？'"子路听了很高兴，就一直念叨这两句诗。孔子说："仅仅守着这点道理，怎能算得上好呢？"

[注释]①衣：动词，穿。敝：破旧的，坏掉的。缊袍：用旧丝棉和乱麻做成的袄。②狐貉：用狐貉的皮做成的裘，贵重的衣物。③忮：嫉妒。求：贪取。臧：善，好。不忮不求：不嫉妒人，不因别人富有而欲加害于人；不贪恋别人的东西，不存巧取豪夺之心。

[拓展]不为外物所累，无欲则刚，一言一行皆在于善，子路已经很不错了。听到孔子的表扬，子路颇有些沾沾自喜。孔子担心他不能"深造之以道"，又警告他说，能如此虽然已是很好，但还不够，需要努力的地方还有很多。

27 子曰："岁寒①，然后知松柏之后彫 diāo 也②。"

[译文]孔子说："到了严寒时节，才发现只有松柏依然苍翠，生机勃勃。"

[注释]①岁寒：一年中天寒地冻的时节。②彫：凋落，凋零。松柏类植物新叶的生长和旧叶的凋零都是缓慢的。在一年四季中，它们一直都在慢慢地生长，也在悄悄地落叶。由于它们特别耐寒，即便在冬季它们也不会完全凋落，依然保持着与春、夏、秋相似的形象，这是它们和多数树木的不同之处。

[拓展]小人、君子在治平之世无大区别。临利害，遇事变，然后见君子之操守。

28 子曰："知[智]者不惑[①]，仁者不忧[②]，勇者不惧[③]。"

[译文]孔子说："明白事理的人不会疑惑，心有仁德的人不会忧愁，勇敢刚强的人无所畏惧。"

[注释]①知者不惑：知，通"智"。智者明理晓义，无不通达，故不惑。②仁者不忧：仁者宽博裕如，乐善好生，故不忧。③勇者不惧：勇者正气浩然，塞乎天地，故不惧。

29 子曰："可与共学[①]，未可与适道[②]；可与适道，未可与立[③]；可与立，未可与权[④]。"

[译文]孔子说："可以共同学习的人，未必能够共同求道；可以共同求道的人，未必能够共同坚守道义；能够共同坚守道义的人，未必能够通权达变。"

[注释]①共学：共同学习，一起学习。②适道：求道，追求道义。③立：坚守道义，强立而不返。④权：秤锤，称物而知其轻重。这里指权变，灵活地变通。

30"唐棣dì之华huā，偏其反而[①]。岂不尔思？室是远而。"子曰："未之思也，夫fú何远之有[②]？"

[译文]有古诗写道："唐棣的花，摇曳翩翩。哪是对你不想念？只因我家太遥远。"孔子说："恐怕是没有想念吧。如果真的想念，有什么远的呢？"

[注释]①唐棣：植物名，郁李。华：同"花"。偏：通"翩"，形容花枝摇动的样子。偏其反：花摇动的样子。而：语气助词。这几句诗不见于今本《诗经》。②未之思也，夫何远之有：如同说："未之思也。如思之，则何远之有？"详见译文。意思如同《述而》篇的"仁远乎哉？我欲仁，斯仁至矣"。如能思之，虽千万里犹未远。不能思之，反以室家之遥为远，可乎？

乡党第十

01 孔子于乡党，恂恂 xún 如也①，似不能言者。其在宗庙朝 cháo 廷②，便便 pián 言③，唯谨尔④。

[译文]孔子在家乡非常恭顺，好像不擅言辞的样子。他在宗庙里或朝廷上能言善辩，只是非常谨慎而已。

[注释]①恂恂：温和，谦恭。②宗庙：礼法之所在。朝廷：政事之所出。③便便：善于言谈、侃侃而谈的样子。④谨：谨慎，不放肆。

02 朝 cháo，与下大夫言，侃侃 kǎn 如也①。与上大夫言，訚訚 yín 如也②。君在，踧踖 cùjí 如也③，与与 yú 如也④。

[译文]上朝的时候，孔子和下大夫说话是温和而快乐的；和上大夫说话是正直而恭敬的。君主在朝的时候，孔子是恭恭敬敬的，略显矜持，又温和自然。

[注释]①侃侃：刚直。②訚訚：和悦而正直。君在：国君来视朝。③踧踖：恭敬而不宁，保证适度的紧张。④与与：威仪适中合宜的样子。

[拓展]《礼记·王制第五》："王者之制禄爵，公、侯、伯、子、男，凡五等。诸侯之上大夫卿，下大夫，上士，中士，下士，凡五等。"

03 君召使摈①bìn，色勃如也②，足躩 jué 如也③。揖 yī 所与立④，左右手。衣前后，襜 chān 如也⑤。趋进，翼如也。宾退，必复命曰："宾不顾矣。"

[译文]国君派孔子去接待外宾的时候，他的脸色是矜持而庄重的，脚步是敏捷而稳健的。向站立两旁的人作揖，有时向左拱手，有时向右拱手，衣裳随身体一起或俯或仰，整齐地摆动。快步向前，好像鸟儿展翅飞翔一样优雅端庄。外宾辞别后，孔子一定向国君回复说："宾客已经不再回头辞别了。"

[注释]①摈：奉国君之命迎接外宾的官员。②勃：容貌为之一变，郑重其事。③躩：敏捷，稳健。④所与立：一同作摈的官员。⑤襜：整齐地摇动。

04 入公门，鞠躬如也①，如不容。立不中门②，行不履阈③yù。过位④，色勃如也，足躩如也，其言似不足者⑤。摄齐 zī 升堂⑥，鞠躬如也，屏 bǐng

气似不息者[7]。出，降一等[8]，逞颜色，怡怡如也[9]。没阶，趋进[10]，翼如也。复其位，踧踖 cùjí 如也。

[译文]孔子走进朝廷的大门，恭恭敬敬地敛身而入，好像不能容身一样。站立的时候，不站在门的中央；行走的时候，不踩门槛 kǎn。经过国君的座位，脸色是矜持而庄重的，脚步是敏捷而稳健的，言语好像中气不足的样子。提起下摆向堂上走的时候，敛身上行，恭敬谨慎，把气息控制得好像没有呼吸一样。出来的时候，走下一级台阶，脸色就放松了，怡然舒畅的样子。走完了台阶，快步向前，好像鸟儿展翅飞翔一样。再次经过国君的座位，依然是恭恭敬敬的样子。

[注释]①鞠躬：敛身，曲身。公门高大，而若不容，因为有恭敬之心。②中门：门的中间，这是国君出入处。③阈：门限。④位：指国君的空位，在门与屏之间，是国君伫立之处。国君虽不在此位，但人臣从此位经过，应当恭恭敬敬，不能因为国君不在此位而有所怠慢。⑤言似不足：不敢放肆。⑥摄：捏住提起。齐：衣的下缝。《礼》：将升堂，两手抠衣，使去地尺，恐蹑之而倾跌失容也。⑦屏：藏，控制。息：鼻息。⑧等：台阶的等级。⑨逞：放开。逞颜色：气色舒缓放松。怡怡：和悦。没阶：走下所有的台阶。趋：小步快速行走。

[拓展]《礼记·曲礼上第一》："为人子者，居不主奥，坐不中席，行不中道，立不中门。"

《礼记·曲礼上第一》："大夫士出入君门，由闑（niè，大门中央之短木）右，不践阈。"

《仪礼·聘礼第八》："下阶，发气怡焉。再三举足，又趋。"

05 执圭[1]，鞠躬如也[2]，如不胜。上如揖 yī，下如授[3]，勃如战色[4]，足蹜蹜 sù 如有循[5]。享礼，有容色。私觌[6]dí，愉愉如也。

[译文]出使外国，在举行典礼的时候，孔子两手捧着玉圭，像鞠躬一样恭恭敬敬，好像举不动一样。向上举圭止于作揖时举手的位置，向下持圭止于递物时双手的位置，脸色严肃矜庄。走路步幅很小，很紧凑，好像沿着直线向前走。在行享献之礼的时候，他满脸和气。以私人身份和外国君臣相见的时候，既轻松又愉快。

[注释]①圭：玉制礼器，长条形，上尖下方，其名称、大小因爵位及用途不同而异。古时候诸侯受封，天子授之以圭。为国君出使于邻国，执君之圭以为信物，证明自己乃是奉国君之命而来。②鞠躬：极其恭敬慎重。③上如揖，下如授：执圭平衡，手与心齐，高不过揖，卑不过授。④战色：战而色惧。⑤蹜蹜：微抬脚前掌，轻拖脚后跟，稍稍离开地面。如有循：行不离地，如依顺于物，与闲庭信步相反。⑥私觌：以私礼见其国君与大夫，也有礼物奉上。

[拓展]《仪礼·聘礼第八》："入门。鞠躬焉。如恐失之。"

《仪礼·聘礼第八》："上介执圭，如重，授宾。宾入门，皇，升堂让。将授，志趋，授如争承。下如送。君还而后退。"

《荀子·大略篇第二十七》：“聘，问也。享，献也。私觌，私见也。”

《仪礼·聘礼第八》：“及享，发气焉，盈容。……私觌，愉愉焉。”

06 君子不以绀gàn緅 zōu 饰[①]，红紫不以为亵 xiè服[②]。当暑，袗 zhěn 絺 chī绤[③]xì，必表而出之[④]。缁 zī衣，羔裘[⑤]qiú；素衣，麑 ní裘[⑥]；黄衣，狐裘[⑦]。亵 xiè裘长，短右袂[⑧]mèi。必有寝衣，长一身有 yòu 半。狐貉 hé之厚以居[⑨]。去丧 sāng，无所不佩。非帷 wéi 裳 cháng，必杀 shài 之。羔裘玄冠不以吊。吉月，必朝 cháo 服而朝 cháo。

[译文]君子不用黑色偏红的布作镶边，浅红色和紫色不用在居家所穿的便服上。暑天，穿着粗的或者细的葛布单衣。但出门的时候，一定要再加一件上衣。冬天的时候，黑色的衣服内配紫羔皮裘，白色的衣服内配小鹿皮裘，黄色的衣服内配狐狸皮裘。居家穿的皮裘比较长，但右边的袖子要做得短一些。睡觉一定要有被子，它的长度是身高的一倍半。冬天时，用厚厚的狐貉皮当坐褥。守满丧期以后，什么饰物都可以佩带。如果不是上朝或祭祀穿的帷裳，一定要裁去一些布。前去吊丧的时候，不能穿紫羔裘，也不能戴黑礼帽。每到初一，一定要穿着朝服上朝。

[注释]①君子：指孔子。绀：深青扬赤色，黑色偏红，是齐（zī）服所用的颜色。緅：绛色，比绀更暗，黑多红少。三年之丧，用緅色于练服。饰：衣领的边缘。因为衣领用了那样的颜色，看起来好像是穿了丧服，所以孔子不用这两种颜色的布料做衣领。②红：指浅红色。浅红和紫不是正色，且近于女性的服色。亵服：平常在家穿的衣服，日常家居穿的衣服，便服。③当暑，袗絺绤：暑天炎热，穿单衣。精细的葛布叫絺，粗葛布叫绤。④表而出之：先穿里衣，外面穿絺或绤蔽体。⑤缁：黑色。羔裘：用小羊皮做的袍服。⑥素：白色。麑：鹿子，色白。⑦狐：色黄。⑧亵裘长：长的目的是为了保暖。短右袂：右边的袖子短，便于做事。斋主敬，不解衣而寝，又不可着明衣而寝，所以有寝衣，半盖且覆足。⑨居：坐。狐貉：毛深温厚，用它当坐褥。

07 齐 zhāi，必有明衣，布[①]。齐 zhāi 必变食[②]，居必迁坐[③]。

[译文]斋戒沐浴的时候，一定有浴衣。浴衣是用布做成的。斋戒的时候，饮食要与平常不同。要从卧室搬出来，一个人静心独眠。

[注释]①齐：同“斋”。明衣：浴衣，用布做成。斋戒必须沐浴。沐浴完毕，再穿上明衣，这样身体就洁净了。②变食：饮食与平常不同，不饮酒，不吃荤。荤指韭、蒜等辛辣食物，不包括鱼、肉等腥膻食物。③迁坐：改变平常的居住处，从“燕寝”迁到“外寝”。外寝又叫正寝，在君主则为治事之官室，后泛指正厅、正堂或正屋。

08 食不厌精，脍 kuài 不厌细①。食饐 yì 而餲 ài，鱼馁 něi 而肉败②，不食。色恶 è，不食。臭 xiù 恶 è，不食③。失饪 rèn，不食④。不时⑤，不食。割不正，不食⑥。不得其酱，不食⑦。肉虽多，不使胜食气⑧。唯酒无量，不及乱⑨。沽 gū 酒市脯 fǔ，不食⑨。不撤姜食⑩，不多食⑪。祭于公，不宿肉。祭肉不出三日；出三日，不食之矣。食不语，寝不言。虽疏食、菜羹 gēng、瓜，祭，必齐 zhāi 如也。

[译文]粮食尽可能舂得精，鱼和肉尽可能切得细。粮食霉烂发臭，鱼和肉腐烂了，都不要吃。食物变色了，不要吃。食物变味了，不要吃。烹调不当，不要吃。不到吃饭的时间，不要吃。不按正确方法切割的肉，不要吃。没有合适的酱料，不要吃。即使肉很多，吃肉也不要超过主食。喝多少酒为宜无法指定，以不喝醉为准。买来的酒不喝，买来的肉干不吃。姜食不撤下，但不多吃。参与国家祭祀典礼，不要把分得的祭肉留到第二天。自家的祭肉不要超过三天。如果存放的时间超过了三天，就不能吃了。吃饭的时候不交谈，睡觉的时候不说话。即使祭品只是糙米饭、菜汤和瓜，祭祀的时候也一定要恭恭敬敬，好像斋戒了一样。

[注释]①食：食物，饭。把牛、羊与鱼的肉切得细细的，叫作脍。食精则能养人，脍粗则能害人。厌：憎恶，厌倦，嫌弃。不厌精……不厌细：用心加工制作，以精细为善。②饐：饭因热湿而变质。餲：变味了。鱼烂叫作馁，肉腐了叫作败。③色恶、臭恶：还没有腐败，但是颜色或气味已经变了。④饪：烹调生熟之节。⑤不时：未到吃饭的时间。⑥割不正，不食：切割不合乎食材的结构纹理，所以不吃。⑦不得其酱，不食：食肉用酱，各有所宜，不得则不食。⑧肉虽多，不使胜食气：食以谷为主，吃肉不可过多。⑨唯酒无量，不及乱：酒量人人不同，以不醉为标准。⑨沽、市：购买。外卖的酒或肉干，不知加工精否，卫生情况也不知道，恐其伤人，故不食。⑩不撤姜食：姜能通神明，去秽恶，故不撤。⑪不多食：适可而止，无贪心，且不伤身。⑫不宿肉：助祭于公所得的胙肉，回家即分食之，不让它过夜。祭肉三天内吃完。过了三天肉就会腐败，就不能吃了。⑬齐：通“斋”，严肃恭敬的样子。

[拓展]关于“不时，不食”。本书认为，古人每天吃饭也是有固定的时间安排的。我们先来看《微子第十八》：“大师挚适齐，亚饭干适楚，三饭缭适蔡，四饭缺适秦。”这是古代天子、诸侯的一种饮食传统，吃饭的时候要奏乐，要有音乐伴奏，称“以乐侑食”，见于《周礼·天官冢宰第一·膳夫》。通过《论语》的记载我们知道，当时鲁国的国君一天要吃四顿饭，应当有定时，而且都安排了乐师来奏乐。其他经典也有相关记载。例如，《墨子·非攻中第十八》：“与其居处之不安，食饮之不时，饥饱之不节，百姓之道疾病而死者，不可胜数。”《荀子·天论篇第十七》：“夫日月之有食，风雨之不时，怪星之党见，是无世而不常有之。”《管子·形势解第六十四》：“起居时，饮食节，寒暑适，则身利而寿命益；起居不时，寒暑不适，则形体累而寿命损。”上面三处引文中的“时”，如同“学而时习之”，“使民以时”，《孟子》中的“斧斤以时入山林”，都是按时的意思，即在合适的时间做相应的事。那

么回到“不时，不食”，意思就是说，不是吃饭的时间，就不要吃饭。

09 席不正，不坐。

[译文]坐席摆得不端正，不坐。

10 乡人饮酒，杖者出[1]，斯出矣。乡人傩[2]nuó，朝 cháo 服而立于阼 zuò 阶[3]。

[译文]行“乡饮酒礼”时，要等长者出去了，孔子才出去。本地人驱除疫鬼的时候，孔子穿着朝服，站在东边的台阶上。

[注释]①杖者：老人。②傩：驱逐疫病。③阼阶：东阶。傩虽古礼，而近于戏，必朝服而临之，无所不敬。

11 问人[1]于他邦，再拜而送之[2]。康子馈药[3]，拜而受之，曰：“丘未达，不敢尝。”

[译文]托人问候身在国外的朋友，要向受托者拜两次，为他送行。季康子送药给孔子，孔子拜谢了，收下了它，说：“我不了解这药的药性，不敢试服。”

[注释]①问人：问候人。指孔子派使者问候他在其他诸侯国的朋友。②再拜：把手扶在地上，弯腰低头下拜，头不至手，这样拜两次。送之：送别使者。之所以行此大礼，一方面是敬重身在他邦的友人，另一方面是表达对使者的感谢。古代出门远行颠簸劳顿，旷日持久，而且非常危险，感谢使者是应当的。③馈：赠送。

12 厩 jiù 焚①fén。子退朝，曰：“伤人乎？”不问马②。

[译文]孔子的马棚失火了。孔子退朝回家，问道：“伤人了吗？”没问马的情况。

[注释]①厩：养牲口的棚子，这里指马棚。厩焚：马棚失火被烧了。②不问马：不是不爱马，而是更担心人的安危，所以先问人。贵人贱畜，理当如此。

13 君赐食[1]，必正席先尝之。君赐腥[2]，必熟而荐之。君赐生，必畜之[3]。侍食于君，君祭，先饭。疾，君视之，东首，加朝服，拖绅[5]。君命召，不俟 sì 驾行矣。入太庙，每事问。

[译文]国君赐下熟食，孔子一定摆正坐席先尝一尝。国君赐下生肉，一定做熟了，首先进献给先祖。国君赐下活的牲畜，一定要养着它。和国君一起吃饭，在国君举行饭前祭礼的时候，自己要先吃饭。孔子病了，国君来看望他，孔子就头朝东，把朝服盖在身上，拖着大带。国君召见，孔子不等车马备好，立即步行先走。孔子到了太庙，每件事都要详细询问。

[注释]①食：熟食。②腥：生肉。③生：活物。畜：畜养，喂养。④侍食于君，君祭：和国君一起吃饭，当国君举行饭前祭礼的时候，臣要先吃饭，好像为国君预先品尝食物，检查安全性一样。⑤东首：头朝东，把上朝的礼服披在身上，拖着大带。古礼以西为尊，病人头朝东，就是为了把尊位留给国君或国君的使者，让他背西面东，看望病人。⑥不俟驾：指不等车辆备好，立即步行出发。这里有不敢怠慢国君的心意。

[拓展]《礼记·玉藻第十三》："凡君召，以三节：二节以走，一节以趋。在官不俟屦，在外不俟车。"

《荀子·大略篇第二十七》："诸侯召其臣，臣不俟驾，颠倒衣裳而走，礼也。《诗》曰：'颠之倒之，自公召之。'"

14 朋友死，无所归，曰："于我殡①bìn。"朋友之馈，虽车马，非祭肉，不拜②。

[译文]朋友去世了，没有亲人来办理丧事，孔子说："在我家里停柩吧。"朋友的赠品，即使是车马，只要不是祭肉，孔子受赠都不行拜礼。

[注释]①殡：停放灵柩。殡是停柩，葬是入土，二者不同。②非祭肉，不拜：朋友有通财之义。朋友间相互馈赠是应当的，不必拜谢。但古人认为祭肉与神明有关，不可不敬，所以朋友所赠的祭肉是要拜的。

[拓展]《礼记·檀弓上第三》："宾客至，无所馆。夫子曰：'生于我乎馆，死于我乎殡。'"这段话的意思是说，朋友来了，没有地方住。孔子说："朋友活着，由我安排住所；朋友死了，由我安排殡葬。"孔子的话真让人感动。交朋友，就要交孔子这样的朋友。做人家的朋友，争取做孔子这样的朋友。

《论语集注》："朋友有通财之义，故虽车马之重，不拜。祭肉则拜者，敬其祖考，同于己亲也。"现在的朋友之交已不再讲求"通财"，朋友之间已经没有接济的义务，这是和古代不同的。今天，当朋友遇到困难时，出于道义的考虑，应当予以救济，但一般采用借贷的形式。当然，如果有能力，或者出于情愿，也可以直接赠予，而不要求偿还。

15 寝不尸，居不客①。见齐zī衰cuī者，虽狎，必变②。见冕者与瞽gǔ者，

虽亵 xiè，必以貌[③]。凶服者式之。式负版者[④]。有盛馔 zhuàn，必变色而作[⑤]。迅雷风烈，必变[⑥]。

[译文]孔子睡觉的时候，身体的姿势不像死尸那样，仰面朝天直挺着；在日常生活中，也不总像做客时那样端庄严肃。孔子看见穿齐衰丧服的人，即便是老熟人，也一定要端肃仪容，以示同情。看见戴礼帽的人和盲人，即使常见面，也一定要有礼貌。车内有穿丧服的人，便微微地俯身向前，用手扶着车前的横木，以示同情，这就是式礼。遇见背负国家图籍的人，也要行式礼。席上摆着丰富的菜肴，一定要整肃神色，站立起来，以示敬意。遇见暴雷、狂风，一定改变态度和容色，以示恭敬。

[注释]①尸：仰面躺着像死人的样子。居：闲居在家。客：脸色、仪态像做客时一样端庄肃穆。②见齐衰者，虽狎，必变：齐衰者有丧在身，故与之同悲。狎：平常是亲近的、很熟识的样子。③亵：燕见，本指古代帝王退朝闲居时召见或接见臣子，也可指公事之余会见。貌：指礼貌。④式：后作“轼”，指车前的横木。负版者：持有邦国图籍的人。式负版者：尊敬那位持有邦国图籍的人，于是俯身凭依着前面的轼。⑤有盛馔，必变色而作：敬主人之礼，而不是为了丰盛的饮食。⑥迅：疾，快。烈：猛烈，剧烈。迅雷风烈，必变：脸色为之而变，端庄严肃，不敢亵慢，这是敬天之怒。

[拓展]客：《论语集注》本作“容”。阮元《论语校勘记》：“居不容：《唐石经》‘容’作‘客’。《释文》出‘居不客’云：‘苦百反’。本或作‘容’，羊凶反。案：《唐石经》作‘客’字不误。《经义杂记》云：‘居不客，言居家不以客礼自处。’《集解》载孔注云：‘为室家之敬难久。’以客礼敬己也。《邢疏》云：‘不为容仪。’夫君子物各有仪，岂因私居废乎？是当从陆氏作‘客’。段玉裁曰：‘居不客者，嫌其主之类于宾也。寝不尸，恶其生之同于死也。’”栋按：此“容”字当作“客”，形近而误也。朱子《论语集注》亦曰：“居不容：非惰也，但不若奉祭祀、见宾客而已，申申夭夭是也。”见宾客则当肃敬，理所当然。

16 升车，必正立，执绥[①] suí。车中，不内顾[②]，不疾言，不亲指。

[译文]孔子上车，一定先端正地站好，然后挽紧扶手绳。在车里不回头看，不快言快语，不指指点点。

[注释]①绥：绳索，可以挽拉着它上车。②内顾：回头看。

17 色斯举矣，翔而后集[①]。曰：“山梁雌雉 zhì，时哉时哉[②]！”子路共[拱]之，三嗅而作[③]。

[译文]人的脸色一变，野鸡立时警觉，便飞到空中，盘旋一阵以后，又停在了不远处。孔子说：“这些山梁上的母鸡遇险能飞，善于把握时机啊！善于把握时机啊！”子路捕获了它们，做给孔子

吃。孔子闻了闻，没有吃，站起身离开了。

[注释]①翔而后集：鸟见人的脸色可能有恶意，立即飞走了。在空中盘旋了一会，见没有危险，又落在不远处。比喻人能见细微之变而行动，并能审慎地选择自己的处所。②梁：桥梁。雉：野鸡，雄雉尾巴长，羽毛美丽，多为赤铜色或深绿色，有光泽。雌雉尾巴稍短，灰褐色。雉擅长行走，不能长时间飞翔。时哉：指抓住逃离险境的时机。雌雉警觉，遇变即飞。③共：通“拱”，环绕。一说“共”是张网捕鸟的意思。嗅：用鼻子闻气味。作：起立，起身。

[拓展]“子路共之，三嗅而作”难解，众说纷纭。唐写本《论语》郑玄注：“孔子山行，见雌雉食其粱粟，无有警害之志，故曰‘时哉时哉’，感而自伤之言也。子路失其义，谓可捕也，乃捕而煞之，烹而进之。‘三嗅’之者，不以微见人过。既嗅之而起，不食之。”据此则是，孔子见山梁上的野鸡能找到安全的地方栖息，正所谓“于止，知其所止”，如今正是“人而不如鸟”（《大学》）。于是孔子心中颇有感慨，悲叹自己生不逢时，周游列国而大道不行。子路没有领会孔子的意思，误以为孔子说这是捕鸟的好时机，于是捕之烹之，进献于孔子。这不是孔子的本意，但孔子也不想因此批评子路，只是闻了闻，就起身离开了。

先进第十一

01 子曰：“先进于礼乐，野人也。后进于礼乐，君子也。如用之，则吾从先进。”

[译文]孔子说：“先修学好礼乐的，可能是平民；后修学好礼乐的，可能是贵族。如果要选用人才，我会选择先修学好了礼乐的人。”

[注释]①进：进学，学习。礼乐：礼的教化和乐的教化，即礼教和乐教，它们是华夏文明的两大分支。礼有礼义、礼仪、礼法、礼制等方面的含义，乐则包括文学、声乐、器乐、舞蹈等元素。孔子教育学生的课程，就以演习礼仪和歌唱《诗经》为代表。②野人：郊野之民，这是从地位的角度说的，指没有贵族身份的平民。③君子：这是从地位的角度说的，指贵族。《孟子·滕文公上》：“无君子，莫治野人；无野人，莫养君子。”

[拓展]只要是学习好礼乐的人，就是孔子要重用的人。在用人方面，孔子没有门户偏见。他任人唯贤，打破了贵族阶层的垄断。这与他“有教无类”的教育思想是一致的。这是一种自由开放的理性态度，是难能可贵的。

02 子曰：“从我于陈、蔡者[1]，皆不及门也。德行：颜渊，闵子骞，冉伯牛，仲弓。言语：宰我，子贡。政事：冉有，季路。文学[2]：子游，子夏。”

[译文]孔子说：“曾与我受困于陈国、蔡国的那些学生，现在都不在我门下了。”德行好的学生：颜渊，闵子骞，冉伯牛，仲弓。善于辞令的学生：宰我，子贡。善于执政的学生：冉有，季路。熟悉文献的学生：子游，子夏。

[注释]①陈、蔡：陈国和蔡国。孔子周游列国时，曾在陈、蔡一带断了粮，忍饥挨饿，陷入困境。②文学：文献之学，经典之学，这里指熟悉古代经典的学生。

[拓展]《史记·仲尼弟子列传第七》：“闵损，字子骞，少孔子十五岁。……不仕大夫，不食污君之禄。”

03 子曰：“回也/非助我者也，于吾言无所不说[悦]。”

[译文]孔子说：“颜回不是一个能帮助我发展的人，因为他对我的话没有不心悦诚服的。”

[注释]①助：助益。助我：对我的提高有帮助。

[拓展]孔子曾说“起予者商也”，有疑而问，孔子答之，教学相长，此所谓“助我者也”。颜

子听圣人之言，因无疑而不问，故“非助我者也”。孔子这样说，似乎有些遗憾，或许也是喜悦的。

04 子曰：“孝哉，闵子骞！人不间 jiàn 于其父母昆弟之言[1]。”

[译文]孔子说：“真孝顺啊，闵子骞！别人不会怀疑他父母兄弟称赞他的话。”

[注释]①间：怀疑，非议。

[拓展]闵子骞孝敬父母，关爱兄弟，是真正的贤良孝友。因为闵子骞的孝友之行实实在在，诚实无伪，所以父母说他孝敬，兄弟说他友爱，人们都深信不疑。

05 南容三复“白圭[1]”，孔子以其兄之子妻 qì 之。

[译文]南容反复地吟诵《诗经》中“白圭之玷，尚可磨也；斯言之玷，不可为也”这几句诗。于是，孔子把他哥哥的女儿嫁给了南容。

[注释]①三：数词，这里是约数，多次、经常的意思。圭：玉制的礼器。白圭：用白玉做成的圭。引诗出自《诗经·大雅·抑》。

[拓展]南容说话非常谨慎。因为他是这样的为人，所以他对这几句诗特别有体会。南容身处乱世而能“邦有道，不废；邦无道，免于刑戮”（《论语·公冶长第五》），大概也是因为他谨慎言语。

06 季康子问：“弟子孰为好学[1]？”孔子对曰：“有颜回者好学，不幸短命死矣。今也/则亡[2]wú。”

[译文]季康子问：“学生里谁是好学的？”孔子回答说：“有个叫颜回的好学，不幸短命死了。现在没有了。”

[注释]①孰为好学：谁是好学的。在《雍也第六》，鲁哀公也问过这个问题。②亡：同“无”，指没有好学的学生了。

07 颜渊死，颜路[1]请子之车以为之椁[2]guǒ。子曰：“才不才，亦各言其子也。鲤[3]也/死，有棺而无椁。吾不徒行以为之椁，以吾从大夫之后[4]，不可徒行也。”

[译文]颜渊去世后，他的父亲颜路想用孔子的车为颜回做停放棺材的椁。孔子说：“不管有没有才，说的也都是自己的儿子。我儿子孔鲤死了，只有棺，没有椁。我不能步行上朝，而用车为他的棺做一个椁。因为我也算个大夫，不能步行上朝。”

[注释]①颜路：颜渊的父亲，名无繇，比孔子小六岁。②椁：指停放灵柩的一套设施，包括一辆装棺材的车、棺外围的丛木和封泥。③鲤：孔子之子，字伯鱼，年五十而死，孔子时年七十。这句话的意思是说，孔鲤之才虽不及颜渊，但从做父亲的角度看，回和鲤都是儿子。④从大夫之后：在大夫行列的后面跟随而行。孔子曾任鲁司寇，为卿大夫。“后”是谦辞。“不可徒行”是委婉的托辞，实际上是批评颜路厚葬颜回的安排。

[拓展]一般注家都说颜路是要求孔子卖掉车，买一个椁，然而《论语》只是说“请子之车以为之椁”，是“为”，有制作、制造的意思，没有说“卖”。白平《论语详解》（231-232页）对此讲解得颇为详尽，可以参考。大夫以下的人，死后三天入棺。入棺之后，还要在家中停放三个月才下葬。停棺待葬，叫作“殡”。殡的这段时间，要把棺材放到一辆车上去，这辆车有一个特殊的名称，叫作“輴”（chūn），即灵车。装了棺材的輴车四面用木料堆积起来，然后用泥涂封，这就是椁。埋葬时套在棺材外面更大的棺，也叫椁，但这两种椁并不相同。颜路痛失爱子，又想到颜回一生贫穷，现在人死了，能否把丧事办得风光一点？他要厚葬爱子，倒也可以理解。但是，贫家富殡，薄家厚葬，违反了“称家之有无”的礼义原则。这已经不是孔子步行上朝劳累不劳累，或者体面不体面的问题了。

08 颜渊死。子曰：“噫①yī！天丧予②！天丧予！”

[译文]颜渊死了。孔子说：“唉！天亡我啊！天亡我啊！”

[注释]①噫：叹词，悲痛的叹息声。②天丧予：天亡我，指灭亡文种道脉。

[拓展]夫子有感于颜渊之早亡，惜道业失其传，故有此叹。

09 颜渊死，子哭之恸①tòng。从者曰：“子恸矣！”曰：“有恸乎！非/夫fú人②之为wèi恸/而谁为wèi！”

[译文]颜渊死了，孔子哭得很悲痛。随从的人说：“您太悲痛了！”孔子说：“太悲痛了吗？不为这样的人悲痛，为什么样的人悲痛呢！”

[注释]①恸：极其悲痛，哀伤过度。②夫：代词。夫人：这个人，指颜渊。

[拓展]颜渊之死太可惜，“哭之恸”恰恰合乎性情之正。颜渊死，夫子不自知其悲痛之过度也。虽似失和，而实得其宜。

10 颜渊死，门人欲厚葬之①。子曰：“不可。”门人厚葬之。子曰：“回也/视予犹父也，予不得视犹子也。非我也，夫fú二三子也②。”

[译文]颜渊死了，同学们想要厚葬他。孔子说：“不可以。”同学们还是厚葬了他。孔子说：

“颜回啊，你待我像待父亲一样，我却不能待你像待儿子一样。不是我不想，因为你的同学们啊。”

[注释]①厚葬：用丰厚的财物给死者陪葬。②非我：不是我的意思，不是我想这样做。

[拓展]丧葬的规格应当根据家庭条件来定，贫则以简朴为宜，富则可以厚葬，但也不能越级僭礼。实际上，如果条件许可，儒家是希望丧葬器物丰厚一些的。儒家认为这是孝子爱亲之道，表达了孝子对逝世亲人的深厚感情。这是儒家与墨家的一大区别。现在颜回家贫而欲厚葬，所以孔子反对。事实上，同学们也无法决定颜回的殡葬方案，能定这事的人只有颜回的父亲。

《礼记·檀弓上第三》：“子游问丧具，夫子曰：‘称（chèn）家之有亡（无）。’子游曰：‘有亡（无）恶（wū）乎齐？’夫子曰：‘有，毋过礼。苟亡（无）矣，敛首足形，还（旋）葬，县（悬）棺而封，人岂有非之者哉！’”如果家庭富裕，应注意不要逾越礼制，进行厚葬。如果家庭贫困，衣衾要能遮住头和脚，殓后不必停棺，立即下葬。《礼记·王制第五》说：“大夫、士、庶人三日而殡，三月而葬。”在下葬之前，要停棺三个月。如果家贫，就立即下葬。

11 季路问事鬼神。子曰：“未能事人，焉能事鬼①？”曰：“敢问死？”曰：“未知生，焉知死②？”

[译文]子路问如何服事鬼神。孔子说：“活着的人还没服事好，怎能服事好死去的人？”子路又问：“我斗胆请教：死是怎么回事？”孔子说：“还没懂得生，怎能懂得死？”

[注释]①鬼：古人认为人死后有灵魂，称为鬼。②生：活着的道理，世间的事情。死：死亡的道理，死后的事情。

[拓展]商朝人“尊神，率民以事神”。周武王一统天下之后，王朝在政治上、文化上进行了许多革新，社会风尚逐渐发生了变化。“周人尊礼尚施，事鬼敬神而远之，近人而忠焉。”（《礼记·表记第三十二》）这是周朝的社会传统。孔子更进一步，明确主张“务民之义，敬鬼神而远之”（《论语·雍也第六》）。本章还有“学不躐（liè，超越）等”和“不教教之”等多重涵义。子路的学问正在敦伦尽分这个层次上面，所以只应谈论世间的人和事。程子说：“知生之道，则知死之道；尽事人之道，则尽事鬼之道。死生人鬼，一而二，二而一者也。或言夫子不告子路，不知此乃所以深告之也。”（《论语集注》）孔子没有正面回答子路的问题，这是“不教教之”的教育方法。

12 闵子侍侧，訚訚 yín 如也①。子路，行行 hàng 如也②。冉有、子贡，侃侃 kǎn 如也③。子乐。“若由也，不得其死然④。”

[译文]闵子骞侍立在孔子身旁，恭敬忠厚的样子；子路，刚强直爽的样子；冉有、子贡，温和欢乐的样子。孔子很快乐。又说：“像仲由这样的人啊，恐怕不得善终啊。”

[注释]①訚訚：恭敬忠厚的样子，言语严谨寡少。②行行：刚强直爽的样子，言语痛快利索。

③侃侃：温和欢乐的样子，言语滔滔不绝。④不得其死：死于非命，不能寿终正寝，不能尽享天年。

[拓展]子路过于刚强勇猛，故有不得其死之患。后来，子路果然死在了卫国的政变中，被人剁成了肉酱。此事记载于《礼记·檀弓上》："孔子哭子路于中庭。有人吊者，而夫子拜之。既哭，进使者而问故。使者曰："醢之矣。"遂命覆醢。"醢是古代的一种酷刑，把人杀死后，再剁成肉酱。孔子深爱子路，听到这事很难过。老人家就叫人倒掉家里的肉酱，以后再也不吃肉酱了。

13 鲁人为长府[①]。闵子骞曰："仍/旧贯[②]，如之何？何必改作？"子曰："夫 fú人不言，言必有中[③]zhòng。"

[译文]鲁国翻修长府。闵子骞说："保留老样子吧，怎么样？为什么一定要翻修呢？"孔子说："这个人不说话则已，一说话就能切中要害。"

[注释]①长府：长府是库房名，是储藏财物的地方。为：改建，重修。②仍旧贯：保持它原来的样子。③言必有中：发言必能合乎道理。

14 子曰："由之瑟[①]，奚为于丘之门[②]？"门人不敬子路。子曰："由也/升堂矣，未入于室也[③]。"

[译文]孔子说："仲由鼓瑟，为什么要在我家里呢？"因此，同学们不尊重子路。孔子说："仲由啊，已经登到堂上了，只是还没有进入内室。"

[注释]①瑟：古代的拨弦乐器。由之瑟：指子路鼓瑟的技艺。②奚为于丘之门：子路刚勇，所以他鼓瑟有北方杀伐之声，而少中和之气。孔子的意思是说，以子路的技艺，不配在我家鼓瑟。③堂：正厅。室：内室。古代前堂后室。

[拓展]打个比方，进了大门就是就进入了家的范围，入门了；升堂相当于进了客厅；入室就是到了主人居住寝卧的房间。从入门到升堂再到入室，越来越深，这里用来比喻学问的境界。子路的学问已经进入正大高明之域，只是还没有深入精微奥妙之境。

15 子贡问："师与商也/孰贤？"子曰："师也/过，商也/不及。"曰："然则师愈[②]与 yú？"子曰："过犹不及[③]。"

[译文]子贡问孔子："颛孙师（子张）和卜商（子夏），谁更强一些？"孔子说："颛孙师呢，过头了。卜商呢，还不够。"子贡说："那么颛孙师更强一些吗？"孔子说："过头和不足一样（不好）。"

[注释]①师：颛孙师，字子张。商：卜商，字子夏。孰贤：哪一个更贤良。子张才高意广，好

为难事，常过中。子夏笃信谨守，规模狭隘，常不及。一个过，一个不及，子贡不知哪个更好，因而发问。②愈：胜过，更强。③犹：如同。过犹不及：过头和不足一样。中道最好，过与不及都不合乎中庸之道。

[拓展]《礼记·檀弓上第三》："子夏既除丧而见，予之琴，和（hè）之不和（hé），弹之而不成声。作而曰：'哀未忘也。先王制礼，而弗敢过也。'子张既除丧而见，予之琴，和（hè）之而和（hé），弹之而成声，作而曰：'先王制礼，不敢不至焉。'"

16 季氏富于周公[①]，而求也/为 wèi 之聚敛而附益之[②]。子曰："非吾徒也，小子鸣鼓而攻之可也！"

[译文]季氏比周公都富有，冉求还替他搜括，让他富上加富。孔子说："冉求不是我的学生了，同学们击鼓攻击他好了！"

[注释]①周公：姓姬，名旦，周文王之子，周武王之弟，周成王之叔父。周公是王室至亲，有大勋劳于天下，有冢宰之尊位，周公之富是合宜的。季氏仅仅是诸侯之卿，而富过周公，如果不是攘夺其君，剥削其民，何以致富？②聚敛而附益：冉有为季氏宰，致力于征税，让季氏富上加富。

17 柴也/愚[①]，参也/鲁[②]，师也/辟[③]，由也/喭[④]yàn。

[译文]高柴愚笨，曾参迟钝，颛孙师偏激，仲由鲁莽。

[注释]①柴：孔子弟子，姓高，字子羔。愚：厚有余而智不足。②参：曾参，字子舆。曾子迟钝，反应慢。③师：颛孙师，字子张。辟：偏激，过份。子张仪表堂堂，志高才大，但常常偏离中道。④由：仲由，字子路。喭：粗俗。子路鄙陋而不文，粗鲁野蛮。

18 子曰："回也/其庶乎[①]，屡空[②]。赐不受命[③]，而货殖焉[④]，亿则屡中[⑤]zhòng。"

[译文]孔子说："颜回的德行差不多了，可是常常穷得吃不上。端木赐不能安于天命，但他经商，财富不断增加，揣测行情常能猜中。"

[注释]①庶：相近，差不多，指颜子近道。②屡空：箪瓢常空，缸无粒米，经常吃不上。③命：指天命。④货殖：货财生殖，做生意。⑤亿：臆测，预测。子贡不像颜子那样安贫乐道，但他很聪明，会做生意，因此非常富有，为时人所羡慕。

[拓展]古人以为贫富贵贱乃是天之所命，《论语》说："死生有命，富贵在天。"何时富贵何时贫贱也是天命，《中庸》说："君子居易以俟命，小人行险以徼幸。"又说："君子素其位而行，不愿乎其外。"君子只要做好自己该做的就好了，该有的富贵会如期而来。如是贫贱之人，最终也

无法改变这种处境。人的折腾不但不能让人趋于富贵，反而可能大大减少原本属于自己的幸福。如何能富贵、如何会贫贱也在于天命，所以《诗经·大雅·文王》篇说："永言配命，自求多福。"孟子进一步说："求则得之，舍则失之，是求有益于得也，求在我者也。求之有道，得之有命，是求无益于得也，求在外者也。"（《孟子·尽心上》）求在我就是修德，关注的是自己应该做的事，也就是自己的天命，上天所降给自己的大任务。求在外就是我们常见的各种人生奋斗，所追求的不过是升官发财、成名成家这些东西。向外求或许能得，但未必能保；能保，别人未必尊重；别人尊重，未必尽善尽美。孔子说："知（智）及之，仁不能守之，虽得之，必失之。知（智）及之，仁能守之，不庄以莅（lì）之，则民不敬。知（智）及之，仁能守之，庄以莅（lì）之，动之不以礼，未善也。"（《论语·卫灵公第十五》）这是求之道，得之道，守之道，动之之道，君子当用心体悟，切实践行。

19 子张问善人之道①。子曰："不践迹，亦不入于室②。"

[译文]子张问怎样才能成为善人。孔子说："如果不沿着善人的足迹走，就不能成为真正的善人。"

[注释]①善人：资质佳美，但没有求学的人。②践迹：踩着前人的脚印。入于室：成为真正的善人。本篇 14 章，孔子说："由也升堂矣，未入于室也。"

20 子曰："论笃是与①yù。君子者乎②？色庄者乎③？"

[译文]孔子说："言论笃实的人是值得赞许的。但不能据此判断，他是德行笃实的真君子呢？还是脸色端庄的伪君子呢？"

[注释]①论笃：言论笃实，口无择言。与：赞许，赞同。②君子：君子依仁由义，身无鄙行。③色庄：脸色端庄，装模作样。

21 子路问："闻斯行诸①？"子曰："有父兄在，如之何其闻斯行之！"冉有问："闻斯行诸？"子曰："闻斯行之！"公西华曰："由也/问'闻斯行诸'，子曰：'有父兄在。'求也/问'闻斯行诸'，子曰：'闻斯行之。'赤也/惑②，敢问。"子曰："求也/退，故进之。由也/兼人③，故退之。"

[译文]子路问："听到了就去做吗？"孔子说："有父亲和兄长在，怎能听到了就去做呢？"冉有问："听到了就去做吗？"孔子说："听到了就去做。"公西华说："仲由问'听到了就去做

吗’，您说‘有父亲和兄长在’，冉求问‘听到了就去做吗’，您说‘听到了就去做’。我搞不懂，斗胆请教。”孔子说：“冉求退缩，所以我要推动他；仲由冒进，所以我要阻拦他。”

[注释]①诸：同“之乎”。②惑：糊涂，迷惑。③兼人：胜过别人。

[拓展]子路、冉有问题相同，而孔子之答恰恰相反。公西华之有疑，自然而然。冉有谦退，子路好胜，孔子各因其失而正之。本章是孔子因材施教的典范。

22 子畏于匡，颜渊后[①]。子曰：“吾以女[汝]为死矣！”曰：“子在，回何敢死！”

[译文]孔子在匡地被围的时候，颜渊落在了后面。重逢后，孔子说：“我还以为你死了呢。”颜渊说：“您健在，我哪里敢死？”

[注释]①后：没有跟上，落在了后面。②在：健在，活着。

23 季子然[①]问：“仲由、冉求，可谓大臣与 yú？”子曰：“吾以子为异之问[②]，曾 zēng 由与求之问[③]。所谓大臣者，以道事君，不可则止。今由与求也，可谓具臣矣[④]。”曰：“然则从之者与 yú？”子曰：“弑 shì 父与君，亦不从也[⑤]。”

[译文]季子然问：“仲由和冉求可以说是大臣了吗”孔子说：“我以为你要问点别的什么，原来是问仲由和冉求啊。所谓的大臣，要用道义来辅佐君主；如果行不通，就不从政。现在看仲由和冉求二人，可以说是有才干的能臣了。”季子然又问：“那么，他们会唯命是从吗？”孔子说：“杀父亲、杀君主这样的事，他们也是不会服从的。”

[注释]①季子然：鲁国季氏家族的子弟。②异：非同寻常的，其他的。③曾：乃，竟。④具臣：有才干的、具备办事能力的臣。⑤不从：不会随伙行恶。子路和冉求都懂君臣之义，如果季氏想弑君犯上，大逆不道，他们一定像那些义士一样，不会随从作恶的。

24 子路使子羔为费 Bì 宰。子曰：“贼[①]/夫 fú人/之子[②]！”子路曰：“有民人焉，有社稷焉，何必读书，然后为学？”子曰：“是故恶 wù夫 fú佞者[③]。”

[译文]子路让子羔去做费地的长官。孔子说：“这是害了人家的孩子！”子路说：“那里人口众多，土地广阔，五谷丰茂，（可以在管理政事的过程中学习，）为什么一定要读书，才算学习呢？”孔子说：“所以我讨厌巧舌如簧的人。”

[注释]①贼：戕害，伤害。②夫人之子：人家的孩子。③佞：巧舌如簧，利口善辩，以口才御

人取胜。

[拓展]子羔质美而未学，然而治民之事应当先学习再实践，急于任用，恰恰是害了他。子路不知其非，而巧言顶撞，失本末先后之序，所以孔子恶其巧辩。孔子使漆彫开从政，漆彫开说：“吾斯之未能信。”然后孔子悦。（《论语·公冶长第五》）这两章可以互为注解。

《说苑·卷十四 至公》：“子羔为卫政，刖人之足。卫之君臣乱，子羔走郭门，郭门闭，刖者守门，曰：‘于彼有缺！’子羔曰：‘君子不踰。’曰：‘于彼有窦。’子羔曰：‘君子不遂。’曰：‘于此有室。’子羔入，追者罢。子羔将去，谓刖者曰：“吾不能亏损/主之法令，而亲刖子之足。吾在难中，此乃子之报怨时也，何故逃我？”刖者曰：‘断足固我罪也，无可奈何。君之治臣也，倾侧法令，先后臣以法，欲臣之免于法也，臣知之。狱决罪定，临当论刑，君愀然不乐，见（现）于颜色，臣又知之。君岂私臣哉？天生仁人之心，其固然也。此臣之所以脱君也。’孔子闻之，曰：‘善为吏者树德，不善为吏者树怨。公行之也，其子羔之谓欤？’”

25 子路、曾皙、冉有、公西华侍坐[①]。

子曰：“以吾一日长 zhǎng 乎尔，毋吾以也[②]。居则曰：‘不吾知也[③]！’如或知尔，则何以哉[④]？”子路率尔[⑤]而对曰：“千乘 shèng 之国，摄乎大国之间，加之以师旅，因之以饥馑[⑥]jǐn；由也为之，比 bì 及三年，可使有勇，且知方也[⑦]。”夫子哂 shěn 之[⑧]。

“求，尔何如？”对曰：“方六七十，如五六十[⑨]，求也为之，比 bì 及三年，可使足民；如其礼乐，以俟 sì 君子[⑩]。”

“赤，尔何如？”对曰：“非曰能之，愿学焉。宗庙之事[⑪]，如会同[⑫]，端章甫[⑬]，愿为小相 xiàng 焉[⑬]。”

[译文]子路、曾皙、冉有、公西华陪孔子坐在一起。

孔子说：“我比你们年纪大，但不要因为我年长，就不好意思说话。你们平常总是说：‘人家不了解我啊！’假若有人了解你们，（要请你们执政，）你们打算怎样做呢？”

子路脱口而出，回答说：“一个拥有一千辆兵车的国家，处在大国的夹缝之中，外有敌军压境，内有百姓饥荒。如果让我仲由治理的话，只要花三年时间，就能让国家有兵力抗击敌军，而且百姓做事合乎道义。”孔子微微地笑了笑。

孔子问：“冉求，你要怎样做呢？”冉求回答说：“国土方圆六七十里或者五六十里的小国，由我来治理的话，三年以后，可以让家家富足。至于礼乐的教化，就要等贤能的君子来做了。”

孔子问："公西赤，你要怎样做呢？"公西赤回答说："不敢说我能行，但我愿意学着做。在祭祀典礼上，或者在外交场合上，我穿着礼服，戴着礼帽，可以做个小司仪。"

[注释]①曾皙：曾参的父亲，名点，也是孔子的学生。②以吾一日长乎尔，毋吾以也：意思是说，我年岁比你们虚长一点，你们不要因此就谦退不言。③不吾知：即"不知吾"，不知道我的才能。④如或知尔，则何以哉：如果别人知道了你的才能，要任用你，请你执政，那么你要怎么做呢？⑤率尔：轻捷，快速。⑥师旅：二千五百人为师，五百人为旅。谷不熟曰饥，菜不熟曰馑。⑦方：方向，道义。⑧哂：微笑。⑨方六七十里：在当时是小的诸侯国。如：或者。五六十里：更小的诸侯国。⑩足：富足。俟君子：自己不能，等待君子来做。⑪宗庙之事：祭祀。⑫会同：诸侯时见曰会，众眺曰同。众眺：周代诸侯朝见周王的一种礼制。会同：代指各种外交场合。⑬端：玄端服。章甫：礼冠。⑬相：主持国君礼仪的人。

"点，尔何如？"鼓瑟希①，铿 kēng 尔，舍瑟而作②，对曰："异乎三子者之撰。"子曰："何伤乎？亦各言其志也。"曰："莫 mù 春者，春服既成③，冠者五六人，童子六七人，浴乎沂④，风乎舞雩⑤yú，咏而归⑥。"夫子喟 kuì 然叹曰："吾与 yù 点也！"

三子者出，曾皙后。曾皙曰："夫 fú 三子者之言何如？"子曰："亦各言其志也/已矣。"曰："夫子何哂 shěn 由也？"曰："为国以礼。其言不让，是故哂 shěn 之。""唯求则非邦也与 yú？""安见方六七十，如五六十，而非邦也者？""唯赤则非邦也与 yú？""宗庙会同，非诸侯而何？赤也/为之小，孰能为之大？"

[译文]孔子问："曾点，你要怎样做呢？"他正在鼓瑟，乐曲已近尾声。随着铿的一声，曲子弹完了。他把瑟放下，站起来回答说："我和他们三位所说的不同。"孔子说："那又何妨呢？不过是各人谈谈自己的志向罢了！"曾皙说："暮春三月的时候，春天的衣服已经做好了，我们五六个大人，六七个小孩，在沂河边上洗洗澡，换上单衣，在舞雩台上吹吹风，然后唱着歌，回家去。"孔子长叹道："我觉得曾点说得好啊！"

子路、冉有、公西华三人都出去了，曾皙在后面。曾皙问："那三位同学讲的怎么样？"孔子说："不过是各人谈谈自己的志向罢了。"曾皙问："您为什么笑仲由呢？"孔子说："治国要讲礼让，可他出言不逊，所以笑他。""难道冉求所说的不是国家吗？"孔子说："谁说方圆六七十里或五六十里还称不上一个诸侯国呢？""难道公西赤所说的不是国家吗？"孔子说："有宗庙祭祀，有朝会聘问，不是诸侯国的事又是什么呢？如果他只能做一个小司仪，谁能做大司仪呢？”

[注释]①希：同“稀”，渐弱。②作：起立。③春服：单衣。④浴：沐浴濯洗，后世叫“上巳祓除”。沂：水名，流经鲁国都城曲阜之南。⑤风：吹风，乘凉。舞雩：祭天求雨的地方，有坛墠树木。在今山东省曲阜市的南郊，沂河北岸，尚有鲁国舞雩台的遗址。⑥咏：歌唱。关于子路，夫子认可他的能力，但不赞同他的不逊。冉有、公西华，孔子都认可。

颜渊第十二

01 颜渊问仁[①]。子曰："克己复礼为仁[②]。一日克己复礼，天下归仁焉。为仁由己[③]，而由人乎哉？"颜渊曰："请问其目[④]。"子曰："非礼勿视[⑤]，非礼勿听，非礼勿言，非礼勿动。"颜渊曰："回虽不敏，请事斯语矣。"

[译文]颜渊问仁。孔子说："克制自己而复归于礼，就是仁人了。一旦能克制自己而复归于礼，天下的人都会称赞他是仁人了。修养仁德全靠自己，难道还能靠别人吗？"颜渊说："请您告诉我具体的做法。"孔子说："不合礼法的事物不看，不合礼法的话语不听，不合礼法的言辞不说，不合礼法的事情不做。"颜渊说："我虽然不聪敏，请允许我遵照您的话去做吧。"

[注释]①仁：本心之全德。②克：胜过。己：人的私欲。复：返归。礼：天道之节文。③一日：一旦，有假设的意味。为仁：完全心德，成为仁人。④目：具体的条目。从本义上看，目与纲相对而言。纲是统摄全网的大绳，目是从属于纲的一个个的网眼。⑤非礼：自己的私欲。勿：禁止之辞。

[拓展]《礼记·乐记第十九》："君子反情以和其志，比类以成其行。奸声乱色，不留聪明；淫乐慝礼，不接心术；惰慢邪辟之气，不设于身体。使耳、目、鼻、口、心知、百体皆由顺正，以行其义。"

《荀子·劝学篇第一》："君子知夫不全不粹之不足以为美也，故诵数以贯之，思索以通之，为其人以处之，除其害者以持养之；使目非是无欲见也，使耳无非是无欲闻也，使口非是无欲言也，使心非是无欲虑也。及至其致好之也，目好之五色，耳好之五声，口好之五味，心利之有天下。是故，权利不能倾也，群众不荡也。生乎由是，死乎由是，夫是之谓德操。"

02 仲弓问仁。子曰："出门如见大宾[①]，使民如承大祭[②]。己所不欲，勿施于人。在邦无怨[③]，在家无怨[④]。"仲弓曰："雍虽不敏，请事斯语矣！"

[译文]仲弓问仁。孔子说："出门做事好像接待贵宾那样端庄，征用百姓好像承当大型祭典那样恭敬。自己不愿意承受的，就不要施加到别人身上。在诸侯国从政，不会招致怨恨；在卿大夫家从政，也不会招致怨恨。"仲弓说："我虽然不聪敏，请允许我遵照您的话去做吧。"

[注释]①大宾：尊贵的宾客。②大祭：盛大的祭祀典礼。③邦：指诸侯，如齐、鲁、秦、晋等。④家：指卿大夫，如鲁国的孟孙氏、叔孙氏、季孙氏三家，他们有自己的采邑。

[拓展]《礼记·中庸第三十一》："忠恕违道不远。施诸己而不愿，亦勿施于人。"

《礼记·祭统第二十五》："君子之事君也，必身行之。所不安于上，则不以使下；所恶于下，则不以事上。非诸人，行诸己，非教之道也。"

《韩诗外传·卷三》："昔者不出户而知天下，不窥牖而见天道者，非目能视乎千里之前，非耳能闻乎千里之外，以己之度度之也，以己之情量之也。己恶饥寒焉，则知天下之欲衣食也。己恶劳苦焉，则知天下之欲安佚也。己恶意象乏焉，则知天下之欲裯足也。知此三者，圣王之所以不降席而匡天下。故君子之道，忠恕而已矣。”

03 司马牛问仁①。子曰：“仁者，其言也/讱 rèn②。”曰：“其言也/讱，斯谓之仁已乎？”子曰：“为之难③，言之得无讱乎？”

[译文]司马牛问仁。孔子说：“仁人的言语又少又慢。”司马牛说：“言语又少又慢，就能说他是仁人了吗？”孔子说：“做事艰难，言语能不又少又慢吗？”

[注释]①司马牛：孔子弟子，名犁，向魋之弟，多言而躁。②讱：艰难，言语寡少，语速缓慢。③为：做，实施，推行，执行。

[拓展]仁者言语寡少，但言出必行。因为实行起来艰难，所以仁者寡言少语，刚毅木讷。如果司马牛改不了话语多、性子躁的毛病，讲再多道理都没用。所以孔子让他管住嘴，少说话。

04 司马牛问君子。子曰：“君子不忧不惧①。”曰：“不忧不惧，斯谓之君子已乎？”子曰：“内省 xǐng不疚，夫 fú何忧何惧？”

[译文]司马牛问君子。孔子说：“君子是不忧愁、不恐惧的。”司马牛说：“不忧愁，不恐惧，就能说他是君子了吗？”孔子说：“君子自我反思，问心无愧，有什么可忧愁、可恐惧的呢？”

[注释]①不忧不惧：司马牛之兄桓魋作乱，所以司马牛常忧惧。②内省不疚：扪心自问，自我反省，没有让自己愧疚的事。

[拓展]孟子说：“君子有三乐，而王天下不与存焉。父母俱存，兄弟无故，一乐也。仰不愧于天，俯不怍于人，二乐也。得天下英才而教育之，三乐也。君子有三乐，而王天下不与存焉。”（《孟子·尽心上》）孟子的“俯仰无愧怍”，与孔子的“不忧不惧”略同。“内省不疚”则“不忧不惧”，而“不忧不惧”则是君子的一大乐趣。

05 司马牛忧曰：“人皆有兄弟，我独亡①wú！”子夏曰：“商闻之矣：‘死生有命，富贵在天。’君子敬而无失，与人恭而有礼，四海之内皆兄弟也②。君子何患乎无兄弟也？”

[译文]司马牛忧愁地说：“别人都有兄弟，我却没有。”子夏说：“我听到过这样的话：人的生死都是命里生成，人的富贵取决于天命。君子自处庄敬无失，与人交往谦恭有礼。这样以来，四海之内的人都是自己的兄弟。君子为什么要担心没有兄弟呢？”

[注释]①亡：同“无”，指没有兄弟。司马牛之兄桓魋行恶，不知什么时候就会因罪而死，所以司马牛说他没有兄弟。②四海：古人认为中国四周都是大海，分别是东海、南海、西海、北海。四海之内：指整个中国，如同说“普天之下”。皆兄弟：如果能以兄弟之道与人相交，那么人家的兄弟就都是我的兄弟。

[拓展]《大戴礼记·曾子制言上》：“曾子门弟子或将之晋，曰：‘吾无知焉。’曾子曰：‘何必然？往矣。有知焉，谓之友。无知焉，谓之主。且夫君子执仁立志，先行后言，千里之外，皆为兄弟，苟是之不为，则虽汝亲，庸孰能亲汝乎？’”无知，意思是没有认识的人，没有熟人，没有朋友。

06 子张问明。子曰：“浸润之谮[①]zèn，肤受之愬[②]sù，不行焉，可谓明也/已矣。浸润之谮，肤受之愬，不行焉，可谓远也/已矣。”

[译文]子张问如何才能明察秋毫。孔子说：“日积月累、浸渍渗透的谗言，以及痛如刺肤、急迫切身的诬告，对你都没用，那么你就算是明察秋毫了。日积月累、浸渍渗透的谗言，以及痛如刺肤、急迫切身的诬告，对你都没用，那么你就算是眼光长远了。”

[注释]①浸润：像水一样浸渍滋润，渐渐慢慢，久而能入。谮：毁谤他人的谗言。②肤受：肌肤所受，利害切身。愬：诉讼，控告。

[拓展]毁谤者渐渍而不骤，久而久之，听者在不知不觉中信之，甚至深信不疑。愬冤者急迫而切身，而听者不等详细说完，恐即暴发烈怒。此二者难察，如果还能察知，则可以称之为“明”，且可以称之为“远”。

07 子贡问政。子曰：“足食，足兵[①]，民信之矣[②]。”子贡曰：“必不得已而去，于斯三者何先？”曰：“去兵。”子贡曰：“必不得已而去，于斯二者何先？”曰：“去食。自古皆有死，民无信不立[③]。”

[译文]子贡请教执政之道。孔子说：“让粮食充足，让军备充实，让百姓相信政府。”子贡说：“如果迫不得已，必须在这三者当中去掉一项，先去掉哪一项呢？”孔子说：“去掉军备。”子贡说：“如果迫不得已，必须在剩下的两项中去掉一项，先去掉哪一项呢？”孔子说：“去掉粮食。自古以来，人都会死去的。如果政府不能取信于民，它就站不住脚。”

[注释]①兵：兵器，武器装备。足兵：指加强国防。②民信之：指政府守信，百姓可以相信政府。③民无信不立：没有百姓的信任，那么国政是立不起来的。

[拓展]《逸周书·文传解第二十五》：“天有四殃，水旱饥荒。其至无时，非务积聚，何以备之？《夏箴》曰：‘小人无兼年之食，遇天饥，妻子非其有也。大夫无兼年之食，遇天饥，臣妾舆

马非其有也。”

《左传·襄公二十七年》：“天生五材，民并用之，废一不可，谁能去兵？兵之设久矣，所以威不轨而昭文德也。圣人以兴，乱人以废。废兴、存亡、昏明之术，皆兵之由也。”

《司马法》：“国虽大，好战必亡。天下虽安，忘战必危。”

08 棘jí子成曰①：“君子质/而已矣，何以文为②？”子贡曰：“惜乎，夫子之说君子也！驷sì不及舌③。文犹质也，质犹文也。虎豹之鞟④kuò，犹犬羊之鞟。”

[译文]棘子成说：“君子只要本质好就够了，要那些形式有什么用？”子贡说：“可惜啊，先生这样谈论君子！一言既出，驷马难追。内在的本质和外在的形式是同等重要的。如果把虎、豹和犬、羊皮子上的毛拔掉，他们皮革就一样了。”

[注释]①棘子成：旧说他是卫国的大夫。②为：助词，用于句末。《庄子·逍遥游第一》：“奚以之九万里而南为？”③驷：把四匹马套在一起拉一辆车，这是当时跑得最快的车。舌：代指人嘴里所说出来的话。驷不及舌：人的话说出口以后，即使用最快的车去追也追不上。戒人谨慎言语。④鞟：兽皮去掉毛之后得到的皮革。

[拓展]在孔子那里，理想的状况是文质彬彬，内容和形式搭配得合适。如果必须要从“文”和“质”当中选一个的话，孔子也是有倾向性的。孔子曾说：“如用之，则吾从先进。”（《论语·先进第十一》第一章）先进于礼乐者，质胜文而野，但孔子却认可先进，更重视“质”（内容）。如果只看本质，只看实用这个方面，虎、豹、犬、羊的皮革穿在身上一样保暖，但为什么虎、豹的皮贵一些呢？就是因为它们的毛色和花纹。这只是形式，但形式也很重要。本章所强调的，正是形式的重要性。

09 哀公问于有若曰：“年饥，用不足[①]，如之何？”有若对曰：“盍hé彻乎[②]！”曰：“二，吾犹不足，如之何其彻也？”对曰：“百姓足，君孰与不足？百姓不足，君孰与足？”

[译文]鲁哀公问有若说：“遇到饥荒年景，国家财物不够用，怎么办？”有若回答说：“为什么不用彻法呢？”哀公说：“十分抽二我都不够，怎么能用十分抽一的彻法呢？”有若回答说：“如果百姓富足了，您会受谁牵扯而不富足？如果百姓不富足，您要与谁共享富足呢？”

[注释]①用：指国家的财用。②彻：周代实行十分抽一的税率，此税法称为“彻”。鲁国自宣公开始税亩，又逐亩取其十分之一，结果就成了十分抽二。

[拓展]20%的税率，已经是周朝税制的两倍了，鲁哀公还是觉得不够用。现在，齐景公的悲叹

也可以送给鲁哀公："虽有粟，吾得而食诸！"如果让老百姓活不成，国君又岂能活得安稳呢？如果老百姓都饿死了，国君还能坐在那里吃饭吗？《尚书·夏书·五子之歌》云："民惟邦本，本固邦宁。"朱子云："民富，则君不至独贫；民贫，则君不能独富。"（《论语集注》）有若之言止人君聚敛之欲，有功于后世。

10 子张问崇德、辨惑。子曰："主忠信[1]，徙义[2]，崇德也。爱之欲其生，恶之欲其死。既欲其生，又欲其死，是惑也。'诚不以富，亦祇 zhī 以异。'"

[译文]子张问如何提高品德，明辨惑乱。孔子说："以忠信为基本道德，按照道义去做事，就可以提高品德。爱一个人的时候就希望他长寿，厌恶起来就恨不得让他马上死。同一个人，既想让他长命，又想让他快死，这就是迷惑了。《诗经》上说：'这真的不能让你更幸福，只是让你觉得新鲜罢了。'"

[注释]①忠信：人能忠信，则大根大本确立。②徙义：日新其德，不断趋近于善。如此，则可谓"崇德"。人生而能死，死不可复生，因为自己的爱恶，而让人或生或死，这样的人真是太糊涂了。③诚不以富，亦祇以异：这是《诗经·小雅·我行其野》中的诗句。《我行其野》是一首弃妇诗，诗句的意思见译文。引在此处，难解。

[拓展]如果直译"生"为活着，"死"为去世，我认为还不是那种人的本意，也不足以展示那种人的荒谬，所以把"生"译成了长命、长寿，把"死"译成了快死、马上死。

11 齐景公[1]问政于孔子。孔子对曰："君君，臣臣，父父，子子。"公曰："善哉！信如君不君，臣不臣，父不父，子不子，虽有粟，吾得而食诸？"

[译文]齐景公向孔子请教执政之道。孔子回答说："君要尽君道，臣要尽臣道，父要尽父道，子要尽子道。"景公说："说得好啊！如果确实君不尽君道，臣不尽臣道，父不尽父道，子不尽子道，即使库里有粮，我能吃得到吗？"

[注释]①齐景公：姓姜，吕氏，名杵臼，齐庄公的异母弟。齐国大夫崔杼杀死庄公后，立他为君，公元前 547-前 490 年在位。

[拓展]鲁昭公末年，孔子到了齐国，所以有了这番对话。齐景公失政，大夫陈氏厚施于国，大得民心。景公又多内嬖（bì，受君主宠爱的人），不立太子，正是君不君、臣不臣、父不父、子不子。所以齐景公问政，孔子就这样回答他。

12 子曰：“片言可以折狱者[①]，其由也与yú！”子路无宿诺[②]。

[译文]孔子说：“只根据一方的供述就可以断案的，恐怕只有仲由吧！”对自己许下的诺言，子路从不拖延。

[注释]①片言：单方面的供词，一方的供述。折狱：断案。②宿诺：拖延未办的诺言。

[拓展]一般来说，审理案件需要听取原告、被告双方的陈述，才能下结论。子路忠信明决，真诚坦荡，仅听一方之言即可断案。

13 子曰：“听讼[①]，吾犹人也。必也/使无讼乎？”

[译文]孔子说：“审理案件的能力，我和别人差不多。一定要让百姓和睦，让诉讼消失才好。”

[注释]①听讼：审理案件。

[拓展]即便是高超的断案能力，也不值得夸耀。北宋周敦颐善断案，名与包拯齐，但他不以为荣。善于听讼，不如使民无讼。政通人和，百业兴旺，人人孝悌忠信，知晓礼义廉耻，这样本正源清，就能草木繁盛，根深叶茂。

《说苑·卷十四 至公》：“孔子为鲁司寇，听狱必师（师，众也）断。（《公羊解诂·僖公二十八年》：“听讼必师断，与其师众共之。”）敦敦然皆立，然后君子（孔子）进曰：‘某子以为何若？’某子以为云云。又曰：‘某子以为何若？’某子曰云云。辩（遍）矣，然后君子曰：‘几当从某子云云乎？’以君子之知（智），岂必待某子之云云，然后知所以断狱哉？君子之敬让也。文辞有可与人共之者，君子不独有也。”这段文字为我们展示了孔子审理案件的情形。

《大戴礼记·礼察第四十六》：“凡人之知（智），能见已然，不能见将然。礼者，禁于将然之前；而法者，禁于已然之后。是故，法之用易见，而礼之所为生/难知也。若夫（fú）庆赏以劝善，刑罚以惩恶。先王执此之正，坚如金石；行此之信，顺如四时；处此之功，无私如天地，尔岂顾不用哉？然如曰礼云礼云，贵绝恶于未萌，而起敬于微眇（miǎo），使民日从善远罪而不自知也。”

《周易·讼卦第六》：“讼，有孚，窒惕，中吉，终凶。”九二刚来而得中，故“中吉”。讼不可成，故“终凶”。故《朱子家训》云：“居家戒争讼，讼则终凶。”

14 子张问政。子曰：“居之无倦[①]，行之以忠[②]。”

[译文]子张问为政之道。孔子说：“尽职尽责不知疲倦，执行政令忠诚可靠。”

[注释]①居之：在岗位上的工作态度。无倦：没有疲倦，兢兢业业。②行之：做工作，推行政事。忠：诚恳，实在，不弄虚作假。

15 子曰：“博学于文，约之以礼，亦可以弗畔[①]矣夫fú。”

[译文]孔子说："既广泛地读书学习，又用礼法约束自己，也就不致于离经叛道了！"

[注释]①弗畔：指不违背道义。

[拓展]本章已见于《雍也第六》，但此处"博学"前少了"君子"二字。

16 子曰："君子成人之美[①]，不成人之恶。小人反是。"

[译文]孔子说："君子成全别人的好事，不助成别人的坏事。小人恰恰相反。"

[注释]①成：促成，助成。②是：代词，指上述君子的做法。

17 季康子[①]问政于孔子。孔子对曰："政者，正也。子帅以正[②]，孰敢不正？"

[译文]季康子向孔子请教执政之道。孔子回答说："'政'字的意思，就是行事端正。您带头端正地行事，谁还敢行事不端正呢？"

[注释]①季康子：鲁国的上卿，他应当是群臣的表率，是大家效法的榜样。②帅：同"率"，表率，起模范带头作用。

18 季康子患盗，问于孔子。孔子对曰："苟子之不欲[①]，虽赏之不窃[②]。"

[译文]季康子苦于盗贼出没，向孔子请教对策。孔子回答说："假如您不贪财，就是奖励偷盗行为，他们也不会偷盗。"

[注释]①苟：如果，假如。子：代词，您，对话中称呼对方的敬称。不欲：不贪求。②赏：奖赏，鼓励。

[拓展]季康子是贪得无厌的。他们季氏家族窃取了鲁国的政权，他本人夺嫡而立，本身就是大盗。所以鲁国人偷他家的东西，就不足为怪了。

19 季康子问政于孔子曰："如杀无道，以就有道，何如？"孔子对曰："子为政，焉用杀[①]？子欲善而民善矣。君子之德，风。小人之德，草。草上之风，必偃[②]yǎn。"

[译文]季康子向孔子请教执政之道，说："假如杀掉无道的坏人，以此亲近有道的好人，怎么样？"孔子回答说："您执政，为什么一定要杀人呢？您老想着做善事，百姓向您学习，也会善良起来。君子道德的影响就像风，百姓的言行就像草。风从草上吹过，草就顺着风向弯倒。"

[注释]①焉：岂，难度。②偃：歪倒，倒伏。

[拓展]杀人合宜，虽比滥杀强，总不如不杀好。以德化民，令上下同归于善，方为有德之仁政。

20 子张问："士何如斯可谓之'达'矣[1]？"子曰："何哉，尔所谓'达'者？"子张对曰："在邦必闻，在家必闻[2]。"子曰："是'闻'也，非'达'也。夫 fú '达'也者，质直而好义[3]，察言而观色，虑以下人。在邦必达，在家必达。夫 fú '闻'也者，色取仁而行违，居之不疑。在邦必闻，在家必闻。"

[译文]子张问："一个士人怎样了才算通达？"孔子说："你所说的'达'是什么意思？"子张回答说："在诸侯国从政时有名望，在大夫家从政时也有名望。"孔子说："这个叫'闻'，不叫'达'。一个通达的人，他的品质是正直的，他喜欢按照道义做事，善于领会言语的弦外之音，善于观察别人的脸色，愿意对人谦逊退让。这种人在诸侯国从政时一定事事行得通，在大夫家从政时也一定事事行得通。喜欢好名声的人，表面上爱好仁德，行动上却违背仁德。他竟以仁人自居，而且从不怀疑自己。这种人，在诸侯国从政的时候一定会骗取虚名，在大夫家从政的时候也一定会骗取虚名。"

[注释]①达：通达，行得通。②邦：指诸侯国。闻：有名望，有好名声。家：指卿大夫之家。③质直：内在品质正直。

[拓展]概念不清，就无法讨论问题。所以，孔子要问清子张所说的"达"指什么。经过分析，果然有问题。子张所问的是"闻"，而不是"达"，二者是不同的。于是，孔子分别加以讲解，然后"闻""达"之异便水落石出了。

21 樊 Fán 迟从游于舞雩 yú 之下，曰："敢问崇德[1]、修慝[2] tè、辨惑[3]。"子曰："善哉问！先事后得，非崇德与 yú？攻其恶，无攻人之恶，非修慝与 yú？一朝 zhāo 之忿，忘其身，以及其亲，非惑与 yú？"

[译文]樊迟随从孔子在舞雩台下游览的时候，说："请问怎样提高自己的品德？怎样消除别人对自己藏在心里的怨恨？怎样分辨哪种是糊涂事？"孔子说："问得好！先付出劳动，然后再求收获，不就提高品德了吗？只做自我批评，不挑别人的毛病，不就能消除别人对自己藏在心里的怨恨了吗？只因一时之怒就逞强斗狠，忘了自己的身家性命，也忘了自己的爹娘，这不就是糊涂事吗？"

[注释]①崇德：先事后得，先难后获，都是崇高的道德。均是先致力于做事，之后自然有得，如此则可谓之"崇德"。②慝：别人隐藏在心中的对自己的怨恨。也就是说，别人恨自己，自己却不知道。修慝：严以律己，而宽以待人，谓之修慝。③辨惑：逞一时怒气的人，在激情的支配下，

做事不计后果，以致自己或对方受伤甚至死亡，而他却不顾这一切对亲人的影响。这样的人是相当糊涂的。

22 樊迟问仁。子曰："爱人。"问知[智]。曰："知人。"樊迟未达。子曰："举直错诸枉[1]，能使枉者直。"樊迟退，见子夏，曰："乡xiàng也[2]/吾见于夫子而问'知[智]'，子曰：'举直错诸枉，能使枉者直。'何谓也？"子夏曰："富哉言乎[3]！舜有天下，选于众，举皋陶[4]Gāoyáo，不仁者远矣。汤有天下，选于众，举伊尹[5]Yīyǐn，不仁者远矣。"

[译文]樊迟问仁。孔子说："关爱他人。"问智。孔子说："了解他人。"樊迟还不明白。孔子说："把正直的人提拔起来，让他的地位高于邪枉的人，能让邪枉的人变得正直。"樊迟出来，见到子夏，说："刚才我去见老师，请教何为'智'。老师说：'把正直的人提拔出来，让他的地位高于邪枉的人，能让邪枉的人变得正直。'这句话是什么意思呢？"子夏说："这句话的内涵太丰富啦！舜管理天下的时候，在众人当中选拔人才，结果提拔皋陶掌管司法，不仁的人就失势了。汤管理天下的时候，在众人当中选拔人才，结果提拔伊尹为相，掌握国家大政，不仁的人就失势了。"

[注释]①未达：不明白。错：同"措"。②乡：古书写作"鄉"，通"曏"，从前，刚才。③富：内涵丰富。④皋陶：舜的臣，分管司法。⑤汤：殷商王朝的开国之君。伊尹：商汤的相，著名的贤臣。详见《尚书》《史记》《孟子》等。

[拓展]在《八佾第三》，孔子说："举直错诸枉，则民服。"这里说"举直错诸枉，能使枉者直"，则是在说仁者如何知人，如何爱人。不直的人变为正直的人，这就是爱人。它的前提是知人。知道人有直有不直，然后高举正直的人，去影响不直的人，最后让不直的人变得正直，这就是仁者的做法。孔子的话含义很丰富，但子夏的理解并不全面。子夏只是说"举直错诸枉"，能使枉者"远"，而非能使枉者"直"。这是有区别的。

《荀子·子道篇第二十九》："子路入，子曰：'由，知者若何？仁者若何？'子路对曰：'知者使人知己，仁者使人爱己。'子曰：'可谓士矣。'子贡入，子曰：'赐，知者若何？仁者若何？'子贡对曰：'知者知人，仁者爱人。'子曰：'可谓士君子矣。'颜渊入，子曰：'回，知者若何？仁者若何？'颜渊对曰：'知者自知，仁者自爱。'子曰：'可谓明君子矣。'"

23 子贡问友[1]。子曰："忠告而善道[导]之[2]，不可则止[3]，毋自辱焉[4]。"

[译文]子贡问朋友相处之道。孔子说："实实在在地劝告他，巧妙地引导他；如果他还不听从，也就算了。不要强迫他听从你的意见，那样你可能会自取其辱。"

[注释]①友：指交友之道。②道：通“导”。善道之：用巧妙的方法、委婉的言语去劝导朋友。③不可：不听从劝言。④毋：不要，禁止之辞。自辱：朋友厌恶你，甚至恼恨你，因而你将自取其辱。

[拓展]在这一章里，孔子谈的是发现朋友做事不合道义时的做法。朋友之间是平等关系，虽然有劝善的义务，却没有逼迫的权力。孔子说：“朋友数，斯疏矣。”（《论语·里仁第四》）规劝朋友太频繁，会让朋友关系变得疏远。如果逼迫朋友作出改变，则可能会招来朋友的反抗，把朋友关系闹僵，甚至反目成仇。

24 曾子曰：“君子以文会友①，以友辅仁②。”

[译文]曾子说：“君子在文化活动中广交朋友，然后与朋友共同努力，推动仁道的发展。”

[注释]①会友：交新朋友，聚集同道之人。②辅仁：辅助、弘扬仁道。一种理解见译文，另一种理解是辅助自己仁德的修养。

子路第十三

01 子路问政。子曰："先之①，劳之②。"请益③。曰："无倦④。"

[译文]子路问如何执政。孔子说："先做好表率，然后再给他们安排工作。"子路想听更高深的执政之道。孔子说："就这样做，不知疲倦地做。"

[注释]①先之：先于百姓行动，给百姓做榜样。自己先去做了，百姓就会跟着做，不令而行。②劳之：役使百姓，给百姓安排劳动任务。自己不辞辛劳，百姓虽然辛劳，也不会有怨言。《易》曰："说（悦）以先民，民忘其劳。"（《周易·兑卦》）③益：多，丰富。子路想请孔子讲得多一点，深一点。④无倦：不知疲倦。孔子知道子路能够付诸行动，但子路的努力可能不长久，所以劝子路要不知疲倦地坚持下去，有恒心才能有政绩。

02 仲弓为季氏宰，问政。子曰："先有司①，赦 shè 小过②，举贤才③。"曰："焉知贤才而举之？"曰："举尔所知。尔所不知，人其舍诸④？"

[译文]仲弓做了季氏的总管，向孔子请教执政之道。孔子说："给工作人员做好表率，让大家各司其职；赦免下属的小错，不要斤斤计较；推举贤良的人才，然后任用他们。"仲弓问："怎样才能发现贤才，然后举荐他们呢？"孔子说："把你熟知的贤才举荐出来。你不知道的贤才，别人难道会把他们遗漏掉吗？"

[注释]①有司：职能部门。先有司：首先要做好表率，让各个职能部门的工作人员各司其职。②小过：小的过失。人做工作的时候，小的过失难免会有，应当持宽容态度，不要斤斤计较。否则人人畏首畏尾，不敢做事，会形成懒政。③举贤才：举荐贤良的人才。④尔：人称代词，你。舍：舍弃，遗漏。如果每个人都去推举他所知道的贤才，人才就漏不下了。

03 子路曰："卫君待子而为政，子将奚 xī 先？"子曰："必也正名乎！"子路曰："有是哉？子之迂 yū 也①！奚其正？"子曰："野哉②，由也！君子于其所不知，盖阙 quē 如也③。名不正，则言不顺；言不顺，则事不成；事不成，则礼乐不兴 xīng；礼乐不兴，则刑罚不中 zhòng；刑罚不中，则民无所错[措]手足④。故君子名之必可言也，言之必可行也。君子于其言，无所苟⑤/而已矣！"

[译文]子路问孔子："如果卫国国君请您去治理国政，您将先做什么？"孔子说："一定要先端正名分吧！"子路说："有这样做的吗？您的办法也太迂阔了！正什么名呢？"孔子说："仲由

啊，你怎么这样鲁莽！君子对于他所不懂的，应持保留态度，而不乱加评判。名分不正，言辞就不能顺理成章；言辞不能顺理成章，事情就不可能做好；事情做不好，礼乐就不能复兴；礼乐不能复兴，刑罚也就不会公平；刑罚不公平，百姓就会惶恐不安，连手脚都不知道应该放在哪里才好。所以，君子要确定名分，一定让它言之有理；言之有理的事情，一定能够行得通。君子对于自己的言辞，应当一点也不随意才可以。"

[注释]①迂：远，不切实际。②野：粗野，鄙陋。这里批评子路对于自己不懂的事物，不能持保留态度，反而随口乱说。③阙：同"缺"，存疑。④错：同"措"。错手足：举手投足，这里指行动，做事情。⑤苟：马马虎虎，随随便便。

04 樊迟请学稼[①]。子曰："吾不如老农。"请学为圃[②]pǔ。曰："吾不如老圃。"樊迟出。子曰："小人哉，樊须也！上好礼，则民莫敢不敬。上好义，则民莫敢不服。上好信，则民莫敢不用情[③]。夫 fú如是，则四方之民襁[④]qiǎng负其子而至矣，焉用稼！"

[译文]樊迟要学种庄稼。孔子说："我不如老农民。"又要学种菜。孔子说："我不如老菜农。"樊迟退了出来。孔子说："樊迟真是个老百姓啊！执政者讲究礼节，就没有人敢不尊敬他；执政者遵守道义，就没有人敢不服从他；执政者诚实守信，就没有人敢不说实话。如果能这样，周边国家的百姓就会背着小孩来投奔，哪里用得着亲自种地呢？"

[注释]①樊迟：名须，字子迟，孔子的学生。稼：种植粮食作物。②圃：菜地。为圃：打理菜地，即种菜。③情：实情。不用情：隐瞒真相，不说实情。④襁：背小孩子用的背带。

[拓展]樊迟和孔子不在一个层次上。孔子倒不是反对樊迟学农业，甚至学农业该拜谁为师，孔子也告诉樊迟了。孔子的问题是：解决礼崩乐坏的社会问题，能靠种地吗？你到我这里来，是来学种地的吗？在孔子的时代，小人指平民，指百姓。孔子希望学生通过学习成为执政者，成为教育工作者，以其文化和能力服务社会。

05 子曰："诵《诗》三百，授之以政，不达[①]；使于四方，不能专对[②]。虽多，亦奚以为？"

[译文]孔子说："能吟诵《诗经》三百篇，但是交给他政事，他办不成；叫他出使外国，他不能独立应对；虽然读得多，又有什么用呢？"

[注释]①达：通达，指实际应用。②专对：作为使节，在外交活动中能独立应答，应对自如。

[拓展]在春秋时期的外事活动中，各国使节常常吟诵《诗经》中的篇章来表达自己的意图。《左

传》记载了很多通过诵《诗》来表情达意的外事活动，非常精彩。另外，古人论证自己的观点也常常引用《诗经》，《孟子》《荀子》等书中都有大量的记载。熟练吟诵《诗经》是当时卿大夫的基本功。不能熟背《诗经》是不行的，不能活用《诗经》也是不行的。

06 子曰："其身正①，不令而行。其身不正，虽令不从②。"

[译文]孔子说："执政者自己行事端正，不用下命令，事情就能办成。执政者自己行事不端正，即便三令五申，百姓也不会服从。"

[注释]①正：端正，合乎道义。②从：服从，跟从。

[拓展]《新序・杂事第一》："孔子在州里，笃行孝道，居于阙 quē党，阙党之子弟畋 tián渔，分有亲者得多，孝以化之也。是以七十二子自远方至，服从其德。鲁有沈犹氏者，旦饮 yìn 羊，饱之，以欺市人。公慎氏有妻而淫，慎溃氏奢侈骄佚，鲁市之鬻（yù，卖）牛马者善豫（欺骗）贾（同"价"）。孔子将为鲁司寇，沈犹氏不敢朝 zhāo 饮 yìn 其羊，公慎氏出其妻，慎溃氏踰境而徙，鲁之鬻 yù马牛不豫贾（价），布正以待之也。既为司寇，季、孟堕郈 hòu、费 Bì之城，齐人归所侵鲁之地，由积正之所致也。故曰：'其身正，不令而行。'"

07 子曰："鲁、卫之政，兄弟也①。"

[译文]孔子说："鲁、卫两国的政治，像亲兄弟一样，很相似。"

[注释]①兄弟：周公是鲁国的始封之君，康叔是卫国的始封之君。周公和康叔是兄弟关系，鲁、卫两国的文化传统也非常接近。

08 子谓卫公子荆①："善居室②。始有，曰：'苟合矣③。'少有，曰：'苟完矣④。'富有，曰：'苟美矣⑤。'"

[译文]孔子评价卫国的公子荆说："他擅于持家。刚有一点财产的时候，他就说：'真的够用了。'又多了一些，他就说：'真的齐备了。'富裕了以后，他就说：'简直太华美了。"

[注释]①公子荆：卫献公的儿子，字南楚，吴公子季札称赞他为君子。②居室：居家过日子，这里特指管理家庭经济事务。③苟：诚然，确实。合：合用，够用。④完：完备，充足。⑤美：美好，华美。

09 子适卫①，冉有仆②。子曰："庶 shù矣哉③！"冉有曰："既庶矣，又何加焉？"曰："富之。"曰："既富矣，又何加焉？"曰："教之④。"

[译文]孔子到卫国去，冉有为他驾车。孔子说："人口真多啊！"冉有说："人多了以后，该做什么呢？"孔子说："让他们富裕起来。"冉有说："已经富裕了，然后该做什么呢？"孔子说："教育他们。"

[注释]①适：赴，往。②仆：侍从，随从孔子，为老师驾车。③庶：指人口众多。④教：指进行礼、乐、射、御、书、数等方面的教育。

10 子曰："苟有用我者①，期jī月而已可也②，三年有成。"

[译文]孔子说："如果有任用我治理国政的，只用一年时间就差不多了，三年后就会大有成效。"

[注释]①苟：如果，假如。②期：又作"朞"。期月：一周年。

11 子曰："'善人为邦百年，亦可以胜残去杀矣①。'诚哉是言也②！"

[译文]孔子说："'善人连续治国百年，也就可以克制残暴之人，消除虐杀之事了。'这话说得真对啊！"

[注释]①胜残：胜过残暴之人。去杀：去除杀戮之事。②诚：真的，确实。是：代词，此，这个。

12 子曰："如有王者，必世而后仁①。"

[译文]孔子说："假如有王者兴起的话，也一定要用三十年时间才能使仁政大成。"

[注释]①世：一代人，大约三十年。

13 子曰："苟正其身矣①，于从政乎何有②？不能正其身，如正人何？"

[译文]孔子说："如果自己能行事端正，执政有什么困难呢？如果自己行事不端，那又怎样去端正别人呢？"

[注释]①苟：如果。正其身：让自己做事端正。②何有：即"有何难"，有什么难的。

[拓展]《晏子春秋·内篇杂下第六》："灵公好妇人而丈夫饰者，国人尽服之。公使吏禁之，曰：'女子而男子饰者，裂其衣，断其带。'裂衣断带相望，而不止。晏子见，公问曰：'寡人使吏禁女子而男子饰者，裂断其衣带，相望而不止者，何也？'晏子对曰：'君使服之于内，而禁之于外，犹悬牛首于门，而卖马肉于内也。公何以不使内勿服？则外莫敢为也。'公曰：'善！'使内勿服，不逾月，而国人莫之服。"

14 冉子退朝。子曰：“何晏也①？”对曰：“有政。”子曰：“其事也。如有政，虽不吾以②，吾其与 yù闻之③！”

[译文]冉有从季氏的私朝回来。孔子说：“为什么回来得这么晚呢？”冉有回答说：“处理国政。”孔子说：“那只是季氏的家事罢了。如果有国政，虽然我不在职，也会知道的。”

[注释]①晏：晚，迟。②政：国政。事：家事。吾以：即“以吾”，任用我。③与：参与。

[拓展]此章记孔子正名之事也。礼：大夫虽不治事，犹得与（yù）闻国政。孔子曾以司寇摄行相事，是鲁国的大夫，尽知鲁国政事。季氏虽然握有鲁国的实权，但其私朝所议的只能称之为家事，而不是鲁国的国政。

15 定公问：“一言而可以兴 xīng邦，有诸①？”孔子对曰：“言不可以若是其几 jī也②。人之言曰：‘为君难，为臣不易。’如知为君之难也，不几 jī乎一言而兴邦乎？”曰：“一言而丧邦，有诸？”孔子对曰：“言不可以若是其几 jī也！人之言曰：‘予无乐乎为君，唯其言而莫予违也③。’如其善而莫之违也，不亦善乎？如不善而莫之违也，不几 jī乎一言而丧邦乎？”

[译文]鲁定公问：“一句话就能让国家兴盛，有这样的话吗？”孔子回答说：“话不能说得这么绝对。但有人说：‘做君主难，做大臣也不容易。’假如知道做君主的艰难，这难道不近于一句话就能让国家兴盛吗？”定公又问：“一句话就能亡国，有这样的话吗？”孔子回答说：“话不能说得这么绝对。但有人说：‘我并不乐意当君主；只不过假如我是君主，我的话就无人违抗，这实在是一大乐事。’假如国君的话对而无人违抗，不也是好的吗？假如国君的话错了却无人劝谏，这难道不近于一句话就能亡国吗？”

[注释]①诸：“之”“乎”的合音。有诸：即“有之乎”，有这回事吗。②几：接近，近于，这里是不留余地、绝对的意思。③莫予违：即“莫违予”，不违背我。

16 叶公问政。子曰：“近者说[悦]，远者来①。”

[译文]叶公问为政之道。孔子说：“让境内的百姓生活康乐，让远方的百姓前来投奔。”

[注释]①说：同“悦”，喜悦，心里高兴。来，赶来，投奔。

17 子夏为莒父 Jǔfǔ宰①，问政。子曰：“无欲速②，无见小利③。欲速则不达，见小利则大事不成。”

[译文]子夏当莒父的长官，请教如何执政。孔子说：“不要急于求快，不要贪图小利。想速成的，反倒不能达成目的；贪小利的，大事就不能成功。”

[注释]①莒父：鲁国城邑名，在今山东省莒县西。②欲速：心急，想快快成事。③见小利：贪求小的利益。

18 叶公语孔子曰：“吾党有直躬者①：其父攘 rǎng 羊②，而子证之。”孔子曰：“吾党之直者异于是：父为 wèi 子隐，子为 wèi 父隐，直在其中矣。”

[译文]叶公对孔子说：“我家乡有个直率的人，他的父亲偷了羊，他这个做儿子的就去告发父亲。”孔子说：“我家乡直率的人不是这样：父亲为儿子隐瞒，儿子为父亲隐瞒——直率就在这里了。”

[注释]①躬：本义指人的身体。直躬：身板端正，这里指人品正直。一说“躬”为人名。陆德明《经典释文》：“直躬，郑本作‘弓’，云：‘直人名弓。’”如此，则叶公家乡那个正直的人叫“躬”。②攘：偷窃，特指有缘由盗窃，或非主动的盗窃。

[拓展]古人说：“门内之治恩掩义，门外之治义断恩。”（《礼记·丧服四制第四十九》）门内门外，礼有不同。父子是门内之人，当行门内之治。“证之”是门外之治，当用于门外之人。门内之人，治之以恩情。门外之治，治之以礼法（今之“法律”）。

19 樊迟问仁。子曰：“居处 chǔ 恭，执事敬，与人忠①。虽之夷 Yí、狄② Dí，不可弃也。”

[译文]樊迟问仁。孔子说：“闲居的时候仪态端庄，工作的时候严肃恭敬，为别人做事实实在在。即使去夷、狄那里，这些品德也不能丢掉。”

[注释]①居处：指在家里的日常生活中。与：为，替。与人：为人办事。人与人之间的“忠”，只能在办理大大小小的事情上体现出来。只有做事情实在、可靠的人，才是忠诚的。②之：动词，去，到。夷狄：泛指周边未开化的野蛮地区。

20 子贡问曰：“何如斯可谓之士矣？”子曰：“行己有耻，使于四方，不辱君命，可谓士矣。”曰：“敢问其次？”曰：“宗族称孝焉，乡党称弟[悌]焉①。”曰：“敢问其次？”曰：“言必信，行必果②，硁硁 kēng 然③

小人哉！抑亦可以为次矣。”曰：“今之从政者何如？”子曰：“噫 yī！斗筲 shāo 之人[④]，何足算也？”

[译文]子贡问：“怎样才能叫士人呢？”孔子说：“用羞恶之心约束自己的言行，出使外国不辱没国君的使命，维护国家的尊严，就可以叫做士人了。”子贡说：“请问差一等的士人什么样？”孔子说：“宗族的人称赞他孝顺父母，乡里的人称赞他尊敬兄长。”子贡又说：“请问再差一等的士人什么样？”孔子说：“言语一定是诚实的，行为一定是果断的，这是干脆痛快、自以为是的老百姓啊，也可以说是再差一等的士人了。”子贡说：“现在的执政者怎么样？”孔子说：“咳！这帮器量狭小的人，哪有资格算数呢？”

[注释]①乡党：家乡，本乡本土。②果：果断，果决。③硁硁：形容干脆痛快、果断坚决又自以为是的样子。④筲：一种竹器。斗筲：二者都是容量很小的器物，这里指卑微鄙陋的人。

21 子曰：“不得中行而与之[①]，必也/狂狷 juàn 乎[②]！狂者进取，狷者有所不为也。”

[译文]孔子说：“如果找不到按中庸之道行事的人与他交往，那就和狂放的人、拘谨的人交往吧。狂放的人志向高远，勇于进取；拘谨的人严守底线，安分守己。”

[注释]①中行：即中庸之道，不过分，也不亏欠。②狂：志大才疏，好高骛远，不切实际。狷：拘谨，保守，畏缩。

22 子曰：“南人有言曰：‘人而无恒[①]，不可以作巫医[②]。’善夫 fú！‘不恒其德，或承之羞[③]。’”子曰：“不占 zhān/而已矣[④]。”

[译文]孔子说：“南方人有句话这样说道：‘人如果没有恒心，就不能做巫帅或医生。’这话说得好啊！”《周易·恒卦》的爻辞说：“人若不能坚守道德，或早或晚羞辱必至。”孔子说：“这话的意思是说，没有恒心坚守道德的人就不必占卦了。”

[注释]①恒：恒久，持久。②巫：巫师。医：医者，医生。巫用巫术，医用医术，都是为了把人从痛苦中解救出来。③不恒其德，或承之羞：出自《周易·恒卦》，意思是说，人如果不能恒久地坚守自己的道德，就难免会遭受耻辱。④不占：学《易》，但不用它占卜。君子有恒德，不必占卜，自然吉祥，无不利。小人无恒德，虽然占卜，依然难以逃罪，故无益。

23 子曰：“君子和而不同[①]，小人同而不和。”

[译文]孔子说：“君子能与众人和睦相处，但不要求别人与自己相同。小人只喜欢结交与自己

同类的人，却不能与众人和睦相处。”

[注释]①和：和睦相处。同：相同，一致，无差异。

[拓展]君子尊重人与人之间的差异，而且把这种差异看得很宝贵。孟子也说，“物之不齐，物之情也”；如果“比而同之，是乱天下也”。（《孟子·滕文公上》）《左传·昭公二十年》有一段话，谈到了“和”与“同”的区别，兹录于下：

齐侯至自田，晏子侍于遄台，子犹驰而造焉。公曰：“唯据与我和夫！”晏子对曰：“据亦同也，焉得为和？”公曰：“和与同异乎？”对曰：“异。和如羹（gēng）焉，水、火、醯、醢（hǎi）、盐、梅，以烹鱼肉，燀（chǎn）之以薪，宰夫和之，齐之以味，济其不及，以泄其过。君子食之，以平其心。君臣亦然。君所谓可，而有否焉，臣献其否以成其可。君所谓否，而有可焉，臣献其可以去其否。是以政平而不干，民无争心。故《诗》曰：‘亦有和羹，既戒既平。鬷（zōng）嘏（gǔ）无言，时靡有争。’先王之济五味、和五声也，以平其心，成其政也。声亦如味，一气，二体，三类，四物，五声，六律，七音，八风，九歌，以相成也；清浊、小大，短长、疾徐，哀乐、刚柔，迟速、高下，出入、周疏，以相济也。君子听之，以平其心。心平，德和。故《诗》曰：‘德音不瑕’。今据不然。君所谓可，据亦曰可；君所谓否，据亦曰否。若以水济水，谁能食之？若琴瑟之专一，谁能听之？同之不可也如是。”

24 子贡问曰：“乡人皆好之，何如？”子曰：“未可也。”“乡人皆恶wù之①，何如？”子曰：“未可也。不如乡人之善者好之，其不善者恶wù之。”

[译文]子贡问道：“乡人都喜欢他，这个人怎么样？”孔子说：“还不够好。”子贡又问道：“乡人都厌恶他，这个人怎么样？”孔子说：“还不够好。不如乡里的好人都喜欢他、乡里的坏人都厌恶他，这样的人就可以了。”

[注释]①皆恶之：都讨厌他。恶：厌恶，讨厌。之：代词，他，那种人。

[拓展]如果一个人有立场，那么别人对他就不可能“皆好”或“皆恶”。如果真的是善人，那一定是善人好之，不善人恶之。反之，如果真的是一个恶人，那一定是善人恶之，不善人好之。乡人都厌恶的人，固然不好。乡人都喜欢的人，就是一个乡原，一个没有原则的和事佬，也没有什么好的。孔子说：“乡原，德之贼也。”（《论语·阳货第十七》）

25 子曰：“君子易事而难说[悦]也①。说之不以道，不说也。及其使人也，器之②。小人难事而易说也。说之虽不以道，说也。及其使人也，求备

焉[③]。”

[译文]孔子说：“在君子手下做事很容易，想取悦他却很难。不用正当的方式取悦他，他是不会高兴的；但在用人的时候，他会根据下属的能力安排合适的工作。在小人手下做事很难，讨好他却很容易。即使用不正当的方式讨好他，他也会高兴的；但在用人的时候，他却百般挑剔，求全责备。”

[注释]①说：同“悦”，章内皆同。在本章是取悦他人、讨人欢心的意思。②器之：根据不同的能力，安排相应的工作。③求备：苛求完备，要求方方面面都做好。

26 子曰：“君子泰而不骄[①]，小人骄而不泰。”

[译文]孔子说：“君子舒泰安然，却不傲气凌人；小人傲气凌人，却不舒泰安然。”

[注释]①泰：舒缓，安静，坦荡。骄：傲慢，蛮横，躁动。

27 子曰：“刚、毅、木、讷 nè，近仁[①]。”

[译文]孔子说：“刚强、坚毅、质朴、谨言近于仁德。”

[注释]①木：朴素，实在。讷：话少，言语谨慎。木、讷在这里是褒义的。

28 子路问曰：“何如斯可谓之士矣？”子曰：“切切 qiè偲偲[①]sī，怡怡如也[②]，可谓士矣。朋友切切偲偲，兄弟怡怡。”

[译文]子路问道：“怎样才能称作‘士’呢？”孔子说：“直言相劝，巧妙引导，又能和睦相处，就可以称作‘士’了。朋友关系重在劝善规过，兄弟关系重在和睦相处。”

[注释]①切切：忠告，直言相劝。偲偲：巧妙地引导。子贡问友。子曰：“忠告而善道之。”（《论语·颜渊第十二》）②怡怡：亲近、友好的样子。

29 子曰：“善人教民七年，亦可以即戎 róng 矣[①]。”

[译文]孔子说：“善人教导百姓七年时间，也就可以让他们参军打仗了。”

[注释]①戎：兵事。即戎：就是当兵打仗的意思。

[拓展]善人教民，必是以善道教之。备战的目的当是保卫国家，抵抗侵略。善人一定会首先做好百姓的思想工作，让百姓明白战争的目的和意义，而不是简单的凭军功领赏赐。在七年时间里，要增强战士的身体素质，要学习进攻防守的技术，还要演练排兵布阵的方法等等，为参军打仗做好充分的准备。

30 子曰：“以不教民战，是谓弃之[2]。”

[译文]孔子说：“征发未经训练的百姓打仗，就是让他们白白送命。”

[注释]①不教民：没有参加过军事、政治训练的百姓。②弃之：抛弃他们，让百姓白白地送死。

宪问第十四

01 宪问耻①。子曰："邦有道，穀gǔ②。邦无道，穀gǔ，耻也。"

[译文]原宪问什么是耻辱。孔子说："国家政治清明的时候，做官领薪水是可以的；国家政治黑暗的时候，也做官领薪水，这就是耻辱。"

[注释]①宪：孔子弟子原思的名。②穀：薪水，俸禄，工资。

02"克、伐、怨、欲不行焉①，可以为仁矣？"子曰："可以为难矣。仁则吾不知也。"

[译文]原宪又问："如果好胜、自夸、怨恨、贪婪这四种毛病都没有，能算有仁德了吗？"孔子说："可以说是难能可贵的了。至于有没有仁德，我不知道。"

[注释]①克：好胜。伐：自夸。

03 子曰："士而怀居①，不足以为士矣！"

[译文]孔子说："如果一个士人贪恋安逸的居家生活，那就不配做一个士人了。"

[注释]①怀：怀念，贪恋。居：家居。怀居指贪恋家中的安逸生活。

[拓展]《礼记·射义第四十六》："故男子生，桑弧，蓬矢六，以射天地四方。天地四方者，男子之所有事也。"

04 子曰："邦有道，危言危行①。邦无道，危行言孙②[逊]。"

[译文]孔子说："政治清明的时候，想说就说，想做就做；政治黑暗的时候，该做就做，小心说话。"

[注释]①危：正直，直率。②孙：同"逊"，恭顺，收敛。

05 子曰："有德者必有言①，有言者不必有德。仁者必有勇，勇者不必有仁。"

[译文]孔子说："有德行的人一定能说出有哲理的话，说话有哲理的人不一定有德行。仁人一定是勇敢的，勇敢的人未必有仁德。"

[注释]①言：言辞，言论。德：道德高尚，品质优良。

[拓展]《荀子·性恶篇第二十三》："天下有中，敢直其身；先王有道，敢行其意；上不循于

乱世之君，下不俗于乱世之民；仁之所在无贫穷，仁之所亡无富贵；天下知之，则欲与天下同苦乐之；天下不知之，则傀（guī）然独立天地之间而不畏：是上勇也。”

06 南宫适kuò问于孔子曰[①]：“羿Yì善射[②]，奡ào荡舟[③]，俱不得其死然。禹Yǔ、稷躬稼而有天下[④]。”夫子不答。南宫适kuò出。子曰：“君子哉若人！尚德哉若人！”

[译文]南宫适请教孔子说：“羿擅长射箭，奡擅长水战，都没有得到善终。大禹和后稷亲自下地种田，却都得到了天下。”孔子没说什么。南宫适离开了。孔子说：“这个人真是一位君子啊！这个人真是尊崇道德啊！”

[注释]①南宫适：姓南宫，名适，字子容，又称南容，孔子弟子，娶了孔子的侄女。已见于《论语·公冶长第五》。②羿：相传他是夏代有穷国的国君，擅长射箭，篡夺了夏王太康的王位，后来被他的大臣寒浞（zhuó）杀了。③奡：夏代人。荡舟：行船，这里指水战。传说奡是一个擅长水战的大力士，后来被夏王少康杀了。④禹：夏朝的开国之君，治水有功，重视农业。稷：周朝人的祖先，善于育种和耕作，尧、舜之时做农官。

07 子曰：“君子而不仁者有矣夫[①]fú！未有小人而仁者也。”

[译文]孔子说：“身为君子却无仁德的人是有的吧！但不可能存在身为小人却有仁德的人。”

[注释]①君子：这里的君子是从地位上说的，指贵族。

08 子曰：“爱之，能勿劳乎？忠焉，能勿诲乎？”

[译文]孔子说：“爱一个人，能不为他操劳吗？为他负责，能不教导他吗？”

[注释]①劳：用心用力，操劳。②忠：忠诚，负责。③诲：教诲，劝导。

09 子曰：“为命：裨谌Bìchén草创之[①]，世叔讨论之[②]，行人子羽修饰之[③]，东里子产润色之[④]。”

[译文]孔子说：“郑国外交辞令的创制，首先由裨谌起草文稿，然后由世叔提出意见，再由外交官子羽修改文章，最后由子产润色言辞。”

[注释]①为命：起草诸侯盟会的文辞。裨谌：郑国的大夫。②世叔：即子太叔，姓游，名吉，郑国的大夫，继子产之后担任郑国的宰相。讨论：研究，评论，提出意见。③行人：外交官。子羽：即郑国的大夫公孙挥，子羽是他的字。④东里：地名，郑国大夫子产居住的

地方，在今河南省郑州市。

10 或问子产。子曰：“惠人也①。”问子西。曰：“彼哉！彼哉②！”问管仲。曰：“人也③！夺伯氏骈 Pián 邑三百④，饭疏食，没 mò 齿无怨言⑤。”

[译文]有人问子产的为人。孔子说：“他是个仁爱的人。”又问子西。孔子说：“那个人啊！那个人啊！”又问管仲。孔子说：“是个人才啊！管仲把伯氏三百户的采地骈邑剥夺了去，让伯氏只能吃粗粮，却心悦诚服，到死都没说过怨恨管仲的话。”

[注释]①惠人：仁爱的人，常常施恩惠于百姓的人。②彼哉：如同说“他啊”，“那个人啊”，有否定的意味。③人也：如同说“人才啊”，有赞美的意味。④伯氏：齐国的大夫。骈邑：齐国城邑名，清阮元以为在今山东省临朐县柳山寨。三百：邑人的户数。骈邑有民三百户，乃齐国下大夫之制。⑤齿：代指年岁。没齿：终其天年，直到死的时候。

[拓展]《说苑·卷第五 贵德》：“郑子产死，郑人丈夫舍玦珮，妇人舍珠珥，夫妇巷哭，三月不闻竽瑟之声。”

《礼记·仲尼燕居第二十八》：“子产犹众人之母也，能食之，不能教也。”

《荀子·仲尼篇第七》：“夫齐桓公有天下之大节焉，夫孰能亡之？倓然见管仲之能足以托国也，是天下之大知也。安忘其怒，出忘其雠，遂立为仲父，是天下之大决也。立以为仲父，而贵戚莫之敢妒也；与之高、国之位，而本朝之臣莫之敢恶也；与之书社三百，而富人莫之敢距也；贵贱长少，秩秩焉，莫不从桓公而贵敬之，是天下之大节也。诸侯有一节如是，则莫之能亡也。桓公兼此数节者而尽有之，夫又何可亡也！其霸也，宜哉！非幸也，数也。”

11 子曰：“贫而无怨难，富而无骄易。”

[译文]孔子说：“贫乏却无怨意，很难做到；富贵而无傲气，却是容易做到的。”

12 子曰：“孟公绰 chuò 为赵、魏老则优①，不可以为滕 Téng、薛大夫②。”

[译文]孔子说：“让孟公绰做晋国上卿赵氏、魏氏的家臣，他能轻松胜任，但他却做不了滕、薛这种小国的大夫。”

[注释]①孟公绰：鲁国的大夫。他胸有韬略，能够谋划大局，却不擅长处理繁杂的事务。赵、魏：指晋国的赵氏家族和魏氏家族，都是上卿。老：古代大夫的家臣称“老”，又称“室老”。优：能力富裕，绰绰有余。②滕：故城在今山东省滕州市西南约五公里的姜屯镇滕城村。薛：故城在今山东省滕州市东南约二十公里的官桥镇。滕国和薛国都是鲁国南方的小国。

[拓展]赵、魏皆晋上卿，其老有德者居之。滕、薛小国，事务繁剧，其大夫非有才者不能。

13 子路问成人①。子曰："若臧 zāng 武仲②之知[智]，公绰 chuò 之不欲，卞 biàn 庄子③之勇，冉求之艺，文之以礼乐 yuè，亦可以为成人矣！"曰："今之成人者何必然？见利思义，见危授命，久要 yāo 不忘平生之言④，亦可以为成人矣。"

[译文]子路问怎样才是完全人。孔子说："像臧武仲那样睿智聪明，像孟公绰那样清心寡欲，像卞庄子那样勇猛无畏，像冉求那样多才多艺，再用礼乐来提高他的修养，这样也就可以说是完全人了。"又说："现在的完全人哪里一定要这样呢？如果能遇到利益考虑该不该得，在危难时刻勇于献出生命，长久穷困都不忘平日的诺言，这样也就可以说是完全人了。"

[注释]①成人：完全人，能力全备的人，具备完全人格的人。②臧武仲：臧文仲的孙子臧孙纥，鲁国的大夫。他曾为季武子出谋划策，成功地废长立少。逃到齐国以后，他料到齐庄公国位不稳，婉拒了齐庄公赐予的封地。后来，齐庄公被杀，他没受牵连。于是，人们认为他很聪明。③卞庄子：鲁国的大夫，封地在卞邑（今山东省泗水县的泉林镇和平邑县的仲村镇附近）。据说，他曾经独自一人打死老虎，勇力远近闻名。④要：约，困顿，窘迫。久要：长期陷于困境之中。

[拓展]《说苑·卷十八 辨物》："颜渊问于仲尼曰：'成人之行何若？'子曰：'成人之行，达乎情性之理，通乎物类之变，知幽明之故，睹游气之源。若此而可谓成人。既知天道，行躬以仁义，饬身以礼乐。夫仁义礼乐，成人之行也。穷神知化，德之盛也。'"

14 子问公叔文子①于公明贾 gǔ，曰："信乎，夫子②不言、不笑、不取乎？"公明贾对曰："以告者③过也。夫子/时/然后言，人不厌其言④；乐/然后笑，人不厌其笑；义/然后取，人不厌其取。"子曰："其然？岂其然乎？"

[译文]孔子向公明贾询问公叔文子的德行，说："老人家不说话、不喜笑、不索取，是真的吗？"公明贾回答说："这是传话的人说错了。他老人家在该说话的时候才说话，所以别人不厌恶他的话；高兴了才喜笑，所以别人不厌恶他的笑；应该索取的时候才索取，所以别人不厌恶他的索取。"孔子说："是这样的吗？难道真是这样的吗？"

[注释]①公叔文子：名拔，卫献公之孙，卫国的大夫，谥号是"文"。公明贾：姓公明，名贾，卫国人，公叔文子的使臣。②夫子：这里指公叔文子。③以告者：拿这个告诉你的人，即传话人。④厌：憎恶，厌恶，嫌弃。

15 子曰：“臧武仲/以防/求为后于鲁[①]，虽曰/不要 yāo 君，吾不信也。”

[译文]孔子说：“臧武仲以离开他的采邑防城为条件，请求鲁君立臧氏之后为鲁国的卿大夫，即便有人说他没有要挟国君，我也是不相信的。”

[注释]①防：鲁国城邑名，在今山东省费县方城镇的华城村，是臧武仲的封邑。②要：要挟，胁迫。

[拓展]《春秋左氏传·襄公二十三年》：“孟氏闭门，告于季孙曰：‘臧氏将为乱，不使我葬。’季孙不信。臧孙闻之，戒。冬，十月，孟氏将辟，藉除于臧氏。臧孙使正夫助之，除于东门，甲从己而视之。孟氏又告季孙。季孙怒，命攻臧氏。乙亥，臧纥斩鹿门之关以出，奔邾。……臧武仲自邾使告臧贾，且致大蔡焉，曰：‘纥不佞，失守宗祧，敢告不吊。纥之罪不及不祀，子以大蔡纳请，其可。’贾曰：‘是家之祸也，非子之过也。贾闻命矣。’再拜受龟，使为以纳请，遂自为也。臧孙如防，使来告曰：‘纥非能害也，知不足也。非敢私请。苟守先祀，无废二勋，敢不辟邑？’乃立臧为。臧纥致防而奔齐。”

16 子曰：“晋文公谲 jué 而不正[①]，齐桓公正而不谲[②]。”

[译文]孔子说：“晋文公诡计多端，心术不正；齐桓公端庄中正，光明磊落。”

[注释]①晋文公（前 697？-前 628）：姓姬，名重耳，公元前 636-628 年在位，春秋五霸之一。他曾长期流亡在外，是一位经历颇为坎坷的国君。谲：诡诈，喜欢玩弄阴谋诡计。②齐桓公（？-前 643）：姓姜，吕氏，名小白，公元前 685-643 年在位，重用法家先驱管仲，成为春秋时期著名的霸主。

[拓展]晋文公谲而不正：鲁僖公二十八年（公元前 632 年），有温之会。“是会也，晋侯召王，以诸侯见，且使王狩。仲尼曰：‘以臣召君，不可以训，故书曰：“天王狩于河阳。”言非其地也，且明德也。’”（《左传·僖公二十八年》）晋文公召周天子，让诸侯前来朝见，有狐假虎威之意，乃欺君犯上之罪。为逞一国之威而撼天下之本，可谓“谲而不正”。

齐桓公正而不谲：“二十三年，山戎伐燕，燕告急于齐。齐桓公救燕，遂伐山戎，至于孤竹而还。燕庄公遂送桓公入齐境。桓公曰：‘非天子，诸侯相送不出境，吾不可以无礼于燕。’于是分沟割燕君所至与燕，命燕君复修召公之政，纳贡于周，如成康之时。诸侯闻之，皆从齐。”（《史记·齐太公世家第二》）齐桓公助燕伐山戎，即是“攘夷”。割燕君所至之地给燕国，即是“尊王”前提下的义举，可见其人品之端正。

《春秋左氏传·僖公九年》：“夏，会于葵丘，寻盟，且修好，礼也。王使宰孔赐齐侯胙，曰：‘天子有事于文武，使孔赐伯舅胙。’齐侯将下拜。孔曰：‘且有后命。天子使孔曰：“以伯舅耋老，加劳，赐一级，无下拜！”’对曰：‘天威不违颜咫尺，小白，余敢贪天子之命，无下拜？恐陨越于下，以遗天子羞。敢不下拜？’下拜，登受。”此亦齐桓公“遵王”事。

《春秋左氏传·闵公二年》：“冬十二月，狄人伐卫。……及狄人战于荧泽，卫师败绩，遂灭卫。……文公为卫之多患也，先适齐。及败，宋桓公逆诸河，宵济。卫之遗民男女七百有三十人，益之以共、滕之民为五千人。立戴公，以庐于曹。许穆夫人赋《载驰》。齐侯使公子无亏帅车三百乘、甲士三千人以戍曹。归（kuì）公乘马，祭服五称，牛、羊、豕、鸡、狗皆三百，与门材。归（kuì）夫人鱼轩，重锦三十两。”此之助卫，亦齐桓公“攘夷”事。

17 子路曰：“桓公杀公子纠[①]，召 Shào 忽死之[②]，管仲不死[③]。”曰：“未仁乎？”子曰：“桓公九合诸侯，不以兵车[④]，管仲之力也。如其仁⑤！如其仁！”

[译文]子路说：“齐桓公杀了公子纠，召忽因此自杀了，管仲却没有自杀。”于是问道：“管仲没有仁德吧？”孔子说：“齐桓公多次会盟诸侯，凭借的不是军事实力，而是管仲的智慧。这就是他的仁德！这就是他的仁德！”

[注释]①桓公：齐襄公之弟小白，于襄公被杀后率先回国，得立为君，是为齐桓公。桓公随即兴兵伐鲁，逼迫鲁国杀死公子纠（桓公之兄）。②召忽：公子纠的师傅，公子纠被杀后，召忽自杀以殉。③管仲：曾是齐国公子纠的师傅，公子纠被杀后，管仲自请囚禁。后来经由鲍叔牙举荐，管仲当上了齐国的相。九合诸侯之事多见于《史记·齐太公世家第二》。《史记》中另有《管晏列传第二》，记载了管仲的一些小事。④以：凭借，依赖。兵车：这里代指武装力量。⑤如：合乎，符合。如其仁：合乎仁德，即“有仁德”。

[拓展]《春秋左氏传·僖公四年》：“四年，春，齐侯以诸侯之师侵蔡。蔡溃，遂伐楚。楚子使与师言曰：‘君处北海，寡人处南海，唯是风马牛不相及也，不虞君之涉吾地也，何故？’管仲对曰：‘昔召康公命我先君大公曰：“五侯九伯，女实征之，以夹辅周室！”赐我先君履，东至于海，西至于河，南至于穆陵，北至于无棣。尔贡苞茅不入，王祭不共，无以缩酒，寡人是征。昭王南征而不复，寡人是问。’”

18 子贡曰：“管仲非仁者与 yú？桓公杀公子纠，不能死，又相 xiàng 之。”子曰：“管仲相 xiàng 桓公，霸诸侯，一匡天下，民到于今受其赐。微管仲[①]，吾其被 pī 发左衽 rèn 矣[②]。岂若匹夫匹妇之为谅也[③]，自经于沟渎 dú 而莫之知也[④]！”

[译文]子贡说：“管仲不是仁人吧？齐桓公杀了公子纠，管仲不但不能以死殉主，还去辅佐齐桓公，当了他的相。”孔子说：“管仲辅佐齐桓公称霸诸侯，尊王攘夷，匡正天下，百姓直到今天

还在享受他的恩惠。假如没有管仲，我们恐怕已经披散着头发，衣襟开在左边，沦为野蛮人了。难道要像普通男女一样守着小节小信，吊死在沟边，死了也无人知晓吗？”

[注释]①微：无，没有。②被：同“披”。左衽：衣襟向左开。“被发左衽”是古代周边少数民族的打扮。③谅：恪守诺言，坚守信用，这里指小节操，小诚信。④自经：上吊自杀。渎：小沟，小渠。自经于沟渎：在小沟边找棵歪脖子树，搭上根绳子，上吊而死。

[拓展]管仲因为心中有大事业，就超越小节，以天下大义为重，没有草草结束自己的生命。管仲终其一生捍卫华夏文明，维护中国秩序，其声名显于诸侯，其功业泽被后世。

19 公叔文子之臣/大夫僎①Zhuàn，与文子同升诸公②。子闻之，曰：“可以为‘文’矣③。”

[译文]公叔文子的家臣大夫僎，由文子举荐于卫君，然后才得以与文子同朝为臣。孔子听到后，说：“公叔文子配得‘文’这个美好的谥号了。”

[注释]①僎：卫国大夫，原来是公叔文子的家臣。②同升诸公：意思是说，僎经由文子的举荐成为大夫，二人同为朝臣，地位同等。③文：《逸周书·谥法解第五十四》：“锡（赐）民爵位曰文。”公叔文子（公孙拔）正是如此。

20 子言卫灵公之无道也，康子曰：“夫fú如是，奚而不丧？”孔子曰：“仲叔圉yǔ治宾客①，祝鮀tuó治宗庙②，王孙贾gǔ治军旅。夫fú如是，奚其丧？”

[译文]孔子谈到卫灵公的昏庸无道，季康子说：“都已经这样了，为什么没有亡国呢？”孔子说：“他任用仲叔圉主持外交，任用祝鮀管理祭祀，任用王孙贾统率军队。用人如此恰当，怎么会亡国呢？”

[注释]①仲叔圉：即“孔圉”，谥号为“文”，就是那位“敏而好学、不耻下问”的孔文子。②宗庙：宗庙的祭祀事务。

21 子曰：“其言之不怍①zuò，则为之也/难。”

[译文]孔子说：“如果一个人大言不惭，要让他实际做事就很难。”

[注释]①怍：惭愧。言之不怍：大言不惭，随便说话，不准备兑现。

22 陈成子弑shì简公①。孔子沐浴而朝②，告于哀公曰：“陈恒弑其君，请讨之。”公曰：“告夫 fú三子[③]。”孔子曰：“以吾从大夫之后[④]，不敢不告也。君曰‘告夫 fú三子’者！”之三子告[⑤]，不可。孔子曰：“以吾从大夫之后，不敢不告也。”

[译文]鲁哀公十四年（公元前 481 年），齐国大夫陈恒杀了国君齐简公。孔子斋戒沐浴后朝见鲁哀公，报告说：“陈恒杀了他的君主，请出兵讨伐他。”哀公说：“报告给季孙、叔孙和孟孙。”孔子出来后，说：“因为我曾忝居大夫之列，所以此等大事不敢不报，但国君竟说‘报告给那三个人’！”孔子又去季孙、叔孙、孟孙那里报告，但他们不同意出兵。孔子说：“因为我曾忝居大夫之列，所以此等大事不敢不报。”

[注释]①陈成子：齐国的大夫陈恒。陈恒杀害齐简公，事在公元前 481 年（齐简公四年，鲁哀公十四年）。简公：齐国国君，姓姜，名壬，公元前 484-481 年在位。陈恒（田恒）弑简公，立平公，从此陈氏在齐国专权。公元前 386 年，陈恒（田恒）的四世孙田和，把齐康公放逐到海上，自立为君。从此以后齐国改姓，姜齐变为田齐。②沐浴：洗头洗澡，自洁斋戒。③三子：指鲁国的季孙氏、孟孙氏、叔孙氏三家。④从大夫之后：孔子曾以大司寇摄行相事，曾为鲁国的大夫。这是孔子的谦词。⑤之：往，去，这里用作动词。

[拓展]《春秋左氏传·哀公十四年》：“甲午，齐陈恒弑其君壬于舒州。孔丘三日齐（zhāi），而请伐齐三。公曰：‘鲁为齐弱久矣，子之伐之，将若之何？’对曰：‘陈恒弑（shì）其君，民之不与者半。以鲁之众加齐之半，可克也。’公曰：‘子告季孙。’孔子辞，退而告人曰：‘吾以从大夫之后也，故不敢不言。’”

23 子路问事君。子曰：“勿欺也，而犯之[①]。”

[译文]子路问如何事君。孔子说：“不要欺骗国君，而应直言劝谏。”

[注释]①犯：冒犯，犯颜直谏，当面直言规劝国君。

24 子曰：“君子上达，小人下达[①]。”

[译文]孔子说：“君子上达天道，合于仁义；小人下顺人欲，贪于财利。”

[注释]①达：通晓，通达。

[拓展]子曰：“君子喻于义，小人喻于利。”（《论语·里仁第四》）其义与本章相通。

25 子曰：“古之学者为 wèi 己[①]，今之学者为 wèi 人[②]。”

[译文]孔子说：“古代的学者求学是为了自我修养，当代的学者求学却是为了人前炫耀。”

[注释]①为己：用力完善自我，修身。②为人：为了炫耀，为了在人前卖弄。

26 蘧 qú伯玉[1]使人于孔子。孔子与之坐而问焉，曰："夫子何为？"对曰："夫子欲寡其过而未能也[2]。"使者出。子曰："使乎！使乎！"

[译文]蘧伯玉派使者看望孔子。孔子与他同坐，问道："你家先生忙什么呢？"使者回答说："我家先生想要减少过错，却还没能做到。"使者离开了。孔子说："好样的使者！好样的使者！"

[注释]①蘧伯玉：名瑗，卫国的大夫，孔子在卫国时曾经住在他的家里。②寡：减少。

27 子曰："不在其位，不谋其政[1]。"

[译文]孔子说："不在那个职位上，就不要插手它职责范围内的政务。"

[注释]①本章重出，已见于《泰伯第八》。

28 曾子曰："君子思不出其位[1]。"

[译文]曾子说："在工作中，君子所考虑的不超出自己的职责范围。"

[注释]①思：考虑，谋划。位：职务的范围。

29 子曰："君子耻其/言而过其行[1]。"

[译文]孔子说："君子以说的比做的多为耻。"

[注释]①耻：以……为耻，以为可耻的是……。而：连词，表转折，有"却""但"的意思。又如，《论语·述而第七》："子温而厉，威而不猛，恭而安。"《中庸》："君子之道，淡而不厌，简而文，温而理。"（参见杨树达《词诠》第409页"（九）转接连词"。）

30 子曰："君子道者/三[1]，我无能焉[2]：仁者不忧，知[智]者不惑，勇者不惧。"子贡曰："夫子自道也[3]。"

[译文]孔子说："君子之道有三条，我一条也不占：仁德之人不忧愁，智慧之人不迷惑，勇敢之人不恐惧。"子贡说："他老人家说的是自己啊。"

[注释]①道者三：指道的三个方面。②我无能焉：我不能，我做不到。这是孔子的谦辞。③自道：自己谈论自己，自我评价。

31 子贡方人[①]。子曰："赐也/贤乎哉？夫 fú我则不暇[②]！"

[译文]子贡喜欢数落人。孔子说："赐啊，你就够好了吗？我就没这闲工夫。"

[注释]①方：讥刺，批评，数落。②暇：闲暇，空闲时间。

[拓展]"见贤思齐"，"择其善者而从之"，这对自己的修身更有益。关注什么，就会成为什么。老盯着别人的短处，这种人是没有办法进步的。

32 子曰："不患人之不己知[①]，患其不能也[②]。"

[译文]孔子说："我不担心别人不了解我，我只担心自己没有本领。"

[注释]①患：忧虑，担心。②其：代指自己。

33 子曰："不逆诈[①]，不亿不信[②]，抑亦先觉者[③]，是贤乎？"

[译文]孔子说："不存心揣测别人要讹诈自己，也不无端猜疑别人是不可信的，却能及早发觉他人的恶意伤害，这样的人算得上贤者了吧！"

[注释]①逆：逆料，预先猜度，提前揣测。②亿：同"臆"，臆测，猜测。③先觉：提前觉察，提前知道。

34 微生亩谓孔子曰[①]："丘何为 wèi 是栖栖 xī 者与[②]yú？无乃为佞乎？"孔子曰："非敢为佞也，疾固也[③]。"

[译文]微生亩对孔子说："孔丘啊，你为什么总是这样忙忙碌碌地游说呢？难道是要炫耀你的口才吗？"孔子说："我不是为了炫耀口才，我是担心那些顽固不化的人。"

[注释]①微生亩：姓微生，名亩，鲁国人。他直呼孔子之名，应当是一位长者。②栖栖：忙忙碌碌、安定不下来的样子。③疾：担心，忧虑。固：固执的人，顽固不化的人。

35 子曰："骥 jì不称其力[①]，称其德也[②]。"

[译文]孔子说："赞美骥，不是赞美它力气大，而是赞美它训练有素。"

[注释]①骥：古代良马之名，善于奔跑，能日行千里。称：称赞，赞扬。②德：指训练有素，善于配合驾驭者。

36 或曰："以德报怨[①]，何如？"子曰："何以报德？以直报怨[②]，以德报德。”

[译文]有人说：“用恩德来回报怨恨，怎么样？”孔子说：“那用什么来回报恩德呢？当用正直来回报怨恨，用恩德来回报恩德。”

[注释]①德：恩德，慈爱恩惠。②直：公正无私。

[拓展]《礼记·表记第三十二》：“子曰：‘以德报德，则民有所劝。以怨报怨，则民有所惩。《诗》曰：“无言不雠（chóu），无德不报。”《大甲》曰：“民非后，无能胥（xū）以宁。后非民，无以辟四方。”’子曰：‘以德报怨，则宽身之仁也。以怨报德，则刑戮（lù）之民也。’”

《韩诗外传·卷第九·第七章》：“子路曰：‘人善我，我亦善之。人不善我，我不善之。’子贡曰：‘人善我，我亦善之。人不善我，我则引之进退而已耳。’颜回曰：‘人善我，我亦善之。人不善我，我亦善之。’三子所持各异，问于夫子。夫子曰：‘由之所持，蛮貊（mò）之言也。赐之所持，朋友之言也。回之所持，亲属之言也。’《诗》曰：‘人而无良，我以为兄。’”

37 子曰：“莫我知[①]也夫 fú！”<u>子贡</u>曰：“何为 wèi 其莫知子也？”子曰：“不怨天，不尤人[②]，下学而上达。知我者其天乎！”

[译文]孔子说：“没人懂我啊！”子贡问：“为什么没人懂您呢？”孔子说：“不埋怨上天，不责怪他人，在日常事务中尽心尽力，就能通晓至道，上达天命。懂我的恐怕只有上天吧！”

[注释]①莫我知：即“莫知我”，不知我，不懂得我。②尤：埋怨，责备。③下学而上达：如同“修身以俟命”，尽人事而达天命。下学：把人该学的学问都学好了，把人能做的事情都做尽了。上达：上达天命。

38 <u>公伯寮</u> liáo 愬 sù<u>子路</u>于<u>季孙</u>[①]。<u>子服景伯</u>[②]以告，曰：“夫子固有惑志于<u>公伯寮</u>[③]，吾力犹能肆[④]诸市朝 cháo。”子曰：“道之将行也与 yú？命也。道之将废也与 yú？命也。<u>公伯寮</u>其如命何！”

[译文]公伯寮在季孙面前毁谤子路。子服景伯把这事告诉了孔子，并且说：“听了公伯寮的话，季孙他老人家已经对子路产生了疑心。但我的力量还能杀死公伯寮，让他陈尸街头。”孔子说：“大道将要实行了吗？自有天命在。大道将要被废弃吗？自有天命在。公伯寮能把天命怎么样呢！”

[注释]①公伯寮：字子周，孔子的弟子，曾经是季氏的家臣。愬：同“诉”，进谗言，诬告。②子服景伯：姓子服，名何，字伯，景是谥号，鲁国的大夫。③夫子：指季孙氏。有惑志：心志被迷惑了，产生了糊涂的想法。④肆：陈尸。刑杀之后，把尸体摆在外面示众。周制：陈尸三日，大夫陈于朝，士陈于市。公伯寮为士人，当陈于市，此处“市朝”用其偏义。

[拓展]唯知命者能安然不动，不为群丑所扰。闻夫子之言，乃知夫子为知天命之大圣人也。

39 子曰：“贤者辟 bì 世①，其次辟 bì 地②，其次辟 bì 色③，其次辟 bì 言④。”

[译文]孔子说：“贤者避开混乱的世道，其次避开混乱的地方，其次避开不敬的脸色，其次避开难听的话语。”

[注释]①辟：同“避”。辟世：避开社会，躲开这个世道。②辟地：离开某个地方，换一个新的地方。③色：当权者不好的脸色。④言：难听的话语。

40 子曰：“作者七人矣①！”

[译文]孔子说：“这样做的人已经有七位了。”

[注释]①作者：这样做的人。七人：一说即《微子第十八》所载的伯夷、叔齐、虞仲、夷逸、朱张、柳下惠、少连七人。

41 子路宿于石门①。晨门曰②：“奚自？”子路曰：“自孔氏。”曰：“是知其不可而为之者与 yú？”

[译文]子路在石门外住了一夜。（第二天早晨进城的时候），守门人问道：“您从哪里来？”子路说：“从孔家来。”守门人说：“就是那个知道做不到却一定要去做的人吗？”

[注释]①石门：鲁国都城的外门。②晨门：主管城门晨暮开闭的人。

42 子击磬 qìng 于卫①。有荷 hè 蒉 kuì 而过孔氏之门者②，曰：“有心哉，击磬 qìng 乎！”既而曰：“鄙哉，硁硁 kēng 乎③！莫己 jǐ 知也，斯已 jǐ/而已 yǐ 矣。‘深则厉，浅则揭④qì。’”子曰：“果哉⑤！末之难矣。”

[译文]孔子在卫国的时候，一天正在击磬，有个背着土筐的人从门前走过，说：“这个击磬的人心里有想法啊！”过一会儿又说：“磬声硁硁地响，其中有怨意呀！好像在说，没有人知道我啊。没有人知道自己，那就独善其身好了。水深，只好穿着衣裳过河；水浅，可以提起下衣过去。”孔子说：“好坚决啊！这样就没有难成的事了。”

[注释]①磬：一种石制的打击乐器，形似曲尺。②荷：担，挑。蒉：盛土的筐子。③硁硁：拟声词，磬发出的声音，给人以狭小鄙陋、浅薄固执的感觉。④深则厉，浅则揭：出自《诗经·邶（Bèi）风·匏（páo）有苦叶》。厉：穿着衣服过河。揭：提起下衣过河。⑤果：果断，坚决。末之难：没有什么困难。

[拓展]荷蒉者当是一位隐士，且是孔子的知音。“深则厉，浅则揭”的意思是说，无论水深水浅，都要设法过河，过河的意志真的好坚决。隐士引用这句诗想要表达的意思是什么呢？他或许是在说：做事情也一样，目标既然已经确定，无论如何都要想办法实现。所以，孔子才会说：“果哉！末之难矣。”如果能够果断坚决，天下就没有难成的事。孔子赞叹隐士意志的坚决，进而生发出勇往直前的坚定信心。

43 子张曰：“《书》云：‘高宗谅阴①，三年不言。’何谓也？”子曰：“何必高宗？古之人皆然。君薨②hōng，百官总己以听于冢 zhǒng宰三年③。”

[译文]子张说：“《尚书》记载：‘商王武丁守丧，三年不说话。’这是什么意思？”孔子说：“不只是高宗这样，古人都这样。君主死了，（继位的君主要守丧三年，在此期间不理政），各部门的官员总摄其职并听命于冢宰。”

[注释]①高宗：指商王武丁。谅阴：也作“梁闇”，守丧者所住的窝棚，又称凶庐。②薨：古代诸侯或有爵位的卿大夫之死，称作薨。③冢宰：当时的最高行政长官，总御群臣，统理政务。

44 子曰：“上好礼，则民易使也①。”

[译文]孔子说：“如果领导人喜欢凡事依礼而行，那么百姓就乐于听从他的指挥。”

[注释]①使：役使，任用。

45 子路问君子。子曰：“修己以敬。”曰：“如斯而已乎①？”曰：“修己以安人。”曰：“如斯而已乎？”曰：“修己以安百姓。修己以安百姓，尧、舜其犹病诸②！”

[译文]子路问君子的修养之道。孔子说：“用恭敬的态度修养身心。”子路说：“这样就可以了吗？”孔子说：“修养好自己，让身边的人平安和乐。”子路说：“这样就可以了吗？”孔子说：“修养好自己，让天下的人都能平安和乐。修养好自己，让天下之人都能平安和乐，连尧、舜都为此犯难呢！”

[注释]①斯：这样。②诸：“之乎”二字的合音。本章的“修己以安百姓”与《雍也》篇的“博施于民而能济众”同为圣人境界，皆尧、舜尽心尽力为之而犹恐不及者。

46 原壤夷俟①sì。子曰：“幼而不孙[逊]弟[悌]，长 zhǎng而无述焉，老而不死，是为贼。”以杖叩其胫[②]jìng。

[译文]原壤箕踞在地上，等待孔子。孔子说：“小时候不谦逊敬长，长大了无所传述，老朽了还不快死，真是个祸害。”用手杖敲他的小腿。

[注释]①原壤：鲁国人，孔子的老熟人。《礼记·檀弓下第四》记载，原壤的母亲去世了，原壤却登上棺材，唱逗乐的歌。夷：即“箕踞”，臀着于地，两腿张开，形似簸箕，是一种亵慢不敬的坐姿。古时端庄有礼的坐姿是双膝跪地，小腿与脚曲于下，臀着于脚后跟。俟：等候，等待。②胫：胫骨，代指小腿。

[拓展]《礼记·檀弓下第四》：“孔子之故人曰原壤，其母死，夫子助之沐椁。原壤登木，曰：‘久矣，予之不托于音也。’歌曰：‘貍首之斑然，执女手之卷然。’夫子为弗闻也者而过之。从者曰：‘子未可以已乎？’夫子曰：‘丘闻之：亲者，毋失其为亲也；故者，毋失其为故也。’”登木，意思是敲击椁木打拍子。歌词大意是：木纹多么美啊，就像狐狸之首！握着你的手啊，是这样的柔滑！从者希望孔子和这个无礼的人绝交。孔子说：“亲人虽然有过失，但也不能抛弃亲人；老友虽然有过失，但也不能抛弃老友。”

47 阙党童子将命[①]。或问之曰：“益者与yú？”子曰：“吾见其居于位也[②]，见其与先生并行也[③]。非求益者也，欲速成者也。”

[译文]阙党的一个少年人负责在宾主之间传口信。有人问孔子说：“这年轻人是个上进的人吗？孔子说：“我见他坐在成人之位上，见他与长辈并肩而行。他并不是一个上进的人，只是一个急于求成的人罢了。”

[注释]①阙党：鲁国地名，在今山东省曲阜市，孔子的家乡。将命：通报，传话。②居于位：居于成人之位。《礼记·檀弓上》：“童子隅坐而执烛。”年轻人坐在角落里，拿着蜡烛，不可与成人并坐一处。③先生：长辈或老师。并行：并排而行。《礼记·曲礼上》：“五年以长，则肩随之。”与年长五岁以上的人同行，要稍后一点。

卫灵公第十五

01 卫灵公问陈[阵]于孔子①。孔子对曰："俎 zǔ豆之事②，则尝闻之矣。军旅之事，未之学也。"明日遂行。在陈绝粮，从者病，莫能兴③xīng。子路愠见曰："君子亦有穷乎？"子曰："君子固穷④，小人穷/斯滥矣⑤。"

[译文]卫灵公向孔子请教排兵布阵的方法。孔子回答说："礼仪方面的知识，曾经学过一些；带兵打仗的学问，却是未曾学过。"第二天就离开了卫国。孔子在陈国断了粮，随从的人都饿坏了，倒在地上爬不起来。子路气乎乎地来见孔子，说："君子也会身陷困境吗？"孔子说："君子即使身陷困境，仍然坚守节操；小人一旦陷入困境，就会胡作非为了。"

[注释]①陈：同"阵"，战阵，就是军队打仗时排列的队形。②俎、豆：都是古代的礼器。俎像长条几，用来放祭牲。豆是高脚盘，用来盛肉酱或有汁的食物。俎豆之事：代指礼仪方面的知识。③兴：兴起，起来，这里指站起来行走。④固：坚持，安守。穷：穷困，陷入困境。⑤斯：就。滥：没有原则，胡作非为。

[拓展]仁政为本，军事为末。大本未立，不可教以末事。孔子之意，郑玄得之矣。孔子并不是不重视军事，更不是不懂军事。但对于卫灵公这样的无道昏君，如果教他学好了军事，岂不是祸害了天下的百姓吗？

02 子曰："赐也，女[汝]以予为多学而识①zhì之者与 yú？"对曰："然②。非与 yú？"曰："非也！予一以贯之。"

[译文]孔子说："赐啊，你认为我是一个博闻强记的人吗？"子贡回答说："是的。难道不是吗？"孔子说："不是的。我用一个大纲把学问贯串在一起。"

[注释]①识：记住。②然：对，是的。

03 子曰："由，知德者鲜 xiǎn 矣①！"

[译文]孔子说："由啊！知德之人太少了啊！"

[注释]①鲜：稀少，罕见。

04 子曰："无为而治者，其舜也与 yú！夫 fú何为哉①？恭己正南面/而已矣。"

[译文]孔子说："自己从容安定就能让天下治平的人，也就只有大舜吧！他做了什么呢？他只是端庄恭敬地坐在朝堂上听政罢了。"

[注释]①夫：代词，他，代指舜。

[拓展]孔子的无为和老子的无为是不同的。儒家任贤使能，而道家则不尚贤。在儒家，"王者劳于求人，佚于得贤。舜举众贤在位，垂衣裳恭己无为而天下治"（刘向《新序·杂事第四》）。天子要做的是寻找贤臣，委以政务。一旦得到贤臣，天子就可以无为而治。因为天下事都交给了大臣，只要他们各司其职，各谋其政，天下自然太平。这样以来，天子便不需要日夜操劳，这就是儒家的无为而治。

有个成语叫"越俎代庖"，意思是说，主祭的人跨过礼器，代替厨师操办筵席，比喻超越自己的职责范围，去处理别人职责范围内的事。典出《庄子·逍遥游第一》："庖人虽不治庖，尸祝不越樽俎而代之矣。"庖人是执掌庖厨的人，厨师。尸是太庙中的神主，祝是面向神主祝祷的人。樽是酒器，俎是肉器。即使厨师不做饭菜，祭礼中的尸和祝也不能越位下厨房，代替厨师做菜。儒家的无为反对的正是越俎代庖。儒家要求君主做君主的事，大臣做大臣的事，君主不插手、不代办大臣的事，君与臣各行其是。老子以虚无、清静为本，不仅反对天子妄作，也反对大臣扰动百姓。在道家看来，无为是人不作为，一切任由自然。自然本来清静圆满，人的一切作为均属扰乱。

05 子张问行。子曰："言忠信，行笃敬，虽蛮貊 mò 之邦行矣①。言不忠信，行不笃敬，虽州里行乎哉②？立，则见其参于前也③；在舆 yú，则见其倚于衡也④。夫 fú 然后行。"子张书诸绅⑤。

[译文]子张问怎样才能行得通。孔子说："说话忠厚诚信，做事踏实恭敬，即使在野蛮之地，也能行得通。说话不能忠厚诚信，做事不能踏实恭敬，即使在文明的中国，能行得通吗？站着的时候，仿佛看见'言忠信，行笃敬'六个字就在眼前；坐在车里，仿佛看见这六个字就在辕前的横轭上。如果能这样，那就处处行得通。"子张把这六个字写在了束腰的大带上。

[注释]①行：行得通，通达之道。蛮：南蛮，代指南方民族。貊：北狄，代指北方民族。在古代，蛮、貊都是未开化的民族。②州里：郑玄说，万二千五百家为州。五家为邻，五邻为里。在这里，"州里"代指文明开化的中国。③参：列，显示。④衡：车辕前的横轭。⑤绅：古人系在腰间的衣带，又宽又长，能垂下。

[拓展]把"言忠信，行笃敬"六字写在大带上，是为了能够常常看见，这就如同商汤把"苟日新，日日新，又日新"九字铸在洗澡盆上，每次沐浴都能看见（参见《大学》）。后人把激励或警戒自己的格言写出来，放在座位右边，这就是座右铭。用座右铭时刻提醒自己，也是这一类的做法。

06 子曰："直哉，史鱼[①]！邦有道，如矢；邦无道，如矢。君子哉，蘧qú伯玉！邦有道，则仕；邦无道，则可卷而怀之[②]。"

[译文]孔子说："刚直不屈啊，史鱼！国家政治清明的时候，他像射出去的箭一样直；国家政治黑暗的时候，他也像射出去的箭一样直。好一位君子啊，蘧伯玉！国家政治清明的时候，他就从政；国家政治黑暗的时候，他就独善其身。"

[注释]①史鱼：即卫国的大夫史鳅，字子鱼。②卷而怀之：退藏内敛，隐居待时，韬光养晦。

[拓展]何以知史鱼之直？《韩诗外传》记载："昔者卫大夫史鱼病且死，谓其子曰：'我数（shuò，多次）言蘧伯玉之贤而不能进，弥子瑕不肖而不能退。为人臣，生不能进贤而退不肖，死不当治丧正堂，殡（bìn，停放灵柩）我于室足矣。'卫君问其故。其子以父言闻（转述父言给卫君听）。君造然（面色悲戚的样子）召伯玉而贵之，而退弥子瑕，徙（xǐ，迁移）殡于正堂，成礼而后去。生以身谏，死以尸谏，可谓直矣。"（《韩诗外传·卷七》）

07 子曰："可与言而不与言，失人[①]。不可与言而与之言，失言[②]。知[智]者不失人，亦不失言。"

[译文]孔子说："可以和那人谈论，却没有和他谈论，这是错过了人才；不可以和那人谈论，却和他谈论了，这是浪费了一番话。聪明人不会错过人才，也不会浪费言语。"

[注释]①失人：错失人才，或错失了可靠的人。②失言：浪费话语，或泄露秘密。

08 子曰："志士仁人[①]，无求生以害仁，有杀身以成仁。"

[译文]孔子说："有志之士和仁爱之人，没有贪生怕死而损害仁道的，却有舍弃生命以成全仁道的。"

[注释]①志士：有志向的士人。仁人：具备仁德的人。

09 子贡问为仁。子曰："工欲善其事，必先利其器。居是邦也，事其大夫之贤者[①]，友其士之仁者[②]。"

[译文]子贡问怎样推行仁道。孔子说："工匠要想做好活计，必须首先预备好工具。住在一个国家，要敬奉大夫中的贤人，结交士人中的仁人。"

[注释]①贤者：善于办理政事的人。②仁者：内在品德高尚的人。

[拓展]为仁之法在于得人，贤良之大夫与仁德之士君子，皆为仁道所需。

10 颜渊问为邦。子曰："行夏之时[1]，乘殷之辂[2]lù，服周之冕，乐则《韶》《舞》[武][3]。放郑声，远佞nìng人。郑声淫，佞nìng人殆。"

[译文]颜渊问怎样治国。孔子说："使用夏朝的历法，乘坐殷朝的车子，佩戴周朝的礼帽，音乐就用大舜作的《韶》和周武王作的《武》。废弃郑国的乐曲，远离巧嘴的小人。郑国的乐曲腐化堕落，巧嘴的小人狡诈危险。"

[注释]①时：历法。②辂：车子。③舞：清儒俞樾在《群经平议》中以大量书证得出结论，"舞""武"二字古时通用。又1973年出土之定州汉墓竹简本《论语》"乐则韶舞"作"乐则韶武"，也支持"舞""武"古时通用的结论。武：歌颂周武王功业的乐舞。④殆：危险。

11 子曰："人无远虑[1]，必有近忧[2]。"

[译文]孔子说："如果一个人虑事不远，祸患必定近在眼前。"

[注释]①远虑：长远的考虑，忧思深远。②近忧：眼下的忧愁。

[拓展]没有长远忧虑的人，一定会有当下的忧虑。近忧源于无远虑。因为无远虑，所以有近忧。所以，《周易·既济卦第六十三》说："水在火上，既济。君子以思患而豫防之。"能思患而预防之，就是能深谋远虑。这样才能眼下无忧，诸事顺利。

12 子曰："已矣乎！吾未见/好德如好色者也！"

[译文]孔子说："算了吧！我没见过喜爱道德像喜爱美貌一样的人。"

[拓展]本章已见于《论语·子罕第九》，只是这里多了"已矣乎"三字。

13 子曰："臧文仲其窃位[1]者与yú？知柳下惠[2]之贤而不与立也。"

[译文]孔子说："臧文仲是个窃居官位的人吧？他嫉贤妒能，明知柳下惠贤良，却不愿举荐他同朝共事。"

[注释]①窃位：窃居官位。《论语集解》引孔安国注曰："知贤而不举，是为窃位。"②柳下惠：姓展，名禽，又名获，受封地在柳下，谥号是"惠"，所以叫"柳下惠"。柳下惠是鲁国的贤人。与立：并立于朝堂，同朝为官。

[拓展]窃位，即偷窃官位。为什么说臧文仲的官位是偷来的呢？因为臧文仲知道，如果举荐了柳下惠，自己的位子就不稳了。于是，他在明知柳下惠贤良的情况下，为了保住自己的位子，有意不向朝廷举荐人才。

14 子曰："躬自厚而薄责于人①，则远怨矣！"

[译文]孔子说："多检讨自己，少批评别人，就能远离别人的怨恨了。"

[注释]①躬：本义是身体，这里用引申义，指本身，自己。躬自厚：多责备自己，多批评自己。

15 子曰："不曰'如之何①，如之何'者，吾末如之何也/已矣②。"

[译文]孔子说："不问自己'怎么办，怎么办'的那种人，我也不知道应该拿他怎么办了。"

[注释]①如之何：如同说"拿它怎么样"，"怎么办"。这样说话的人，已经开始思考和研究问题了，继续下去往往就能找到解决问题的办法。②末：无，没有。孔子拿这样的人也没有办法。

16 子曰："群居终日，言不及义，好行小慧①，难矣哉②！"

[译文]孔子说："和一帮人整天厮混在一起，言语不合乎道义，还喜欢耍小聪明，这种人怕是难有所成了！"

[注释]①小慧：小聪明。②难：难有所成，指成德，成就完全人格。

17 子曰："君子义以为质①，礼以行之②，孙[逊]以出之③，信以成之④。君子哉！"

[译文]孔子说："君子以合宜为根本原则，按礼制的规范推行它，用谦逊的言语表达它，用诚实的态度完成它。好一位君子啊！"

[注释]①质：实质，本质，根本原则。②礼：礼制，具体的规则与方法。③孙：同"逊"，谦逊，恭顺。出之：指出言，说话。④成：完成，成就，成功。

18 子曰："君子病无能焉①，不病人之不己知也。"

[译文]孔子说："君子只为自己没有能力而忧心，却不忧心别人不了解自己。"

[注释]①病：如同"患"，担忧的意思。无能：没有能力，没有本事。

19 子曰："君子疾没mò世而名不称焉①。"

[译文]孔子说："君子痛恨的是，死后没有好名声被人称道。"

[注释]①疾：痛恨。没世：至死，终生，一辈子。名不称：指美名不称颂于后世。

[拓展]《大学》说："诚于中，形于外。"一般来说，如果一辈子都不能成名，可以反证此人乏善可陈。即使没有做出伟大的事业，只是孝亲，敬长，睦邻，这些也都可以称道。古人所说的成

名，既包括功业之名，也包括德行之名。

20 子曰："君子求诸己[①]，小人求诸人。"

[译文]孔子说："君子遇到问题从自身找原因，小人遇到问题就埋怨别人。"

[注释]①诸：同"之于"。求诸己：从自身找原因。子曰："射有似乎君子。失诸正鹄（箭靶子），反求诸其身。"（《中庸》）

21 子曰："君子矜而不争[①]，群而不党[②]。"

[译文]孔子说："君子端庄矜持，不与人争斗。他很合群，但不拉帮结伙。"

[注释]①矜：端庄，庄重。②党：勾结，拉帮结伙。

22 子曰："君子不以言举人[①]，不以人废言[②]。"

[译文]孔子说："君子不根据言辞举荐人；也不会因为一个人的人品坏，就废弃他有道理的话。"

[注释]①举：推荐，举荐。②废：一概否定，废弃。

23 子贡问曰："有一言[①]而可以终身行之者乎？"子曰："其'恕'乎！己所不欲，勿施于人。"

[译文]子贡问道："有一个字可以终身奉行吗？"孔子说："应该就是'恕'字吧！自己所不喜欢的，不要强加给别人。"

[注释]①一言：这里指一个字。

24 子曰："吾之于人也，谁毁谁誉[①]？如有所誉者，其有所试矣[②]。斯民也，三代之所以直道而行也[③]。"

[译文]孔子说："对于别人，我诋毁过谁？称赞过谁？如果我称赞过谁，一定是考验过他。正是依靠那些没有虚名的人，夏、商、周三代才能沿正直之道而行。"

[注释]①毁：毁谤。誉：赞美。②试：考察，用实际工作去检验。③三代：指夏、商、周。直道：无私情，无曲枉。

25 子曰："吾犹及/史之阙 quē 文也[①]。有马者/借人乘之，今亡 wú

矣夫 fú！”

[译文]孔子说：“我还见过史书中因存疑而空阙的地方。比如“有马者借人乘之”，有马的人，如果自己不会调教，就借给别人乘用，等马驯好了再收回来。这样的事今天已经没有了，（但史书上还记着这样的话）。”

[注释]①史之阙文：史书中缺失的文字。

[拓展]古代的好史官，对于那种存在文字阙失的地方持谨慎态度，可以使用画口占位的方法标出阙文，而不会贸然动笔删改史书。对于那种因为可能存在阙文而难以理解的地方，不能根据今天的见闻和想法去修改古书。用今天的眼光看来不能理解的事物，可能是历史上的事实，“有马者借人乘之”就是一个例子。虽然这事今天没有了，但古代却是有的。如果我们妄改史书，就抹杀了历史事实，而且让后人再也无法考察。

26 子曰：“巧言乱德[①]。小不忍则乱大谋[②]。”

[译文]孔子说：“花言巧语能败坏道德。小的事情不忍耐，就会扰乱大事情。”

[注释]①巧言：言过其实，蒙蔽真相，所以乱德。②小不忍：如妇人之仁，匹夫之勇，如不能忍，则必坏大事。

27 子曰：“众恶 wù之，必察焉[①]。众好之，必察焉。”

[译文]孔子说：“大家都厌恶的，一定要仔细考察；大家都喜爱的，一定要仔细考察。”

[注释]①察：详细深入地考察。

[拓展]唯如此方能知人，亦唯如此方能知事。凡众人皆好、皆恶之事，如一时之风尚，众人之所同趋，皆当审慎考察。

28 子曰：“人能弘道[①]，非道弘人。”

[译文]孔子说：“人应当把道弘扬光大，不能把道当成获取个人私利的工具。”

[注释]①弘：弘扬光大。

[拓展]孟子所说的“修其天爵，以要人爵”的人，正是这种想以“道弘人”的人。诸如仁、义、忠、信等美德，是不可以拿来作为获取私利的工具的，因为这样做事最能败坏道德。谁的道德败坏了，谁就一定会走向灭亡，孟子早就发出警告了。

29 子曰：“过而不改[①]，是谓过矣！”

[译文]孔子说：“有了过错不改正，那就真的是过错了。”

[注释]①过：过错，错误。

30 子曰："吾尝终日不食①，终夜不寝②，以思③，无益，不如学也。"

[译文]孔子说："我曾经整日不吃饭，整夜不睡觉，用来冥思苦想，但是没有收获，不如学习的效果好。"

[注释]①尝：曾经。②寝：睡觉。③以思：把这些时间用来思考。

31 子曰："君子谋道不谋食。耕也，馁 něi 在其中矣①。学也，禄在其中矣②。君子忧道不忧贫。"

[译文]孔子说："君子用心于道义，不操心吃喝的事。去种地，结果常常饿肚子；去求学，却有俸禄来养生。君子用心于仁道的推行，不担心物质的匮乏。"

[注释]①馁：饥饿。②禄：薪俸，工资。

32 子曰："知[智]及之，仁不能守之，虽得之，必失之。知[智]及之，仁能守之，不庄以莅 lì 之①，则民不敬。知[智]及之，仁能守之，庄以莅 lì 之，动之不以礼，未善也②。"

[译文]孔子说："聪明才智足以得到它，但仁德不能保住它，就是得到了，也一定会失去。聪明才智足以得到它，仁德能够保住它，但不能端庄地面对百姓，就不能赢得百姓的尊重。聪明才智足以得到它，仁德能够保住它，能用端庄的态度面对百姓，但不能依照礼制运营它，还是不算完善。"

[注释]①莅：莅临，指面对百姓。②未善：指不完善，不完美。

[拓展]"之"字到底代指什么，这是一个问题。邢昺的章旨认为指官职，可备一说。然而，我们也可以把它拓展一下，认为"之"代指我们所追求、所想要的一切。这样以来，本章就有了更为广泛的意义。但无论指什么，得之以"智"，守之以"仁"，莅之以"庄"，动之以"礼"，恐怕都是必要的。

33 子曰："君子不可小知而可大受也①，小人不可大受而可小知也。"

[译文]孔子说："君子在小事上未必可观，却可以承担重大任务；小人不可以承担重大任务，但在小事上却非常精明。"

[注释]①小知：指琐事或细节。大受：重要的使命，重大的任务。

34 子曰："民之于仁也，甚于水火[1]。水火，吾见蹈而死者矣[2]，未见蹈仁而死者也[3]。"

[译文]孔子说："百姓对于仁道的畏惧，超过了水火。跳到水里火里去，我见过丧命的，却没见过因为实践仁道而丧命的。"

[注释]①甚于水火：水、火都是生活必须的，但仁道比水、火更加重要。人其实更需要仁道。②蹈：踩，跳进去。③蹈：实践，践行。

35 子曰："当仁[1]，不让于师[2]。"

[译文]孔子说："遇到力行仁道的事，就是与老师也不必谦让。"

[注释]①当仁：面对行仁道的事。②不让于师：不与老师谦让，争着做善事。

36 子曰："君子贞而不谅[1]。"

[译文]孔子说："君子坚守正道，但不拘于小信。"

[注释]①贞：正而固，坚守正道。谅：指小信，不明是非的诚信。

[拓展]谅指的是小信，"匹夫匹妇之为谅也，自经于沟渎而莫之知也"（《论语·宪问第十四》），就是一个例子。匹夫匹妇心里所能想到的，只是自己的爱恨情愁。自杀之前，他（她）忘记了十步之外必有芳草的事实，忘记了自己生命的价值和意义，忘记了为养育自己而含辛茹苦的父母。《庄子·盗跖》讲了这么一个故事："尾生与女子期于梁下，女子不来，水至不去，抱梁柱而死。"相传古代有一个叫尾生的人，他与女子约会，把约会的地点定在了桥梁之下。这时可能天降大雨，所以女子迟迟不来，但河水很快涨起来了。可是尾生坚决不离开约定的会面之地，他紧紧地抱住桥柱子，最后被淹死在洪水里。尾生真是守信的，但他守的恰恰是我们所说的"小信"。管仲则不同：他明于大义，晓得大是大非；他为天下苍生着想，可谓忍辱负重。管仲辅佐新主齐桓公，最终九合诸侯，一匡天下，尊王攘夷，泽被后世。这就是贞固的正道。孟子说："大人者，言不必信，行不必果，唯义所在。"（《孟子·离娄下》）这就是大人之义，这就是君子之贞。

37 子曰："事君，敬其事而后其食[1]。"

[译文]孔子说："侍奉国君，要恭敬地做事，而把拿薪俸的事放在后面。"

[注释]①食：代指薪俸，工资。

38 子曰："有教无类[1]。"

[译文]孔子说："凡是真心求学的人我都教，没有类别限制。"

[注释]①类：种类，如贫富、贵贱、美丑、民族等。进门无限制，教法各不同。

39 子曰："道不同，不相为 wèi 谋①。"

[译文]孔子说："主张不同，就没法互相出谋划策了。"

[注释]①不同：指善与恶、正与邪等。为：帮助，替代。朱子《论语集注》："为，去声。"

40 子曰："辞，达/而已矣①。"

[译文]孔子说："言辞，能明白通畅就可以了。"

[注释]①达：通达，能表情达意，不求富丽华美。

41 师冕见①。及阶，子曰："阶也。"及席，子曰："席也。"皆坐，子告之曰："某在斯，某在斯。"师冕出。子张问曰："与师言之道与 yú？"子曰："然，固相 xiàng 师之道也②。"

[译文]师冕来见孔子。他走到台阶前，孔子说："这是台阶。"走到坐席前，孔子说："这是席子。"都坐下了，孔子告诉他说："谁谁在这里，谁谁在这里。"师冕离开后，子张问道："这是和盲乐师说话的方式吗？"孔子说："是的，这本来就是帮助盲乐师的方式啊。"

[注释]①师：乐师，多由盲人担任。冕：乐师的名。②相：襄助，帮助。盲人看不见，所以这样提示他，这样为他介绍宾客。

季氏第十六

01 季氏将伐颛臾[1]Zhuānyú。

冉有、季路见于孔子曰："季氏将有事于颛臾。"孔子曰："求！无乃[2]尔是过与yú？夫fú颛臾，昔者先王以为东蒙主[3]，且在邦域之中矣，是社稷之臣也，何以伐为？"

冉有曰："夫子[4]欲之。吾二臣者皆不欲也。"孔子曰："求！周任rén有言曰：'陈力就列，不能者止。'危而不持，颠而不扶，则将焉用彼相xiàng矣[5]？且尔言过矣。虎兕sì出于柙[6]xiá，龟玉毁于椟dú中[7]，是谁之过与yú？"

［译文］季氏谋划讨伐颛臾。冉有、子路拜见孔子，说："季氏准备对颛臾用兵了。"

孔子说："冉求！难道不应该责备你们吗？颛臾国是古时先王为了东蒙山的祭祀而分封的，而且它就在我国的疆域之内，是我们的藩属国，为什么要去讨伐它呢？"

冉有说："是季孙氏想要这么做，我们两个臣都不想这么做。"

孔子说："冉求！周任曾经这样说：'看看自己的本事，觉得能行再去任职；如果不行，就不要去。'主人遇到危险却不帮助，摔倒了却不搀扶，那要助手有什么用呢？况且，你的话也是错的。老虎、犀牛从笼子里逃了出来，龟壳、美玉毁在盒子里，这是谁的责任呢？"

［注释］①颛臾：古国名，它是鲁国的附庸国，故城在今山东省平邑县中部，在蒙山主峰龟蒙顶的正南，城墙遗址尚在。②无乃：岂非，如同说"岂不是"，"难道不是"。③东蒙：又称东山或蒙山，是今山东省蒙阴县和平邑县的界山，山北为蒙阴，山南为平邑，主峰龟蒙顶在平邑县。④夫子：指季康子。⑤相：助手，辅佐之人。⑥兕：雌犀牛。柙：关野兽的笼子。⑦椟：匣子，盛放贵重物品。

冉有曰："今夫fú颛臾，固而近于费[1]Bì。今不取，后世必为子孙忧。"孔子曰："求！君子疾夫fú舍曰'欲之'，而必为之辞。丘也/闻，有国、有家者，不患寡而患不均，不患贫而患不安[2]。盖均无贫，和无寡，安无倾。夫fú如是，故远人不服，则修文德以来之。既来之，则安之。今由与求也，相xiàng夫子，远人不服而不能来也，邦分崩离析而不能守也，而谋动干戈于

邦内。吾恐季孙之忧，不在颛臾，而在萧墙之内也[3]！”

[译文]冉有说：“现在的颛臾国，城墙非常坚固，而且离季孙家的费邑很近。如果现在不把它拿下来，将来一定会成为子孙后代的祸患。”

孔子说：“冉求！君子厌恶那种做法——不说自己贪得无厌，却一定要去找个托辞。我听人说过：无论是诸侯还是卿大夫，不担心财富寡少，只担心分配不均；不担心生活贫困，只担心人心不安。如果财富平均，就不会贫困穷乏；如果国内和平，就不会人烟稀少；如果四境平安，就不会亡国败家。这样以来，如果远方的人还没有归服，那就推行礼乐教化，施行仁义之政，吸引他们到来。他们来了之后，就让他们安心生活。现在仲由和冉求辅佐季孙氏，远方之人不悦服却不能吸引他们，国家支离破碎了却不能设法保全，竟想着对境内的藩属国用兵。我想季孙氏的忧虑不在颛臾国，而是在朝政吧！”

[注释]①费：即“鄪”，在今山东省临沂市费县上冶镇南，有古鄪城遗址与季桓子井等遗迹。②有国：即“有国者”，指诸侯。有家者：指卿大夫。寡：少。不安：指人心不安。③萧墙：鲁国国君所用的屏风。萧墙之内：代指鲁国国君。季氏把持鲁国政治，与鲁君的矛盾非常尖锐。季氏担心颛臾离曲阜太近，可能会倒向鲁君一方。为了消除隐患，季氏想对颛臾用兵。

02 孔子曰：“天下有道，则礼乐 yuè征伐自天子出[1]。天下无道，则礼乐 yuè征伐自诸侯出。自诸侯出，盖十世希不失矣[2]。自大夫出，五世希不失矣。陪臣[3]执国命，三世希不失矣。天下有道，则政不在大夫。天下有道，则庶人不议。”

[译文]孔子说：“天下有道，那么制礼作乐和出兵征伐等事均由天子决定；天下无道，那么制礼作乐和出兵征伐等事均由诸侯决定。由诸侯决定，大概能传十代，然后还能延续的就很少了；由大夫决定，大概能传五代，然后还能延续的就很少了；如果是大夫的家臣把持着国政，大概能传三代，然后还能延续的就很少了。天下有道，政令就不会出自大夫。天下有道，百姓就不会议论纷纷。”

[注释]①礼乐征伐自天子出：在周代封建等级制度下，制礼作乐和出征讨伐均属最高权力，为天子独有。《中庸》说：“非天子不议礼，不制度，……虽有其德，苟无其位，亦不敢作礼乐焉。”《孟子·尽心下》：“征者，上伐下也。敌国（地位平等的诸侯国）不相征也。”西周创立的国家制度，在春秋时期屡遭挑战，到了战国末期的公元前 256 年，秦灭周，这套制度就彻底灭亡了。②希：同“稀”，少有，罕见。③陪臣：在中国古代，天子以诸侯为臣，诸侯以大夫为臣，大夫自己又有家臣。于是，大夫对于天子，大夫的家臣对于诸侯，他们之间的关系是隔了一层的臣，即“臣之臣”，也即所谓“重（chóng）臣”。

03 孔子曰："禄 lù之去公室①，五世矣②；政逮 dài 于大夫③，四世矣④：故夫 fú三桓⑤之子孙微矣。"

[译文]孔子说："国政不出于鲁君已经五代了，国政由大夫把持已经四代了，所以三桓的后裔已经衰微了。"

[注释]①禄：爵禄，这里指颁赐爵禄的政权。②五世：鲁国从文公薨，公子遂杀子赤，立宣公，从此国君失去了政权。经历了成公、襄公、昭公、定公，共五世。③逮：及，到。④四世：从季文子到武子、平子、桓子，共四世。⑤三桓：指孟孙、叔孙、季孙三家，他们都是鲁桓公的后代，称"三桓"。

04 孔子曰："益者三友，损者三友。友直①，友谅②，友多闻③，益矣。友便 pián 辟④pì，友善柔⑤，友便 pián 佞⑥，损矣。"

[译文]孔子说："有三种朋友是有益的，有三种朋友是有害的。正直的朋友，诚信的朋友，博学多闻的朋友，都是有益的朋友。表里不一的朋友，谄媚奉迎的朋友，夸夸其谈的朋友，都是有害的朋友。"

[注释]①直：正直。②谅：诚信，实在。③多闻：见多识广，知识丰富。④便辟：仪表堂堂，礼仪纯熟，但表里不一，不正直。对子张的评价就是"师也辟"（《论语·先进第十一》）。曾子说："堂堂乎张也，难与并为仁矣。"（《论语·子张第十九》）可以帮助理解何为"便辟"。⑤善柔：巧言令色，善于取悦他人，善于巴结人，显然这种人不诚实。⑥便佞：口若悬河，夸夸其谈，口才特别好，但没有真知实学。

[拓展]朱子曰："便辟，谓习于威仪而不直。善柔，谓工于媚悦而不谅。便佞，谓习于口语，而无闻见之实。"（《论语集注》）

05 孔子曰："益者三乐，损者三乐。乐节礼乐 yuè，乐道人之善，乐多贤友，益矣。乐骄乐①lè，乐佚 yì游②，乐宴乐③lè，损矣。"

[译文]孔子说："有益的喜好有三种，有害的喜好也有三种。喜好用礼乐节制言行，喜好谈论别人的优点，喜好多交贤良的朋友，这些都有益。喜好骄纵傲慢，喜好放诞游玩，喜好聚集吃喝，这些都有害。"

[注释]①骄乐：骄纵狂傲，贪图享乐。②佚：同"逸"。逸游：到处游山玩水，不知节制。③宴乐：一伙人聚在一起，贪吃无厌，酗酒无度。

06 孔子曰：“侍于君子有三愆[1]qiān：言未及之而言谓之躁，言及之而不言谓之隐，未见颜色而言谓之瞽[2]gǔ。”

[译文]孔子说：“侍奉君子易有三种过失：没到说话的时候却说了，这叫急躁；该说话的时候不说，这叫隐瞒；没有察颜观色就贸然开口，这叫瞎说。”

[注释]①愆：过失，错误。②瞽：盲人，这里指睁眼瞎，有眼看不见。

07 孔子曰：“君子有三戒：少之时，血气未定，戒之在色；及其壮也，血气方刚，戒之在斗[1]；及其老也，血气既衰，戒之在得[2]。”

[译文]孔子说：“君子有三种禁戒：年少的时候，气血尚未稳定，禁止迷恋美色；到了壮年，气血正盛，禁止好勇斗狠；到了老年，气血已衰，禁止贪得无厌。”

[注释]①血气未定：人的生发之气盛于少年之时。为扶持生发之气，当“生而勿杀，予而勿夺，赏而勿罚”（《黄帝内经·四气调神大论篇第二》）。好色损精气，耗津液，大伤气血。如果少时好色，那么身体的基础就坏掉了，其后果是身体发育不良，寿命缩短。②斗：争抢，攻击性强。③得：贪婪，欲望太多。

08 孔子曰：“君子有三畏：畏天命，畏大人，畏圣人之言。小人不知天命而不畏也，狎 xiá 大人[1]，侮[2]圣人之言。”

[译文]孔子说：“君子的敬畏有三条：敬畏天命，敬畏大人，敬畏圣人的言语。小人不知天命，所以不敬畏它；侮慢大人；毁谤圣人的言语。”

[注释]①狎：调笑，侮慢，不敬。大人：有道德、有能力、有地位、有名望的人。②侮：毁谤，蔑视。

[拓展]何谓大人？《周易·文言》说：“夫大人者，与天地合其德，与日月合其明，与四时合其序，与鬼神合其吉凶。先天而天弗违，后天而奉天时。”这样的大人，岂不可畏？

09 孔子曰：“生而知之者，上也。学而知之者，次也。困而学之[1]，又其次也。困而不学，民斯为下矣[2]！”

[译文]孔子说：“天生就有知识的是上等人；通过学习获得知识的是次一等的人；陷入困境才去学习的，是再次一等的人；身陷困境仍然不学，这种人就是下等人了。”

[注释]①困：遇到疑难，或陷入窘迫的境地。②斯：就。

10 孔子曰："君子有九思①：视思明，听思聪，色思温②，貌思恭，言思忠，事思敬，疑思问，忿思难④nàn，见得思义⑤。"

[译文]孔子说："君子心中有九条标准：看要看明白，听要听清楚，脸色要温和，仪态要庄矜，言语要诚恳，做事要敬慎，有疑要请教，动怒要考虑后果，遇到利益要考虑道义。"

[注释]①思：心思，心中所想的，就是以什么为标准的意思。②色：脸色。③貌：外貌，体貌，外在的形象，往往就整个身体而言。④忿：发火，发怒。难：患难，后患。⑤得：财富，利益。义：道义，指利益应不应该属于自己。

11 孔子曰："'见善如不及①，见不善如探汤②。'吾见其人矣，吾闻其语矣。'隐居以求其志，行义以达其道。'吾闻其语矣，未见其人也。"

[译文]孔子说："'见到善道就急切地追求，好像没有追上似的；遇到邪恶就急忙避开，好像把手伸进了沸水里。'我见过这样的人，我也听过这样的话。避世隐居以保全他的节操，由义而行去实践他的主张。我听过这样的话，却没见过这样的人。"

[注释]①不及：没有追赶上。②汤：沸腾的开水。探汤：把手放进滚开的沸水里。

12 齐景公有马千驷 sì，死之日，民无德而称焉①。伯夷、叔齐饿于首阳之下②，民到于今称之。其斯之谓与③yú？

[译文]齐景公虽然有马四千匹，但死了以后，百姓竟然无法称颂他。伯夷、叔齐饿死在首阳山下，百姓直到今天还在称颂他们。说的就是这个意思吧？

[注释]①驷：同驾一车的四匹马。千驷：与"千乘"同。齐景公在位虽久，但国政乏善可陈。②首阳：首阳山，在山西省运城市南。但河南、河北、陕西、甘肃等省也都有首阳山，伯夷、叔齐二人到底是在哪个首阳山隐居的，已经难以考证。③其斯之谓与：这五个字前面应当有脱漏的诗文，就是"斯"所代指的句子。

13 陈亢gāng问于伯鱼①曰："子亦有异闻乎？"对曰："未也。尝独立。鲤趋而过庭。曰：'学《诗》乎？'对曰：'未也。''不学《诗》，无以言。'鲤退而学《诗》。他日，又独立。鲤趋而过庭。曰：'学礼乎？'对曰：'未也。''不学礼，无以立。'鲤退而学礼。闻斯二者。"陈亢退而喜，曰："问一得三：闻《诗》，闻礼，又闻君子之远[②]其子也。"

[译文]陈亢问伯鱼说："您听过与众不同的见闻吗？"伯鱼回答说："没有。他曾独自站在庭院里，我恭敬地小步跑过。他问我：'学《诗》没有？'我回答说：'没有。'他就说：'不学《诗》，就不会讲话。'我就回去学《诗》。一天，他又独自站在庭院里，我恭敬地小步跑过。他问我：'学礼了没有？'我回答说：'没有。'他说：'不学礼，就无法立身。'我就回去学礼。就听到了这两条。"陈亢回去后高兴地说："我问一个问题，却知道了三件事：知道要学《诗》，知道要学礼，还知道君子与儿子是要保持距离的。"

[注释]①伯鱼：孔子的儿子名为鲤，字伯鱼。②远：拉开距离，不过于亲近，不偏疼偏向，不溺爱。

14 邦君之妻[①]，君称之曰"夫人"，夫人自称曰"小童"，邦人称之曰"君夫人"，称诸[②]异邦曰"寡小君"，异邦人称之，亦曰"君夫人"。

[译文]国君的妻子，国君称她为"夫人"，她自称为"小童"，国内的人称她为"君夫人"，但对外国人便称她为"寡小君"，外国人也称她为"君夫人"。

[注释]①邦君：诸侯国的国君。②诸：同"之于"。

阳货第十七

01 阳货[①]欲见孔子，孔子不见。归[馈]孔子豚[②]tún。孔子时其亡也[③]，而往拜之。遇诸涂[④][途]。谓孔子曰："来！予与尔言。曰：'怀其宝而迷其邦[⑤]，可谓仁乎？'曰：'不可。''好从事而亟 qì 失时[⑥]，可谓知[智]乎[⑦]？'曰：'不可。'日月逝矣，岁不我与[⑧]。"孔子曰："诺，吾将仕矣。"

[译文]阳货想见孔子，但孔子不去见他。于是，阳货就送给孔子一头蒸熟了的小猪。孔子不想见阳货，就趁阳货不在家的时候前去拜谢，不料二人在路上碰面了。阳货对孔子说："来，我和你说说话。"阳货说："怀有一身的本领，却坐视国家政局混乱，算有仁德吗？"阳货自答说："不可以。一个人有心从政，却屡屡错失良机，能算聪明吗？"他又自答说："不可以。太阳、月亮升起来，又落下去。时光过去了，可就不再回来了呀。"孔子说："好吧，我要去从政了。"

[注释]①阳货：又作"阳虎"（"货""虎"音近通用），季氏的家臣，曾囚禁季桓子，独掌鲁国政权。孔子反对"政在大夫"，反对三桓僭越，曾致力于削弱三桓的实力。阳货掌握季氏的权柄之后，欲削除三桓。阳货希望得到孔子的支持，于是发生了本章的事。但孔子更反对"陪臣执国命"，而阳货正是所谓的"陪臣"（参见 16·02 注释③"陪臣"），是孔子反对的对象。②归：同"馈"，赠送物品。豚：小猪，这里指蒸熟的小猪。根据那时候的礼节，"大夫有赐于士，不得受于其家，则往拜其门"（《孟子·滕文公下》）。孔子知礼，不可能不登门拜谢。阳货正是利用这一礼节设局，逼孔子去见他。孔子不想见阳货，就找了一个阳货不在家的时候前往拜谢。不料，还是在路上碰到了。③时：窥伺，观察（参见《辞源》第三版合订本 1036 页，义项九；《王力古汉语字典》433 页，略同）。④涂：同"途"，道路。⑤迷其邦：任由国家陷于混乱的境地。⑥亟：屡次，多次，频繁。⑦知：同"智"。⑧与：同在，在一起。

02 子曰："性相近也[①]，习相远也[②]。"

[译文]孔子说："人性是相近的，是后天的习染让人与人之间变得差异很大。"

[注释]①性：人性。程子以为这里所说的性，既包括气，又包括质，不是单说人性的根本。②习：习染，经历，环境。

03 子曰："唯上知[智]与下愚 yú 不移[①]。"

[译文]孔子说："上等的智者和下等的愚人是不会改变的。"

[注释]①唯：助词，用于句首。知：同"智"。上智：拥有上等智慧的人。

04 子之武城[①]，闻弦 xián 歌之声。夫子莞 wǎn 尔[②]而笑曰："割鸡焉用牛刀[③]？"子游对曰："昔者/偃 Yǎn 也/闻诸夫子曰：'君子学道则爱人，小人学道则易使也。'"子曰："二三子，偃之言是也，前言戏之耳。"

[译文]孔子到了南武城，听到了鼓瑟唱歌的声音。孔子微笑着说："杀只小鸡，用得着宰牛的大刀吗？"子游回答说："以前我听老师说过，君子学道之后就会爱人，百姓学道之后就好管理。"孔子说："同学们，言偃的话是对的，我刚才的话是开玩笑呢。"

[注释]①武城：即"南武城"，鲁国东南边境上的城邑，故址在今山东省平邑县郑城镇的南武城村，当时子游是那地的长官。②莞尔：微笑的样子。③鸡：比喻南武城这个小地方。牛刀：比喻礼乐之教。礼乐之教可用以教化天下，而子游用之于边陲小城，故孔子戏言之。

05 公山弗扰以费 Bì 畔[①]，召，子欲往。子路不说[悦]，曰："末之/也已[②]。何必公山氏之之也[③]？"子曰："夫 fú 召我者，而岂徒哉[④]？如有用我者，吾其为东周乎[⑤]？"

[译文]公山弗扰在费邑造反，背叛了季氏。公山弗扰邀请孔子，孔子准备去。子路很不高兴，说："没地方可去，就不要出去了。为什么一定要去公山氏那里呢？"孔子说："那个邀请我的人，难道是徒然的吗？如果有人用我，我或许就能让周文王、武王的道在东方复兴吧？"

[注释]①公山弗扰：又叫公山不狃，字子洩，季氏的家臣，与阳货一起控制了季桓子，据鄪邑叛变季氏。起初，孔子欲借其力削弱季氏，便坐观其发展。但后来，公山弗扰反对毁鄪城，率领鄪人攻曲阜，这就威胁到了鲁国的国家安全，于是孔子派兵打败了他。公山弗扰兵败，逃往齐国。《左传·定公十二年》："仲由为季氏宰，将堕三都，于是叔孙氏堕郈。季氏将堕费，公山不狃（即"公山弗扰"）、叔孙辄帅费人以袭鲁。公与三子入于季氏之宫，登武子之台。费人攻之，弗克。入及公侧，仲尼命申句须、乐颀下，伐之，费人北。国人追之，败诸姑蔑。二子奔齐，遂堕费。"②末之也已：没有地方去就算了。③何必公山氏之之也：为什么一定要去公山氏那里呢？第一个"之"是助词，第二个"之"是动词。④徒：徒然，白白地，没有意义地，没有用处地。⑤东周：东方的周，在东方兴起周文王、周武王的道。

06 子张问仁于孔子。孔子曰："能行五者于天下，为仁矣。""请问之？"曰："恭、宽、信、敏、惠。恭则不侮，宽则得众，信则人任焉[①]，敏则有功，惠则足以使人[②]。”

[译文]子张向孔子请教如何实践仁道。孔子说：“能够在天下推行五种品德，就是实践仁道了。”子张问道：“请问是哪五种？”孔子说：“端庄，宽厚，诚实，勤勉，慈惠。端庄就不会招致羞辱，宽厚就能得到众人的拥戴，诚信就能获得他人的信任，勤奋就能做出业绩，施以恩惠就足以让人遵从你的管理。”

[注释]①信则人任焉：如果守信用，就能够得到任用。②惠则足以使人：施以恩惠，给人利益，就能让人听从你的号令，服从你的指挥。

07 佛肸Bìxī召[①]，子欲往。子路曰：“昔者由也/闻诸夫子曰：‘亲于其身为不善者，君子不入也。’佛肸以中牟mù畔[叛]，子之往也，如之何？”子曰：“然，有是言也。不曰‘坚’乎？磨而不磷[②]lìn。不曰‘白’乎？涅而不缁[③]zī。吾岂匏páo瓜[④]也哉？焉能系jì而不食[⑤]！”

[译文]佛肸邀请孔子，孔子打算去。子路说：“从前我听老师说：‘亲身做过坏事的人那里，君子是不会去的。’如今佛肸以中牟为据点发动叛乱，您却要去，这是为什么呢？”孔子说：“是的，我说过这样的话。不是说那些真正坚固的东西，磨也磨不薄吗？不是说那些真正洁白的东西，染也染不黑吗？我难道是葫芦吗？哪能只是挂在那里不给人吃呢！”

[注释]①佛肸：晋国大夫范氏的家臣，中牟的地方长官。据《史记》，佛肸为中牟宰；赵简子攻范、中行，伐中牟；佛肸据中牟叛范氏。事在公元前490年，孔子正在周游列国。②磷：变薄，损伤。③涅：一种矿物，可把物品染成黑色，这里作动词用。缁：黑色。④匏瓜：一种葫芦，味苦，不能吃。⑤系（jì）：挂，拴缚（参见《辞源》第三版合订本1794页）。

08 子曰：“由也，女[汝]闻六言六蔽矣乎[①]？”对曰：“未也。”“居！吾语yù女[汝]。好仁不好学，其蔽也/愚。好知[智]不好学，其蔽也/荡[②]。好信不好学，其蔽也/贼[③]。好直不好学，其蔽也/绞。好勇不好学，其蔽也/乱。好刚不好学，其蔽也/狂。”

[译文]孔子说：“仲由，你听说过如果人不好学，六种美德各有各的弊端吗？”子路回答说：“没有。”孔子说：“坐下吧！我告诉你。喜好仁德却不好学，其弊端是为人憨傻，易被愚弄；喜好聪明却不好学，其弊端是游荡无根，难造精深；喜好诚实却不好学，其弊端是拘守小信，危害道义；喜好直率却不好学，其弊端是话语犀利，尖刻伤人；喜好勇敢却不好学，其弊端是好勇斗狠，

犯上作乱；喜好刚强却不好学，其弊端是狂放无忌，胆大妄为。”

[注释]①言：这里指一句话。蔽：通“弊”，弊端，弊病。②荡：放荡。③贼：伤害。

09 子曰：“小子，何莫学夫 fú《诗》①？《诗》，可以兴 xīng，可以观，可以群，可以怨。迩ěr之事父②，远之事君，多识 zhì 于鸟兽草木之名。”

[译文]孔子说：“同学们啊，为什么不学《诗经》呢？学习《诗经》，可以振奋人的精神，可以明察社会变迁，可以学会交友之道，可以讥刺不平之事。从近处说，可以用来事奉父亲；往长远看，可以用来事奉君主；至少也能多记些鸟、兽、草、木的名称。”

[注释]①夫：指示代词，有“这”或“那”的意思。诗：即《诗经》，五经之一。②迩：近。事父：事奉父亲，泛指齐家之事，处理好家庭成员之间的关系，组织好家庭生活。

10 子谓伯鱼曰：“女[汝]为《周南》《召 shào 南》矣乎①？人而不为《周南》《召 shào 南》，其犹正墙面而立也与②yú？”

[译文]孔子对伯鱼说：“你学《周南》《召南》了吗？人如果不学《周南》《召南》，不就像面对墙壁站着一样吗？”

[注释]①为：学习。周南：《诗经·国风》的第一部分，《关雎》是它的第一首，也是整部《诗经》的第一首。召南：《诗经·国风》的第二部分。《周南》《召南》合称“二南”。②正墙面而立：直面墙壁站着，正对着墙壁站着。这样的话，就一步也不能走，什么也看不到。

11 子曰：“礼云礼云，玉帛云乎哉①？乐云乐云，钟鼓云乎哉②？”

[译文]孔子说：“礼啊礼啊，难道只是指玉帛之类的礼器礼服吗？乐啊乐啊，难道只是指钟鼓之类的这些乐器吗？”

[注释]①玉帛：代指举行典礼时使用的玉器和帛等物品。②钟鼓：钟和鼓，打击乐器，这里泛指乐器。

12 子曰：“色厉而内荏①rěn，譬诸小人，其犹穿窬②yú之盗也与 yú！”

[译文]孔子说：“脸色严厉但内心怯弱的人，如果用坏人打比方的话，就像一个挖洞翻墙盗窃的小偷吧！”

[注释]①色厉：脸色严厉，威严。内荏：内心软弱，怯懦。②穿：在墙上挖洞，以便潜入行窃。窬：同“逾”，越过，指翻墙入院或逃跑。

13 子曰："乡原①yuàn，德之贼也②。"

[译文]孔子说："没有原则的好好先生，就是那种败坏道德风气的人。"

[注释]①原：同"愿"。乡原：鄙俗的愿人，貌似忠厚谨慎，实则没有原则、不明是非、欺世盗名。②贼：败坏，破坏。

[拓展]孟子说这种人"同乎流俗，合乎污世；居之似忠信，行之似廉洁；众皆悦之，自以为是，而不可与入尧舜之道。故曰'德之贼'也"（《孟子·尽心下》）。这种人，用今天的话说，就是好好先生，老好好，和事佬。这种人，就是所谓"乡人皆好之"的人，孔子说这种人"未可也"。人若有原则，必定是善人喜欢，恶人厌恶。乡原无原则地奉迎所有人，赢得了所有人的欢心，却实实在在地败坏了道德风气。朱子说："夫子以其似德非德，而反乱乎德，故以为德之贼而深恶之。"（朱熹《论语集注》）

14 子曰："道听而涂[途]说①，德之弃也。"

[译文]孔子说："在道路上听到传言，不加考察就四处传播，这是有德之人弃绝的作风。"

[注释]①涂：同"途"，道路，路途。成语"道听途说"出自本章。

15 子曰："鄙夫可与事君也与yú哉①！其未得之也，患得之②。既得之，患失之。苟患失之，无所不至矣③。"

[译文]孔子说："那种品德低劣的人，难道能与他同朝共事吗？对于他所喜爱的，当他没有得到的时候，总是忧心如何才能得到；已经得到了，总是忧心怎样才能不致失去。如果忧心失去自己的所得，那么他就什么事都能做得出来了。"

[注释]①鄙夫：指卑鄙粗陋、心胸狭窄、品德低劣的人。②患得之：患何以得之，忧虑如何才能得到。③无所不至：没有什么事情做不出来。成语"患得患失"出自本章。

[拓展]《荀子·子道篇第二十九》："子路问于孔子曰：'君子亦有忧乎？'孔子曰：'君子，其未得也，则乐其意；既已得之，又乐其治。是以有终身之乐，无一日之忧。小人者，其未得也，则忧不得；既已得之，又恐失之。是以有终身之忧，无一日之乐也。'"

16 子曰："古者民有三疾①，今也/或是之亡wú也②。古之狂也/肆③，今之狂也/荡④。古之矜也/廉⑤，今之矜也/忿fèn戾⑥lì。古之愚也/直⑦，今之愚也/诈/而已矣⑧。"

[译文]孔子说："古人有三种毛病，今人恐怕连这些都没了。古代的狂人敢说敢做，现在的狂人只是随口乱说；古代的矜持人有原则，现在的矜持人常常恼怒乖戾；古代的愚钝人是正直的，现在的愚钝人是假装的。"

[注释]①疾：毛病。②亡：同"无"，没有。③肆：放肆，狂放不羁。④荡：放荡，缺德违礼。⑤矜：矜持，骄傲。廉：有棱角，有原则，有些地方是不可触犯的。⑥忿戾：蛮横，凶恶，不讲道理。⑦直：直接，简单，通透。⑧诈：欺诈，骗人。从表面看起来他好像是愚笨的，但那是装出来的。他的心里充满了诡诈，因为他有不可告人的目的。

17 子曰："巧言令色，鲜 xiǎn 矣仁。"

[译文]孔子说："在巧舌如簧、满脸伪善的人里面，仁人很少。"

[章旨]此章论仁者必直言正色。

18 子曰："恶 wù 紫之夺朱也[①]，恶 wù 郑声之乱雅乐也[②]，恶 wù 利口之覆邦家者[③]。"

[译文]孔子说："憎恶紫色侵夺了大红色的正位，憎恶郑国的靡靡之音扰乱了端庄的雅乐，憎恶巧舌如簧的人颠覆了他人的国家。"

[注释]①紫：红、蓝混合后得到的颜色，不是正色，却和正色很像。朱：大红色，古人把它作为正色。②郑声：即郑国民间的流行音乐。它在表达人的喜怒哀乐上过于夸张，摇荡人的内心，使之偏离中正平和之道。雅乐：华夏民族的正统音乐，端庄而又典雅，宏大而又精深，表达情感合乎中正平和之道，与圣贤的大道内在相通。③利口：伶牙俐齿，巧舌如簧。邦：由天子分封的诸侯国，如齐、鲁、燕、晋、宋、卫、陈、郑等。家：卿大夫的采邑。

19 子曰："予欲无言[①]。"子贡曰："子如不言，则小子何述焉[②]？"子曰："天何言哉？四时行焉，百物生焉[③]。天何言哉？"

[译文]孔子说："我想不再说什么了。"子贡说："如果您不说话，那么学生传述什么呢？"孔子说："天说了什么呢？四时一直在循行中，百物一直在生长着。天说了什么呢？"

[注释]①无言：不说话，不再讲学授课。②述：传述，记录圣人之言使之流传后世。③四时：指春、夏、秋、冬。百物：天地间的各种生物。

20 孺悲[①]欲见孔子，孔子辞以疾。将命者出户，取瑟而歌，使之闻之[②]。

[译文]孺悲想见孔子，孔子托病不见他。传话的人刚出房门，孔子就把瑟取出来，边弹奏边歌唱，有意让孺悲听到。

[注释]①孺悲：鲁国人。鲁哀公曾派他向孔子学习士丧礼。本章所记的大概是孺悲最初拜见孔子时发生的事。②将命者：传口信的人，当是孔子家的仆人。使之闻之：有意让孺悲听到孔子鼓瑟歌唱的声音。

[拓展]孔子不愿见孺悲的原因已经很难考证了，但孔子是有意不见他的，又明确地让他知道了，这应当是为了让他反思自己的言行。这与孟子的不教教之，其目的是一样的。孟子曰："教亦多术矣。予不屑之教诲也者，是亦教诲之而已矣。"（《孟子·告子下》）

21 宰我问："三年之丧 sāng，期[其]已久矣①。君子三年不为礼，礼必坏；三年不为乐，乐必崩。旧谷既没 mò，新谷既升，钻燧 suì 改火②，期 jī 可/已矣③。"

子曰："食夫 fú 稻④，衣 yì 夫 fú 锦，于女[汝]安乎？"曰："安。""女[汝]安，则为之！夫 fú 君子之居丧 sāng，食旨不甘⑤，闻乐 yuè 不乐 lè，居处 chǔ 不安⑥，故不为也。今女[汝]安，则为之！"

宰我出。子曰："予之不仁也！子生三年，然后免于父母之怀。夫 fú 三年之丧 sāng，天下之通丧 sāng 也。予也/有三年之爱于其父母乎？"

[译文]宰我问："父母去世以后要守孝三年，这时间也太久了。君子如果三年不习礼，礼就会废掉；三年不奏乐，乐就会败亡。陈谷物已经吃完了，新谷物已经收起来了，打火用的燧木也换了一遍，守孝一周年也就可以了。"

孔子说："父母去世不满三年就吃稻米饭，穿锦缎衣，你心安吗？"宰我说："我心安。"孔子说："你心安，那你就这样做吧！君子守孝期间，吃美味不觉得好吃，听雅乐不觉得快乐，闲居的时候心里也不安静，所以才不那样做。现在既然你心安，那你就那样做吧。"

宰我出去了。孔子说："宰予真是不仁啊！孩子出生三年以后，才能脱离父母的怀抱。为父母守孝三年，是普天之下丧期的通例。宰予对他的父母有三年的爱心吗？"

[注释]①期：同"其"。期已久矣：河北定州竹简本《论语》作"其已久矣"。期：《经典释文》说："一本作'其'。"刘宝楠《论语正义》从之。此说传世文献有说，出土文献有证，今从之。从语法的角度看，"期"读 jī 表日期、期限义时在宾位，不做主语。从语义的角度看，"期"读 jī 时义为一周年，与前文"三年之丧"不搭，风马牛不相及。（参见杨逢彬《论语新注新译》342-344 页。）②钻燧改火：古代用钻木取火的方法获得火种，一年四季用的木头都不一样，一年

一循环，这就是“钻燧改火”。朱子说：“改火，春取榆柳之火，夏取枣杏之火，夏季取桑柘（zhè）之火，秋取柞（zuò）楢（yóu）之火，冬取槐檀（tán）之火。”（《论语集注》）③期：同“朞”，一周年。④稻：古时候水稻的种植面积很小，稻米非常珍贵，这里用来代指美食。⑤旨：甜美，这里代指美味的食物。⑥居处不安：住在好的房子里就心中不安，觉得不舒服。古人在丧期间，住在临时搭的简陋棚子里。

22 子曰：“饱食终日，无所用心，难矣哉！不有博弈 yì 者乎[①]？为之，犹贤乎已②。”

[译文]孔子说：“吃得饱饱的，整天没事做，这种无聊的日子很难捱啊！不是有局戏、围棋这类的游戏吗？玩玩这些，也比游手好闲、无事生非要好啊。”

[注释]①博：局戏。弈：围棋。②已：停止，什么也不做。

[拓展]以孔子时人观之，为博弈者，不作恶而已。人若求学，其生命立时便有一番新气象，生动活泼，万象更新，无限之精彩可渐次彰显，故人以求学为上。然而时人不学，为免生乱，故出此下策。孔子非劝人博弈也，此但止恶而已，未可谓为善道。

23 子路曰：“君子尚勇乎[①]？”子曰：“君子义以为上。君子有勇而无义/为乱，小人有勇而无义/为盗[②]。”

[译文]子路问道：“君子崇尚勇力吗？”孔子说：“君子把义当作最高的。君子如果只有勇而没有义，就会犯上作乱；小人如果只有勇而没有义，就会去做盗贼。”

[注释]①尚勇：崇尚勇力，好勇斗狠。②为：则，就会。《史记·仲尼弟子列传》引作“君子好勇而无义则乱，小人好勇而无义则盗”。

24 子贡曰：“君子亦有恶 wù 乎[①]？”子曰：“有恶 wù。恶 wù 称人之恶 è 者，恶 wù 居下（流）而讪 shàn 上者[②]，恶 wù 勇而无礼者，恶 wù 果敢而窒 zhì 者[③]。”曰：“赐也/亦有恶 wù 乎？”“恶 wù 徼 jiāo 以为知[智]者[④]，恶 wù 不孙[逊]以为勇者，恶 wù 讦 jié 以为直者[⑤]。”

[译文]子贡问道：“君子也有憎恶的人吗？”孔子说：“有憎恶的人：憎恶到处宣扬别人恶事的人，憎恶在下位却毁谤长上的人，憎恶勇猛却不懂礼义的人，憎恶果断却顽固不化的人。”孔子问子贡：“赐啊，你也有憎恶的人吗？”子贡回答说：“我憎恶剽窃别人的成果却自以为是的人，憎恶傲慢不逊却自以为勇敢的人，憎恶把揭人隐私当作直率的人。”

[注释]①恶：在本章中，除了“称人之恶”之外，都是厌恶的意思。②流：衍文，《论语》晚唐以前的版本无“流”字。讪：诽谤，说坏话。③窒：顽固不化。④徼：窃取，抄袭。⑤讦：揭发别人的隐私，攻击别人的短处。

25 子曰：“唯女子与小人为难养也①。近之则不孙②[逊]，远之则怨。”

[译文]孔子说：“只有女子和小人是不好相处的。近了，他就失礼；远了，他就牢骚满腹。”

[注释]①难养：难与相处。②孙：同“逊”。不逊：不合礼数，失礼。

26 子曰：“年四十而见恶 wù 焉①，其终/也已②。”

[译文]孔子说：“活到四十岁仍然被人厌弃，他这辈子也就没有什么指望了。”

[注释]①见：被。恶：厌恶。见恶：被人厌恶，让人感觉讨厌。②终：完了，不可救药了。

微子第十八

01 微子去之，箕jī子为之奴，比干gān谏而死。孔子曰："殷有三仁焉[①]。"

[译文]（商纣王昏乱残暴），微子就离开了他，箕子做了他的奴隶，比干因强谏而被残杀。孔子说："殷商有三位仁人。"

[注释]①三仁：三位仁人，指微子、箕子、比干。

[拓展]微子是商纣王的哥哥（庶出的兄长）。箕子和比干都是商纣王的叔父。微子看到纣王无道，为了保存宗祀，逃离了政治中心。箕子、比干都正言直谏。结果，纣王杀害了比干，剖开了他的心，又囚禁箕子为奴。

02 柳下惠为士师[①]，三黜[②]chù。人曰："子未可以去乎[③]？"曰："直道而事人，焉往而不三黜chù？枉道而事人，何必去父母之邦[④]？"

[译文]柳下惠做法官，多次被罢免。有人对他说："您不可以离开鲁国吗？"他说："如果奉公守法地做事，到哪里不会常被罢免？如果徇私枉法地做事，何必离开祖国呢？"

[注释]①士师：执掌刑狱的官职。②三：虚数，多次，经常。黜：退，罢免。③子：您，谈话时对对方的尊称。去：离开。④事人：事奉人，做工作，从政。父母之邦：即祖国。

03 齐景公待孔子曰："若季氏，则吾不能；以季、孟之间待之[①]。"曰："吾老矣，不能用也。"孔子行[②]。

[译文]齐景公谈到任用孔子的打算时说："像鲁君待季氏那样待孔子，我做不到；用次于季氏而高于孟氏的地位来任用他。"又说："我老了，没有什么作为了。"于是，孔子离开了齐国。

[注释]①季：季氏。季氏尊为鲁国上卿，掌握着鲁国的实权。孟：孟氏。孟氏为下卿，位卑权轻。季、孟之间：即上卿与下卿之间。②行：出发，指离开齐国。

04 齐人归kuì女乐[①]。季桓子[②]受之，三日不朝cháo。孔子行。

[译文]齐国送给鲁国许多女乐工，季桓子留下了她们，三天不问政事。于是，孔子离开了鲁国。

[注释]①归：同"馈"，馈赠，赠送。乐：乐工。古代的音乐有器乐、声乐和舞蹈等形式，这里的女乐指女乐师、舞女、歌姬等。②季桓子：季孙斯，鲁国上卿，从鲁定公年间至哀公三年执掌鲁国政权。

[拓展]据《史记》记载，鲁定公十四年，孔子担任鲁国的司寇一职，兼行相权。“与闻国政三月，粥羔豚者弗饰贾；男女行者别于涂；涂不拾遗；四方之客至乎邑者不求有司，皆予之以归。齐人闻而惧，曰：‘孔子为政必霸，霸则吾地近焉，我之为先并矣。盍致地焉？’黎鉏曰：‘请先尝沮之；沮之而不可则致地，庸迟乎？’于是选齐国中女子好者八十人，皆衣文衣而舞康乐，文马三十驷，遗鲁君。陈女乐文马于鲁城南高门外，季桓子微服往观再三，将受，乃语鲁君为周道游，往观终日，怠于政事。子路曰：‘夫子可以行矣。’孔子曰：‘鲁今且郊，如致膰乎大夫，则吾犹可以止。’桓子卒受齐女乐，三日不听政；郊，又不致膰俎于大夫。孔子遂行，宿乎屯。”（《史记·孔子世家第十七》）

05 楚狂接舆[①]歌而过孔子曰：“凤兮凤兮！何德之衰[②]？往者不可谏，来者犹可追[③]。已而[④]！已而！今之从政者殆而[⑤]！”孔子下，欲与之言。趋而辟bì之，不得与之言。

[译文]楚国的狂人接舆唱着歌走过孔子的车子，他唱道：“凤凰啊！凤凰啊！你为什么这么不幸？过去的已经无法挽回了，将来的还来得及谋划。算了吧！算了吧！现在的执政者岌岌可危啊！”孔子下车，想和他谈谈。他却疾行避开，孔子无法和他交谈。

[注释]①接舆：楚国的隐士。接舆装疯装傻，以求苟全性命于乱世，实则是一个有见识的贤人。②何德之衰：世无圣君，政治黑暗，谓之德衰。世治则凤来，世乱则凤隐。孔子生于乱世，周游列国以求进用，与凤鸟是类似的不幸。③追：追及，赶上。这里是重新谋划、赶紧醒悟的意思。④已：停止。而：语气助词。⑤殆：危险。

[拓展]古书所载楚狂接舆的事迹，值得细读的有以下三则：

1. 楚狂接舆躬耕以食。其妻之市未返。楚王使使者賫金百镒造门，曰：“大王使臣奉金百镒，愿请先生治河南。”接舆笑而不应，使者遂不得辞而去。妻从市而来，曰：“先生少而为义，岂将老而遗之哉？门外车轶何其深也？”接舆曰：“今者王使使者賫金百镒，欲使我治河南。”其妻曰：“岂许之乎？”曰：“未也。”妻曰：“君使不从，非忠也。从之，是遗义也。不如去之。”乃夫负釜甑，妻戴絍器，变易姓字，莫知其所之。《论语》曰：“色斯举矣，翔而后集。”接舆之妻是也。《诗》曰：“逝将去汝，适彼乐土。适彼乐土，爰得我所。”（《韩诗外传·卷第二·第二十一章》）

2. 孔子适楚，楚狂接舆游其门曰：“凤兮！凤兮！何如德之衰也。来世不可待，往世不可追也。天下有道，圣人成焉；天下无道，圣人生焉。方今之时，仅免刑焉。福轻乎羽，莫之知载；祸重乎地，莫之知避。已乎！已乎！临人以德。殆乎！殆乎！画地而趋。迷阳！迷阳！无伤吾行。吾行郤曲，无伤吾足。”（《庄子·人间世第四》）

3. 肩吾见狂接舆，狂接舆曰：“日中始何以语女？”肩吾曰：“告我：‘君人者以己出经式义度，人孰敢不听而化诸？’”狂接舆曰：“是欺德也！其于治天下也，犹涉海、凿河而使蚊负山也。夫圣人之治也，治外乎？正而后行，确乎能其事者而已矣。且鸟高飞以避矰弋之害，鼷鼠深穴乎神丘之下以避熏凿之患，而曾二虫之无知！”（《庄子·应帝王第七》）

06 长沮 jū、桀溺耦ǒu而耕①。孔子过之，使子路问津焉②。

长沮曰：“夫 fú执舆者为谁？”子路曰：“为孔丘。”曰：“是鲁孔丘与 yú？”曰：“是也。”曰：“是知津矣。”问于桀溺。桀溺曰：“子为谁？”曰：“为仲由。”曰：“是鲁孔丘之徒与 yú？”对曰：“然。”曰：“滔滔者③，天下皆是也，而谁以易之？且而[尔]与其从辟 bì人之士也，岂若从辟 bì世之士哉？”耰 yōu而不辍④。

子路行，以告。夫子怃 wǔ然⑤曰：“鸟兽不可与同群。吾非斯人之徒与而谁与？天下有道，丘不与易也⑥。”

[译文]长沮、桀溺并排用耜耕田。孔子从那里经过，叫子路去问渡口。

长沮问子路说：“那个执辔驾车的是谁？”子路说：“是孔丘。”他又说：“是鲁国的孔丘吗？”子路说：“是的。”长沮说：“他啊，早就知道渡口在哪里了。”去问桀溺。桀溺说：“您是谁？”子路说：“我是仲由。”桀溺说：“您是鲁国孔丘的学生吗？”子路回答说：“是的。”桀溺说：“天下动荡不安，如同滔滔的洪水，你们和谁一起去改革它们呢？与其跟着孔子那种躲避恶人的人，何不跟着我们这些躲避乱世的人呢？”说完后，他继续盖土覆种，干个不停。

子路回来，把情况报告给了孔子。孔子失望地说：“人类不能和飞禽走兽同群。如果我们不和人群打交道，又要去和什么打交道呢？如果天下太平，我就不必和你们一起去推动变革了。”

[注释]①长沮、桀溺：两位都是隐者。耦：并耕，一起耕地。②津：渡口。③滔滔：江河之水，奔流而不返。④耰：一种农具，这里指用耰盖土，覆盖好种子。⑤怃然：惆怅失意的样子，孔子惋惜他们不懂自己的心意。天下昏乱无道，如果都隐居避世，那么清明的世道由谁来恢复呢？⑥易：改变，这里指推动社会变革。

[拓展]春秋时期，社会秩序遭到破坏，天子无实，诸侯僭礼，臣弑其君，子弑其父，兼并战争四起，百姓不得安息。这是孔子周游列国的历史背景。社会已经成了这个样子，没有人管了吗？孔子认为，儒者应当承担起责任，尽力而为。在齐、鲁两国不能有所作为，他就开始了周游列国的古代长征。今天看来，孔子周游列国的成绩，主要不在于现实政治，而在于播撒了文明的种子。孔子师徒在周游列国的过程中发生的事情，尤其是他们在陷入困境以后发生的事情，以及他们对待人生困境的态度，对后世产生了深远的影响。详见《史记·孔子世家第十七》。

07 子路从而后，遇丈人[①]，以杖荷蓧[②]diào。子路问曰：“子见夫子乎？”丈人曰：“四体不勤，五谷不分[③]，孰为夫子？”植其杖而芸[④]。子路拱而立。止子路宿，杀鸡为黍而食 sì 之，见 xiàn 其二子焉。明日，子路行，以告。子曰：“隐者也。”使子路反见之，至则行矣。子路曰：“不仕无义。长幼之节，不可废也。君臣之义，如之何其废之？欲洁其身，而乱大伦。君子之仕也，行其义也。道之不行，已知之矣！”

[译文]子路跟随孔子周游列国，有一次却丢在了后面。后来，子路碰到一位老人，用拐杖挑着除草用的工具。子路问：“您看见我的老师了吗？”老人说：“你们这些人，四肢不会劳动，五谷都不认识，谁是老师啊？”说完这话，就把拐杖插在地上，锄起草来。子路拱手肃立着。干完活，老人便留子路在他家住宿，又杀鸡、做饭给子路吃，还叫他的两个儿子出来与子路相见。第二天，子路赶上孔子，报告了这事。孔子说：“这是位隐士啊。”叫子路再回去拜访他。子路赶到，老人家却出门了。子路说：“不做官是不合宜的。长幼有序的礼节不能废弃，君臣有义的伦理又怎能废弃呢？想洁身自保，却不知隐居便是废弃了君臣间的道义。君子出来做官，就是为了做好应做的事。至于大道在当代行不通，其实早就知道了。”

[注释]①丈人：一位隐者。②蓧：竹器。③五谷不分：不懂得区别豆与麦等农作物，责备子路不务农事而从孔子远游。④植：立。芸：除草。

[拓展]朱熹说：“福州有国初时写本，‘路’下有‘反子’二字，以此为子路反而夫子言之也。”朱熹看到的本子是“子路反，子曰”，下面的话为孔子之言。今读“不仕无义”一段，知其讲论周游列国大义，其道甚大，其理甚精，恐非子路所能言，当为孔子之语。

08 逸民[①]：伯夷、叔齐、虞 yú 仲[②]、夷逸、朱张[③]、柳下惠、少 shào 连[④]。子曰：“不降其志，不辱其身，伯夷、叔齐与 yú？”谓柳下惠、少 shào 连：“降志辱身矣。言中 zhòng 伦[⑤]，行中 zhòng 虑⑥，其斯/而已矣。”谓虞仲、夷逸：“隐居放言，身中 zhòng 清，废中 zhòng 权[⑦]。我则异于是，无可无不可[⑧]。”

[译文]隐逸不仕的贤人有：伯夷、叔齐、虞仲、夷逸、朱张、柳下惠、少连。孔子说：“不降低自己的志向，不玷辱自己的人格，恐怕只有伯夷、叔齐吧！”评价柳下惠、少连：“降低了自己的志向，玷辱了自己的人格。然而他们的言语合乎法度，行为经过思虑，但也不过如此罢了。”评

价虞仲、夷逸：“他们逃世隐居，放胆直言。他们的身心是清廉的，他们弃官是为求自保的权宜之计。我就和他们不同，不一定非要这样，也不一定非要那样。”

[注释]①逸：遗逸。民：没有官位的人。②虞仲：即仲雍，与泰伯一同避于荆蛮，让位给王季，以便王季传位给文王姬昌。③夷逸、朱张：经传失载。④少连：东夷人，事迹不可考。⑤中：符合，合乎。伦：义理的次第。⑥虑：思虑。中虑：有意义，合人心。⑦身中清，废中权：仲雍隐居在吴，断发文身，独善其身，可以称之为清；自我流放，躲避君位之争，合乎权变之道。⑧无可无不可：不绝对化，没有什么是必须这样的，也没有什么是必须那样的。

09 大 tài 师[①]挚 Zhì 适齐，亚饭干适楚，三饭缭 Liáo 适蔡，四饭缺适秦[②]，鼓方叔入于河，播鼗 táo 武入于汉[③]，少 shào 师阳、击磬襄入于海[④]。

[译文]鲁国的太师挚逃去了齐国，二饭乐师干去了楚国，三饭乐师缭去了蔡国，四饭乐师缺去了秦国，击鼓的方叔隐居在黄河之滨，摇小鼓的武隐居在汉水之滨，少师阳和击磬的乐师襄隐居在大海边。

[注释]①大：同“太”。大师挚：鲁国的乐师长，名叫“挚”。②亚饭、三饭、四饭：皆为诸侯进食时负责奏乐的官员。干、缭、缺：都是乐师的名。③播：摇。鼗：小鼓，两旁有耳，持柄而摇，耳还自击，咚咚作响。武：乐师名。汉：汉中。④少师：乐官之佐。阳、襄：二人名。襄即师襄，孔子曾经跟他学琴。海：海岛。

10 周公谓鲁公[①]曰：“君子不施 chí 其亲[②]，不使大臣怨乎不以[③]；故旧无大故[④]，则不弃也；无求备于一人。”

[译文]周公对鲁公说：“君子不怠慢他的亲族，不让大臣抱怨不被任用。如果没有严重的过失，就不要遗弃故人、老臣。对任何一个人，都不要求全责备。”

[注释]①鲁公：周公之子伯禽，封于鲁。②施：朱子说：“施，陆氏本作‘弛’，福本同。”陆氏本，指隋陆德明《经典释文》所用本。阮元《论语校勘记》说：“施、弛，古字通。”今按：施，通“弛”（chí），遗弃。③以：任用。④大故：恶逆之事。

11 周有八士[①]：伯达、伯适 kuò、仲突、仲忽、叔夜、叔夏、季随、季騧 guā。

[译文]周朝有八位知名的士人：伯达、伯适、仲突、仲忽、叔夜、叔夏、季随、季騧。

[注释]①八士：周成王时人，一说周宣王时人。据说，那时有一位母亲，生有四乳，育有八个儿子，或四对孪生子，但已不可考。

子张第十九

01 子张曰："士见危致命[1]，见得思义[2]，祭思敬，丧 sāng 思哀，其可/已矣。"

[译文]子张说："士人面对危难勇于献出自己的生命，在利益面前考虑是否正当，祭祀的时候严肃恭敬，居丧的时候悲痛哀伤，也就可以了。"

[注释]①致命：献出生命。②思：反思，反省，考虑。义：适宜，合宜，正当。

02 子张曰："执德不弘[1]，信道不笃[2]，焉能为有？焉能为亡[3]wú？"

[译文]子张说："持守道德却不能发扬光大，信仰道义却没有诚心实意，怎能说有他这个人呢？怎能说没他这个人呢？"

[注释]①弘：发扬光大。②笃：笃实，诚恳，坚定不移。③亡：同"无"。焉能为有，焉能为亡：这是一种偏义表达，要说的是前面的意思，即"怎能说有他这个人呢？"意思是这种人无足重轻，不够格。

03 子夏之门人问"交"于子张[1]。子张曰："子夏云何？"对曰："子夏曰：'可者与之，其不可者拒之[2]。'"子张曰："异乎吾所闻：'君子尊贤而容众，嘉善而矜不能[3]。'我之大贤与 yú？于人何所不容？我之不贤与 yú？人将拒我，如之何其拒人也？"

[译文]子夏的学生向子张请教怎样与人交往。子张说："子夏是怎么说的？"回答说："子夏说：'可以交往的人就去和他交往，不可以交往的人就拒绝和他交往。'"子张说："这和我所听到的不一样：君子既尊敬贤人，也能包容普通人；既推崇善人，也怜悯那些不能行善的人。我是个大贤人吗？既然这样，什么人我不能包容呢？我不是个贤人吧？这样的话，别人会率先拒绝我，哪能轮到我去拒绝别人呢？"

[注释]①交：人际交往的方法，交友之道。②与：偕同，交往。拒：拒绝，禁止。③嘉：推崇，赞美。矜：怜惜，惋惜。

[拓展]子夏说的是交友之道，与孔子所言一致。孔子曾说"无友不如己者"（《学而第一》），"友其士之仁者"（《卫灵公第十五》），"益者三友……友直，友谅，友多闻，益矣"，"乐多贤友"（《季氏第十六》），以上皆是例证。子张所说的当是临民之道，其对象是所有人。这些人有尊有卑，有贤有不肖，道德学问各不相同，比朋友的范围要广得多。当季康子问"何为则民服"

的时候，孔子最后说“举善而教不能，则劝”（《为政第二》），可为一证。子张所言虽极高深，也合乎孔子思想，但有偷换概念之嫌。

04 子夏曰：“虽小道[①]，必有可观者焉。致远恐泥[②]nì，是以君子不为也。”

[译文]子夏说：“就算小道也一定有可取之处，但用功太深会沉溺其中，从而妨碍大道，所以君子才不钻研小道。”

[注释]①小道：小的技艺，某种专业技能，如铁匠、木匠等人所掌握的技艺。②泥：陷于一偏，囿于一隅，不能完整地把握全德大道。

05 子夏曰：“日知其所亡[①]wú，月无忘其所能[②]，可谓好学也/已矣。”

[译文]子夏说：“每天都能获得新知，每月都会温习学业，就可以说是好学了。”

[注释]①亡：同“无”。知其所亡：即知所未知，知道以前所不知道的。②无忘其所能：不要失去了已经掌握的学问，通过温习、演练等方式，巩固所学的文化知识和技能等。

06 子夏曰：“博学而笃志[①]，切问而近思[②]，仁在其中矣。”

[译文]子夏说：“深入地学习，坚守自己的志向；精准地提问，思考实际的问题，仁德就在里面了。”

[注释]①博学：广泛，丰富，繁多。②切问：提出准确而关键的问题。近思：联系自身实际，多加反省。

[拓展]“切问而近思”反对好高骛远、不切实际的作风。孔子曾说：“夫仁者，己欲立而立人，己欲达而达人。能近取譬，可谓仁之方也已。”（《论语·雍也第六》）子夏之言多务实，易切入。

在《子罕第九》的第二章：“达巷党人曰：‘大哉孔子！博学而无所成名。”在《子罕第九》的第六章中，太宰以“多能”为“圣”，子贡也同意，但孔子以为君子“不多”。孔子对子贡说：“赐也，女[汝]以予为多学而识之者与？”对曰：“然。非与？”曰：“非也！予一以贯之。”（《卫灵公第十五》）孔子之学不务多，精深乃至精简才是核心要义。“博学”本身就有精深的意思。如《中庸》云：“有弗学，学之弗能弗措也。”这是《中庸》对“博学”的解释，其中的“能”是精深的意思。“博学之”正是要求刻苦钻研，以造精深，以求贯通，而不是贪多务广。古代所立的博士与现代所设的博士学位，都取专精之义。译文用“精深”义。

07 子夏曰：“百工居肆以成其事[①]，君子学以致其道[②]。”

[译文]子夏说："工匠们在铺子里做好他们的产品，君子通过学习获得道义。"

[注释]①百工：手工业者，各行各业的工匠。肆：作坊，加工制造物品的场所，也是销售的场所。在作坊里，他们生产了，也销售了，所以叫"成其事"。②致：获得，得到。

08 子夏曰："小人之过也，必文①。"

[译文]子夏说："小人有了过错，一定会掩饰。"

[注释]①文：掩饰。成语"文过饰非"出自本章。

[拓展]过错经过掩饰，在小人看来，就是没有过错了。既然没有过错，何必改呢？所以小人不改错。过而不改，是错上加错。子曰："过而不改，是谓过矣。"（《论语·卫灵公第十五》）

09 子夏曰："君子有三变：望之俨然①，即之也/温，听其言也/厉②。"

[译文]子夏说："君子给人的印象有三种：远远望去，他是端庄可畏的；与他相处，他是温和可亲的；听他讲话，句句都是有法度的。"

[注释]①俨然：形容外貌端庄严肃的样子。②厉：形容话语有法度，严肃认真，掷地有声。

10 子夏曰："君子信而后劳其民①，未信则以为厉己也②。信而后谏，未信则以为谤己也③。"

[译文]子夏说："君子在取信于百姓之后，才征发他们劳作；否则，百姓会认为你在虐待他们。君子在取信于长上之后，才直言相劝；否则，长上会认为你在毁谤他。"

[注释]①劳：征发百姓做工。②厉己：虐待自己。③谏：劝告。谏的对象必须是长上，如天子、诸侯、卿大夫等位高者，或父母等长辈。谤己：诽谤自己，说自己的坏话。

11 子夏曰："大德不逾闲①，小德出入可也②。"

[译文]子夏说："人在重大节操上不能逾越底线，不拘小节是可以的。"

[注释]①逾：超过，越过。闲：本义是木栅栏，有界限的意思。这里引申为法度，底线。②出入：或出或入，或过或不及，不符合的意思。

12 子游曰："子夏之门人小子，当洒扫、应对、进退，则可矣，抑末也①，本之则无，如之何？"子夏闻之，曰："噫yī！言游过矣②！君子之道，孰先传焉？孰后倦焉[3]？譬诸草木，区以别矣。君子之道，焉可诬也[4]？有始有卒者[5]，其唯圣人乎？”

[译文]子游说：“子夏的学生们，叫他们打扫卫生，接待客人，揖让寒喧，迎来送往，做这些还可以，但只不过是些细枝末节罢了，根本大道却没有，怎么可以呢？”子夏听到了，就说：“唉！言游说错啦！君子的道术，哪一项先传授呢？哪一项后用功呢？打个比方，君子之道就像小草和树木一样，是分门别类的。君子传授学业的方法，怎么可以毁谤呢？能善始善终的，恐怕只有圣人吧！”

[注释]①抑：但是，不过。②言游：孔子弟子言偃，字子游。③倦：疲惫。这里是致力、用功的意思。④诬：任意歪曲。⑤卒：终了，完结。有始有卒：有始有终，善始善终。卒：结束，终了。

[拓展]“君子之道”在这里指教学之道，传授学业之道。学业是分门别类的，各不相同。《学记》说：“杂施而不孙（逊），则坏乱而不修。”《大学》说：“物有本末，事有终始。知所先后，则近道矣。”学业的内容很多，必须分出本末和先后，先本后末，由浅入深，让学生逐渐深入。从本章可知，子夏称得上一位教育家，他是颇懂授业之道的。

13 子夏曰：“仕而优则学[1]，学而优则仕。”

[译文]子夏说：“做官时，有闲暇就去学习；学成了，有机会就去做官。”

[注释]①优：有余力。孔子说：“行有余力，则以学文。”也就是“仕而优则学”。

14 子游曰：“丧 sāng 致乎哀而止[1]。”

[译文]子游说：“居丧的时候，只要心中悲哀就够了。”

[注释]①致乎哀：做到心中哀痛。止：可以了，足够了。

[拓展]居丧之礼要求很多，但只有哀戚之情是内在的，最为重要。其他都是外在的，都是可见的，比如穿什么衣服，住什么屋子，吃什么食物，等等。如果没有哀戚之情，其他的一切就都没有意义了。孔子说：“人而不仁，如礼何？人而不仁，如乐何？”（《论语·八佾第三》）人对父母的敬爱之情，在父母去世之后，就成为哀戚之情。孔子说：“临丧不哀，吾何以观之哉！”（《论语·八佾第三》）

15 子游曰：“吾友张也，为难能也[1]，然而未仁。”

[译文]子游说：“我的朋友子张可以说是难能可贵的人了，却还没有达到仁德的高度。”

[注释]①难能：水平高，难能可贵。

16 曾子曰："堂堂乎张也①，难与并为仁矣。"

[译文]曾子说："子张气度恢弘，可是难以与他共同修养仁德。"

[注释]①堂：本义为正房，或高大的厅堂。堂堂：有宏大宽阔之义，这里形容子张容仪盛，德宇广（据郑玄、江熙）。

17 曾子曰："吾闻诸夫子：'人未有自致者也①，必也亲丧 sāng 乎②！'"

[译文]曾子说："我听老师说过：一般情况下，人不会任由情感宣泄；如果有这种情况，那一定是在为父母守孝的时候吧！"

[注释]①自致：主动地竭尽全力，这里指充分地释放情感，完全地宣泄哀戚之情，或者是放声痛哭，或者是极其低沉消极，等等。②亲丧：为父母居丧守孝的时候。

18 曾子曰："吾闻诸夫子：'孟庄子①之孝也，其它可能也；其不改父之臣与父之政，是难能也。'"

[译文]曾子说："我听老师说过：孟庄子的孝行，别的都容易做到；而留用他父亲任用的官员，继续执行他父亲的政令，是难以做到的。"

[注释]①孟庄子：鲁国的大夫仲孙速，孟献子（仲孙蔑）的儿子。

[拓展]《学而第一》记载孔子之言，说，父没之后，当"三年无改于父之道"，本章则把"父之道"说明白了。父之道就是"父之臣与父之政"。年轻人刚接过上辈人的担子的时候，常常自以为是，轻易地改弦更张。殊不知父辈的设计，多有深思熟虑之处。

19 孟氏使阳肤为士师①，问于曾子。曾子曰："上失其道，民散久矣②。如得其情③，则哀矜而勿喜④。"

[译文]孟氏任命阳肤做法官，阳肤向曾子请教执法之道。曾子说："执政者无道，百姓早就对他们失去信心了。如果你查出了案件的实情，应当心存怜悯，不要自鸣得意。"

[注释]①阳肤：曾子的学生。士师：古时执法官员的通称，执掌禁令、诉讼、刑罚、牢狱等。在本章中，主要指诉讼，审理案件。②散：离心离德，民心叛离，百姓对执政者失去了信心。③情：实情，真实情况。④矜：怜悯，可怜。

[拓展]孔子说："听讼，吾犹人也，必也使无讼乎？"（《论语·颜渊第十二》）典狱的最高境界是狱中无人。法官的最高境界是无案可审。其前提是良好的教育和仁爱的政治。孔子说："导之以德，齐之以礼，有耻且格。"（《论语·为政第二》）如此以来，哪有犯

人可关？哪有案件可审？

20 子贡曰：“纣之不善[①]，不如是之甚也[②]。是以君子恶wù居下流，天下之恶è皆归焉。”

[译文]子贡说：“商纣王的罪恶，不像传说的那么严重。所以，君子不会让自己身处卑下之境。因为一旦那样，天下的恶名都会归到自己身上。”

[注释]①纣：末代商王，名辛，“纣”是他的谥号。除了残暴无道的一面以外，商纣王能文能武，在政治、经济和军事等方面颇有作为，让商朝的气象为之一新，大有中兴的势头。中年以后，由于好饮酒，亲女色，刚愎自用，不听劝阻，纣王才逐渐走上了灭亡之路。纣的恶名形成以后，他的勇猛威武没人再提了，他的雄才大略没人再提了，他的文治武功没人再提了，后人不断提起的就是那一连串的罪恶。如果把其他人的罪恶加到纣的头上，也不会有人觉得有问题。②是：代词，此，这样。甚：严重，恶劣。

21 子贡曰：“君子之过也，如日月之食焉。过也，人皆见之。更gēng也[①]，人皆仰之[②]。”

[译文]子贡说：“君子的过错就像日食月食：犯了错不掩饰，所以人人看得见；有了错就改正，所以人人都敬仰。”

[注释]①更：改正过错。②仰：仰望，尊敬。

22 卫公孙朝[①]问于子贡曰：“仲尼焉学[②]？”子贡曰：“文、武之道，未坠于地[③]，在人。贤者识zhì其大者，不贤者识zhì其小者，莫不有文、武之道焉。夫子焉不学？而亦何常师之有？”

[译文]卫国的公孙朝问子贡：“仲尼是从哪里学成的？”子贡说：“周文王和周武王的道，并没有消亡，还在民间流传。贤人学到其中的大道，常人学到其中的小道。没有一个地方没有文、武之道。老师向谁不能学习呢？又何必要有固定的老师呢？”

[注释]①公孙朝：卫国的大夫。②仲尼：孔子的字。孔子名丘，字仲尼。③坠于地：落到地上，指失传，消亡。③常师：固定的老师。

[拓展]文武之道散在人间，贤者、不贤者各有所得，孔子即之而学，择善而从，所以无常师。

23 叔孙武叔[①]语 yù 大夫于朝 cháo 曰："子贡贤于仲尼。"子服景伯[②]以告子贡。子贡曰："譬之宫墙。赐之墙也及肩，窥见室家之好。夫子之墙数仞[③]rèn，不得其门而入，不见宗庙之美，百官之富[④]。得其门者或寡矣。夫子之云，不亦宜乎？"

[译文]叔孙武叔在朝堂上对官员们说："子贡比仲尼更贤良。"子服景伯把这话告诉了子贡。子贡说："拿围墙打个比方吧：我家的围墙只有肩膀那么高，美好的房舍轻易得见。老师家的围墙却高达数丈，如果找不到大门，就看不到雄伟壮丽的宗庙，各式各样的房舍。能找到大门的人或许不多吧。所以武叔他老人家这样说，不也是合理的吗？"

[注释]①叔孙武叔：鲁国的大夫，三桓之叔孙氏，名洲仇。②子服景伯：鲁国的大夫。③仞：相当于古时的七尺或八尺。④官：指房舍。富：繁多，各式各样，数量众多。

24 叔孙武叔毁仲尼[①]。子贡曰："无以为也！仲尼不可毁也[②]。他人之贤者，丘陵也，犹可逾 yú 也。仲尼，日月也，无得而逾 yú 焉。人虽欲自绝，其何伤于日月乎？多见其不知量 liàng 也[③]！"

[译文]叔孙武叔毁谤仲尼。子贡说："不要这样做！仲尼是毁谤不了的。别人的贤德好像丘陵，还可以越过去；仲尼就像太阳、月亮，是不可逾越的。有人想自绝于太阳、月亮，可那对太阳、月亮有什么损害呢？只能说明他自不量力罢了。"

[注释]①毁：诽谤。②仲尼：今按上下文，子贡称孔子皆为"夫子"，恐怕称孔子的字，也是子贡的尊师之心不许的。此处可能是门弟子记录编纂时出现的错误。无以为：这样做是没有用的。③多：只是，徒然，作副词用。

25 陈子禽谓子贡曰："子为恭也[①]！仲尼岂贤于子乎？"子贡曰："君子一言以为知[②][智]，一言以为不知[智]，言不可不慎也！夫子之不可及也，犹天之不可阶而升也。夫子之得邦家者[③]，所谓'立之斯立，道之斯行，绥之斯来[④]，动之斯和[⑤]。其生也/荣，其死也/哀'，如之何其可及也？"

[译文]陈子禽对子贡说："您太谦逊了。难道仲尼比您还强吗？"子贡说："君子能从一句话里显出智慧，也能从一句话里显出愚昧，所以说话不可以不谨慎。老师是难以超越的，就像不能踩着阶梯爬到天上去一样。老师如果有机会处理国家的政事，那么他叫百姓立足，百姓就能立足；一

引导百姓，百姓就跟着他走；一安抚百姓，百姓就从远方来投奔；一动员百姓，百姓就齐心协力做事。老师在世之时德高望重，去世以后四海同悲，我哪里能够赶得上呢？”

[注释]①恭：恭敬，谦逊。②知：同“智”，智慧。③邦：指诸侯国的国政。家：指卿大夫家的家事，如采邑的治理等。④道：同“导”，引导，率领。绥：安抚。⑤动：发动，征发。和：齐心协力，心悦诚服。

尧曰第二十

01 尧曰："咨[①]！尔舜！天之历数在尔躬[②]，允执其中。四海困穷，天禄永终。"舜亦以命禹Yǔ。

曰："予小子履[③]，敢用玄牡[④]，敢昭告于皇皇后帝：有罪不敢赦。帝臣不蔽，简在帝心[⑤]。朕 zhèn 躬有罪[⑥]，无以万方。万方有罪，罪在朕躬。"

[译文]尧（让位给舜的时候对舜）说："唉！舜啊！现在，天命已经降到你的身上了，好好地用中道治理天下吧。假如天下的百姓都陷于贫穷困苦之中，上天赐给你的禄位也就永远终止了。"（禹登基的时候，）舜也用这话嘱咐禹。

商汤说："我这晚辈小子履，谨以黑色牡牛为牺牲，诚实地禀告于光明而伟大的天帝：有罪的人我不敢擅自赦免他。您臣仆的善恶我也不隐瞒，您心里本是晓得的。我若有罪，（就惩治我，）不要牵连天下的百姓；天下的百姓若有罪，罪责都由我一人来承担。"

[注释]①咨：感叹词，有赞美的意味。②天之历数：古时帝王们都认为自己的地位是上天命定的，"天之历数"指的就是这种帝王代代相承的次序。尔：你的。躬：身体，代指自身、自己。③予：我。小子：这里指天帝的儿子。履：商汤的名。予小子履：我履是天帝的儿子，意即商汤说自己是天子。④玄牡：黑色的公牛。⑤简：阅，知道。简在帝心：天帝的心里是知道的。⑥朕：我，自秦始皇之后为帝王所专用。

周有大赉[⑦]lài，善人是富。"虽有周亲，不如仁人。百姓有过，在予一人。"谨权量，审法度[⑧]，修废官，四方之政行焉。兴 xīng 灭国，继绝世，举逸民，天下之民归心焉。所重：民、食、丧 sāng、祭。宽则得众，信则民任焉，敏则有功，公则说[悦]。

[译文]周朝大封诸侯，让善人富贵起来。"虽有周族至亲，不如多有仁人。如果百姓有错，责任在我一人。"谨慎地检验度量衡，审定国家的法律制度，让废弃的政府机关重新运行，全国的政令就畅通了。帮助已经灭亡的国家复国，接续已断绝支派的世系，提拔隐逸于各处的人才，天下的百姓就会心悦诚服。所重视的是：百姓，粮食，丧事，祭祀。为人宽厚，就会得到百姓的拥护；诚实守信，百姓就会信任他；勤奋工作，就会有功绩；处事公平，百姓就喜悦。

[注释]⑦赉：赏赐。⑧权：衡器，测轻重。量：容器，测多少。法度：尺度，量长短。谨权量，

审法度：指谨慎地检查度量衡，使之准确一致。

[拓展]宋邢昺《论语注疏》：“此章明二帝三王之道，凡有五节：初自‘尧曰’至‘天禄永终’，记尧命舜之辞也；二自‘舜以命禹’一句，舜亦以尧命己之辞命禹也；三自‘曰：予小子’至‘罪在朕躬’，记汤伐桀，告天之辞也；四自‘周有大赉’至‘在予一人’，言周家受天命及伐纣告天之辞也；五自‘谨权量’至‘公则说’，此明二帝三王政化之法也。”

02 子张问于孔子曰：“何如斯可以从政矣①？”子曰：“尊五美，屏四恶②，斯可以从政矣。”

子张曰：“何谓五美？”子曰：“君子惠而不费，劳而不怨，欲而不贪，泰而不骄，威而不猛。”

子张曰：“何谓惠而不费？”子曰：“因民之所利而利之③，斯不亦/惠而不费乎？择可劳而劳之，又谁怨？欲仁而得仁，又焉贪？君子无众寡，无小大，无敢慢④，斯不亦/泰而不骄乎！君子正其衣冠guān，尊其瞻视，俨然/人望而畏之，斯不亦/威而不猛乎？”

子张曰：“何谓四恶？”子曰：“不教而杀/谓之虐⑤；不戒视成/谓之暴⑥；慢令致期/谓之贼⑦；犹之与人也，出纳之吝⑧，谓之有司⑨。”

[译文]子张问孔子说：“怎样才可以从政呢？”孔子说：“尊崇五种美德，屏除四种恶事，就可以从政了。”

子张说：“五种美德是什么？”孔子说：“君子给百姓利益，却无需破费；役使百姓，百姓却不怨恨；有所追求，却不贪婪；宽舒安然，却不傲慢；威严端庄，却不凶猛。”

子张说：“怎样才能‘惠而不费’呢？”孔子说：“在百姓有利益的地方，让他们获得利益，这不就是给百姓利益，自己却没有破费吗？在农闲时间役使百姓，百姓又会怨恨谁呢？追求仁德，又得到了仁德，还贪求什么呢？不管人多人少，也不管势力大小，君子都不敢怠慢他们，这不就是宽舒安然却不傲慢吗？君子衣冠整齐，目光端严，使人望而生畏，这不就是威严端庄却不凶猛吗？”

子张说：“四种恶事又是什么呢？”孔子说：“不进行道德教化，等百姓中有人犯了罪，就把罪犯杀掉了事，叫做残虐；对工作，不予督导而只要成绩，叫做凶暴；政令懈怠缓慢，完工期限却非常紧迫，叫做伤害；给人以财物时出手吝啬，叫做小气。”

[注释]①斯：就，那么。②屏：屏弃，排除。③因：凭借，依靠。④无敢慢：不敢怠慢。⑤不教而杀：事先不予教化，等百姓犯了罪，就一杀了之。⑥不戒视成：不做管理工作，却要政绩。⑦

慢令致期：政令随意，管理散漫，却给一个非常短暂的期限。贼：害人，迫害，伤害。⑧出纳之吝：反正要把东西给人，却给得很小气。出纳：偏义复合词，只有“出”的意思，没有“纳”的意思。⑨有司：负责具体事务的基层官员，这里指保管员，管财物的小官，其职业病就是小气。子张问的是为政之道，孔子答的也是治国、平天下之道。如果成为“有司”，格局就小了。

03 孔子曰：“不知命[①]，无以为君子也。不知礼，无以立也。不知言[②]，无以知人也。”

[译文]孔子说：“不知道上天交付自己的使命，就没有资格成为君子；不懂礼，就没有根据立足于社会；不能辨别言语，就没有依据了解别人。”

[注释]①命：天命，天降之大任，天赋之使命。②不知言：不能辨别言语。

[拓展]什么叫知言呢？孟子说：“诐（bì）辞知其所蔽，淫辞知其所陷，邪辞知其所离，遁辞知其所穷。”（《孟子·公孙丑上》）意思是说：偏颇的言论，知道它片面的地方；过分的言论，知道它陷溺的地方；邪僻的言论，知道它背道的地方；躲闪的言论，知道它理屈的地方。《周易·系辞下》说：“将叛者其辞惭，中心疑者其辞枝，吉人之辞寡，躁人之辞多，诬善之人其辞游，失其守者其辞屈。”意思是说：将要叛变的人，他的言辞有惭愧之情；心里疑惑的人，他的言辞枝离破碎；吉祥的人话少；急躁的人话多；诬陷好人的人，他的言辞游移不定；失去操守的人，他一开口就理屈辞穷。由此可见，“知言”确实不易。

参考文献

（一）古今辞书类

[晋]郭璞注[宋]邢昺疏《尔雅注疏》，清阮元校刻《十三经注疏》本，北京：中华书局，1980

[清]王念孙《广雅疏证》，北京：中华书局，2004

[汉]许慎《注音版说文解字》，[宋]徐铉校定；愚若注音.北京：中华书局，2015

[清]段玉裁《说文解字注》，上海：上海古籍出版社，1988

[清]王筠《文字蒙求》，北京：中华书局，2012

[唐]陆德明《经典释文》，上海：上海古籍出版社，2013

李学勤主编《字源》，天津：天津古籍出版社；沈阳：辽宁人民出版社 2012.12

王力、唐作藩、郭锡良、蒋绍愚等《王力古汉语字典》，北京：中华书局，2000

杨树达《词诠》，上海：上海古籍出版社，2013

何九盈、王宁、董琨主编《辞源》第三版（合订本），北京：商务印书馆，2019

（二）《论语》注释类

《四部要籍注疏丛刊》（含何晏等《论语集解》，皇侃《论语义疏》，邢昺《论语注疏》，朱熹《论语集注》，刘宝楠《论语正义》，程树德《论语集释》，杨树达《论语疏证》等），北京：中华书局，1998

河北省文物研究所定州汉墓竹简整理小组《定州汉墓竹简<论语>》，北京：文物出版社，1997

李方录校《敦煌<论语集解>校证》，南京：江苏古籍出版社，1998

高华平校释《论语集解校释》，沈阳：辽海出版社，2011

[梁]皇侃《论语义疏》，南京：凤凰出版社，2020

[宋]朱熹《四书章句集注》，北京：中华书局，2011

[清]刘宝楠《论证正义》，《十三经清人注疏》本，北京：中华书局，1990

[清]黄式三《论语后案》，南京：凤凰出版社

[清]戴望《戴氏注论语小疏》（郭晓东校疏），上海：华东师范大学出版社，2014

程树德《论语集释》，《新编诸子集成》本，北京：中华书局，1990

杨树达《论语疏证》，上海：上海古籍出版社，2013

钱穆《论语新解》，北京：九州出版社，2011

潘重规《论语今注》，太原：山西人民出版社，2020

李泽厚《论语今读》，北京：生活·读书·新知 三联书店，2004

杨伯峻《论语译注》，北京：中华书局，1980

白平《论语详解》，北京：外语教学与研究出版社，2010

孙钦善《论语本解》，北京：生活·读书·新知 三联书店，2013
金良年《论语译注》，上海：上海古籍出版社，2016
杨逢彬《论语新注新译》，北京：北京大学出版社，2016
杨逢彬 欧阳祯人《论语 大学 中庸译注》，上海：华东师范大学出版社，2018
蒋绍愚《论语研读》，上海：中西书局，2018

（三）古今文史类

[清]阮元校刻《十三经注疏》（《周易正义》，《尚书正义》，《毛诗正义》《礼记正义》，《春秋左传正义》，《孝经注疏》，《孟子注疏》等），北京：中华书局，1980
郭丹，程小青，李彬源译注《左传》，北京：中华书局，2012
[宋]程颐《周易程氏传》，北京：中华书局，2011
[宋]朱熹《宋刊周易本义》（全三册），福州：福建人民出版社，2008
程俊英 蒋见元《诗经注析》，北京：中华书局，2017
[西晋]孔晁注《逸周书》，杭州：浙江大学出版社，2021
刘笑敢《老子古今》，北京：中国社会科学出版社，2006
[春秋]晏婴撰；张纯一校注；梁运华点校.《晏子春秋校注》，北京：中华书局 2017
[战国]庄周撰；[晋]郭象注；[唐]成玄英疏；曹础基，黄兰发点校《庄子注疏》，北京：中华书局，2011
[战国]荀况撰；王天海校释《荀子校释》，上海：上海古籍出版社，2016
[汉]韩婴撰；许维遹校释《韩诗外传集释》，北京：中华书局，2020
[汉]刘向编著；赵仲邑注，《新序详注》，北京：中华书局，2017
[汉]刘向撰，[清]王照圆补注《列女传补注》，上海：华东师范大学出版社，2012
[汉]司马迁《史记》（点校本二十四史修订本），北京：中华书局，2013
[唐]柳宗元《柳河东集》，上海：上海古籍出版社，2008
[清]顾炎武《日知录》（陈垣校注），合肥：安徽大学出版社，2007
[清]王念孙《读书杂志》，上海：上海古籍出版社，2015
[清]王引之《经义述闻》，《孔子文化大全》本，济南：山东友谊书社，1990
[清]王引之《经传释词》，上海：上海古籍出版社，2014
[清]俞樾等《古书疑义举例五种》，北京：中华书局，2005
[清]马建忠《马氏文通》，北京：商务印书馆，1983
杨树达《高等国文法》，北京：东方出版社，2013
杨伯峻《文言语法》，北京：中华书局，2016
廖序东《文言语法分析》，上海：上海教育出版社，1981
梅广《上古汉语语法纲要》，上海：上海教育出版社，2018